THE DUAL CIRCULATION OF
CHINESE ECONOMY
IN THE NEW ERA

大变局中的中国经济“双循环”

余淼杰◎著

科学出版社
北京

内 容 简 介

当今世界正处于百年未有之大变局，新型冠状病毒肺炎（简称新冠肺炎）疫情全球蔓延，逆全球化趋势进一步加剧，中国经济迎来“双循环”。身处其中的我们该如何认识和理解这些现象？本书将带给我们答案。

本书收录了笔者最新的论述、时评和访谈，向读者展现了大变局下中国经济“双循环”的新发展格局。全书分为两个部分，第一部分是导论与时评，涵盖了中国经济政策、中美经济贸易关系、全球经济贸易格局等多个主题，回答了中国如何在大变局中开新局、如何构建全面开放新格局等诸多重要问题。第二部分是热点访谈，主要回应最受大家关心的新闻时事，如“十四五”规划、成渝双城经济圈、要素市场化改革等重要问题。

本书适合对中国经济和时政新闻有兴趣的读者阅读，相信读者能通过阅读本书更好地理解中国经济、把握时代脉搏！

图书在版编目（CIP）数据

大变局中的中国经济“双循环”/余淼杰著. —北京：科学出版社，2021.3

ISBN 978-7-03-067944-4

Ⅰ. ①大… Ⅱ. ①余… Ⅲ. ①中国经济-循环经济-经济发展-研究 Ⅳ. ①F124.5

中国版本图书馆 CIP 数据核字（2021）第 022775 号

责任编辑：刘英红 李秉乾/ 责任校对：贾伟娟
责任印制：张 伟 / 封面设计：润一文化

科学出版社 出版
北京东黄城根北街 16 号
邮政编码：100717
http://www.sciencep.com

北京凌奇印刷有限责任公司 印刷

科学出版社发行 各地新华书店经销

*

2021 年 3 月第 一 版 开本：720×1000 B5
2023 年 2 月第三次印刷 印张：18 1/4
字数：287 000

定价：98.00 元

（如有印装质量问题，我社负责调换）

目　录

一、导论与时评

二、热点访谈

（一）疫情下的中国宏观经济

（二）对外全面开放

（三）对内深化改革

（四）全球价值链重构

一、导论与时评

大变局中的中国经济

2020 年，我国面临百年未有之大变局，同时也遭受了百年一遇的疫情。新冠肺炎疫情冲击中国之后，又向全球蔓延，同时，中美贸易摩擦也还在继续，这对中国经济构成了叠加性影响。我从四个方面进行分析：一是中美贸易摩擦的最新进展；二是未来中美贸易关系的研判；三是新冠肺炎疫情对中国及全球经济的影响；四是应对新冠肺炎疫情的政策建议。

如何判断中美贸易摩擦

我们先回顾一下中美贸易摩擦，因为这个影响因素并没有消失，而且未来还会有新动作。

中美贸易摩擦正式开始于 2018 年 3 月，到 2020 年 1 月 15 日，双方终于达成第一阶段协议，耗时将近两年，其间经过三轮五次加征关税。这里不再一一赘述，我之前在很多评论文章里都详细讲过。

梳理过去，当然主要是为了预判未来。2019 年 11 月 29 日～12 月 1 日的北京大学全球校友会上我就大胆预测过，中美第一阶段贸易协议能在 12 月 15 日之内达成。当时距离协议真正签署还有两周左右。同时，当时的中美关系还受中国香港、新疆一系列社会事件的干扰，因此有人认为，中美贸易协议可能要延期签署或取消。

我的预判主要基于两点：

第一，2019 年 10 月 10～11 日，第 13 轮中美经济贸易谈判中已达成初步意向，特朗普还准备邀请习近平在 2019 年 11 月 16 日的亚太经济合作组织（Asia-Pacific Economic Cooperation，APEC）峰会上会面。虽然智利突发国内骚乱导致 APEC 峰会取消，但未必产生根本影响。

第二，这是由特朗普的关税政策所决定的。特朗普在 2019 年 8 月初已经明确表示 9 月份加征第三轮第一波关税，并将于 12 月 15 日对剩下的 1620 亿美元加征高关税。当时间逼近，他面临三种选择：一是执行原计划的加征关税，问题是 12 月 15 日临近圣诞节，民众采购需求极大，如果物价上升，民众肯定要抱怨政府，不利于他的连任竞选，因此，加征关税不是最优选择。二是拖，这也很有可能。三是 12 月 15 日之前达成协议。如果没有更多信息，特朗普到底选择二还是选择三很难判断。刚好美国众议院提出弹劾特朗普，四面楚歌之时，跟中国达成经济贸易协议成为特朗普转移注意力的最佳选择。同时，中国的态度一直很明确，不愿意打贸易战，对贸易协议一直本着合作、开放的心态。因此，最终结果如我所料。

如何看待人民币汇率趋势

2019 年 12 月 15 日的北京大学国家发展研究院的国家发展论坛上，我也大胆地预测人民币接下来将保持升值，3 个月内对美元将升至 6.8 几左右。这个预测也很快得到证实。那么，我判断的依据是什么？

第一，短期来看，12 月 15 日中美签订第一轮贸易协定有利于两国经济发展，但影响的程度有差异，反映在主权货币上，谁升谁贬取决于对哪一方的影响力更大。经济学常识告诉我们，同一因素对两个经济体都产生正面影响时，小一点的经济体受到的影响会更大。如同分一个饼，小孩比大人更容易吃饱。

第二，中长期来看，人民币到底是升值还是贬值取决于人们对中国经济的信心。如果中国经济增速高于美国，人民币会相对美元升值，反之会贬值。尽管中国的全要素生产率（total factor productivity）只有美国的一半左右，但生产率增速比美国快，这决定了人民币中长期会升值。

中美贸易战之初，人民币贬值很厉害，与大家的预期有关。因为最初多数人会以为中美贸易战一旦打起来，中国经济会一败涂地。一年下来，事实证明，负面影响比预期要小，加上中美第一轮贸易协议的签订，民众情绪上也有利于人民币升值。至于为什么预判人民币会升值到 6.8 几左右，这主要是基于经验。

如何解读中美贸易第一阶段协议

对于中美贸易第一阶段的协议，一种看法是中国让步过多，早知如此，不如在 2018 年美国对中国出口的 500 亿美元商品加征关税时就签。我不同意这种看法，因为不要忘记，按美国当时的贸易条款，不要说中国不可能接受，连第三方的英国看了都觉得美国太过分。还有一种看法是既然让步那么多，不如拖到 1 月再签，我认为也不能这么看。我们不妨仔细看看第一阶段协议五个方面的内容。

第一，技术转让。美国要求中国在技术转让方面公开透明，中国表示没问题。

第二，食品、农产品贸易，尤其是扩大农产品进口。中国答应 2020～2021 年从美国进口农产品 320 亿美元。

第三，金融服务协议。首先，中国从 2020 年 4 月 1 日起取消了外资股比限制，允许美股独资。其次，要求中国逐步放开银行、证券、保险。

第四，宏观经济及汇率稳定，汇率不能出现竞争性贬值。

第五，扩大贸易。要求中国在 2020～2025 年保持自美进口商品稳定增长，在 2017 年的基础上，2020～2021 年扩大进口 2000 亿美元，其中 2020 年扩大 767 亿美元，2021 年扩大 1233 亿美元。进口的主要是农产品、制成品、能源及服务等四大类产品。中国扩大农产品、能源、服务三大类的进口应该都没有问题，但在制成品方面，可能要取决于美国愿不愿意向中国出口高科技产品。

总的来看，中国过度让步的说法站不住脚。我认为这既是一个比较对等的协议，也体现了中国开放的信心。首先，协议里所有条款都有一个对等要求，大都是双向的。其次，协议明确美方有责任确保足够的产品供中方购买，如果美方产品因供应不足导致无法履行，责任不在中方。最后，协议中同样写明，如果因美方提供的产品、服务质量不够好而导致购买无法达成，责任同样不在中方。至于说中方扩大进口的承诺，这本来就是我们一向的政策目标：美方应该取消无理加征的关税，中方愿意扩大进口。不过应该注意的是，中方扩大进口不等于减少美方贸易逆差，因为有可能中方未来的出口增速更快。

同时，协议原文写明，它不是强制性机制，而是一个双边安排，这跟 2018 年的贸易要求有很大不同。

另外，第一阶段协议强调加强技术转让的公平性，也意味着美国不能再说中国违反 301 调查。换言之，中国从来没有承认过 301 调查的合理性。

如何研判中美贸易关系走势

总体上，中美中长期的关系可以用 12 个字概括：有限合作、长期竞争、相互依存。判断的依据有三点：一是美国已经将中国定义为战略竞争对手，未来即便仍有合作，也不会像 21 世纪前 10 年那么好；二是中美的经济结构及彼此的经济贸易结构决定了两国的关系是长期竞争关系；三是中美最后会完全脱钩的可能性也不大，因为如今没有一个产品是简单地由一个国家生产，越是复杂的产品越是依靠更多的国家共同生产，然后进行装配、加工、包装。这种基于全球价值链和产业链的依存关系难以彻底改变。

中美第一阶段的贸易协议有效期为两年。这两年里，2020 年是美国大选，特朗普当然希望中美关系平安无事，2021 年也是中国的政治大年。所以 2020～2021 年中美关系总体相对平稳的概率大，贸易合作需求大于摩擦。

如何看待疫情对中国的影响

这次疫情短期内对中国经济定然带来负面影响，主要看以下几个指标。

第一，国内生产总值（GDP）增速。我判断，2020 年 4.5%的 GDP 增速没有问题，但要达到 5%或更高，则需要更多政策组合拳。我们以 5%的 GDP 增速作为基准，这个数据是基于如下计算方式得出的：1 月份 GDP 增速为 6%，假设 2 月和 3 月受疫情影响 GDP 增速平均等于零，4 月疫情得到控制后 GDP 增速重回 6%，这样，2020 年全年整体有 10 个月能保持 6%的 GDP 增速，则 2020 年全年 GDP 平均增速依然能达到 5%，已经很不错了。国际货币基金组织（International Monetary Fund，IMF）对 2020 年全球的经济增速预测是 2.9%，发达经济体 2020 年全年平均经济增速是 1.7%，其中美国 2.1%、欧元区 1.4%、日本 0.5%。假设中国经济增速能达到 4.5%甚至 5%，那么中国依然是世界经济增长的“火车头”。

第二，国际贸易。个人判断，2020 年第一季度贸易逆差会在 1000 亿～2000 亿元，具体数据取决于 3 月份的出口。2020 年 1 月和 2 月的贸易逆差为 500 亿元，如果 3 月份进口和出口总体平衡，那么贸易逆差就是 500 亿元，如果 3 月份出口少量下降、进口保持增长，那么逆差可能会达到 1000 亿～2000 亿元。不过总体上 2020 年全年贸易仍然维持顺差，而且规模在 2 万亿元左右。2019 年的贸易顺差是 2.9 万亿元。

第三，通货膨胀。2 月份通货膨胀情况应该比较好，从 2020 年全年来看，通货膨胀也不会有大问题。

第四，就业。就业存在结构性问题，如果疫情在 4 月前得到有效控制，不太会影响到大学生就业，但是大量中小企业破产倒闭，技术院校毕业生和蓝领工人就业会受影响，但整体上对就业影响不大。

与重症急性呼吸综合征（别称“非典”）比较，新冠肺炎疫情短期的负面影响明显比“非典”更大。首先，2003 年“非典”时值全球化迅速发展，中国经济也在上行阶段，经济增速在 8%以上，“非典”疫情本身也远没有这次新冠肺炎疫情严重。其次，从经济增长的角度看，2020 年的中国经济规模是 2003 年的 7 倍，2003 年中国经济属于粗放型增长，上升比较容易，现在集约型的增长就比较难。最后是消费方面，如今大家更加注意卫生防范，第一季度大部分人都“宅”在家里，无疑会产生后续影响。

以上是疫情对宏观经济的总体影响。疫情对经济结构的具体影响，也可以从三个角度来看。

其一，三大产业中，第一产业受到的负面影响最小，尤其是种植业，因为刚好是春耕期间，大部分农民工无法复工，在家里正好种田。但是养殖业，尤其是猪、牛、羊、禽受到的负面影响明显，估计第一季度的供应量会小于 2000 万吨。

其二，第二产业受到的影响比较大。如果按规模分，大企业受影响相对小，中小企业受影响相对大，因为它们本来就贷款难，疫情之下资金链断裂风险更大。如果按属性将企业分为外资企业、国有企业和民营企业，那么民营企业受到的影响最大，因为民营企业大部分都是小微企业；其次是外资企业，由于疫情冲击，可能会对在华投资失去信心。

其三，第三产业受到的影响最大。快递业以外的餐饮、住宿、酒店、旅游、娱乐等第三产业基本上都在 2 月停摆，虽然文化产业还有在线业务支撑，但难以抵消服务业整体受到的巨大负面影响。

接下来看疫情对国际贸易的结构性影响，主要有以下三个方面。

第一，贸易进出口方面。贸易出口受影响要大于贸易进口。因为进口产品主要通过海运，大部分在一个月之前就已经从美国运出，因为减少了从国外进口零部件所以进口即便有所下降,也主要是加工贸易部分。出口受国外疫情影响会更大，原因在于，一方面，疫情会导致国内出口企业的停产或不完全复工、复产；另一方面，海外疫情导致全球多国对中国的出口产品进行限制。但欧美的疫情严重之后，从第二季度开始，中国的出口肯定会急剧上升，进口相对平稳。

第二，贸易品类结构方面。因为加工贸易与全球产业链配套，现在全球产业链已经断掉，所以加工贸易比一般贸易受到的负面影响大。

第三，国别贸易方面。2020 年中国完成中美贸易协议的进口总额总体问题不大。尽管如此，2020 年中美贸易顺差还将有可能达到 2400 亿美元，因为美国更需要中国产品。这也是为什么在中美第一阶段的贸易协定中，中方承诺扩大进口，但不保证减少贸易顺差。

如何看待疫情对世界经济的影响

疫情对世界经济的影响主要体现在以下两方面。

一是对价值链和产业链的影响。中国经济是全球产业链中重要的一环，号称“世界工厂”，中国基本上是从韩国、日本进口核心部件，从欧洲联盟（简称欧盟）进口原材料，然后加工和装配，再出口到欧美。疫情期间我们停工停产，最先会影响日韩，使其无法再进口核心零部件，如 iPad 和 iPhone 的核心零部件就停止进口，然后会波及欧美下游消费市场，欧美市场在疫情初期感受还不明显，后期物价就会上升。疫情对产业链第二阶段的影响表现在国外疫情越来越严重，导致原材料、中间品和最终消费端都出现问题，整个产业链断掉并将进一步放大影响。

二是对美股熔断的判断。美国的股票市场表现很差跟特朗普的政策有关系。最初特朗普并不重视新冠肺炎疫情，甚至想蒙混过关，可是越缺乏透明有效的机制，市场的恐慌越大，因为未知意味着不确定，本身就会引发恐惧。资本市场没有信心，股价自然就下跌。当然，黄金市场的下跌情形有所不同，可能是通货紧缩的前兆。但美股熔断并不意味着全球经济危机，美国资本市场能否复苏关键取决于特朗普的后续措施是否得力。总体上，疫情对美国经济的影响并不致命，美国的经济也有很大的韧性，但疫情给美国带来的负面影响肯定比中国大。

如何应对疫情的冲击

主要有三个方面的政策建议。

第一，也是最重要的，调预期、增信心。调预期首先是把经济增速预期降下来。GDP 保 6 已经没有意义和可能性。“保 6”总有一年保不住，因为蛋糕越做越大。哪怕 2020 年最后只有 4.5%的经济增速，也是一个很好的数字。2020 年是“十三五”收官之年，同时也是脱贫攻坚年。2021 年是“十四五”的开局之年，如果 2020 年经济能调整好结构，那么更有利于“十四五”取得中高水平的经济增长，反而是件好事。

增信心体现在疫情不会改变中国经济在全球的“世界工厂”地位。之前，全球因为价值链，谁也离不开中国工厂。现在疫情蔓延到欧美各国，如果中国经济恢复的速度更快，则这一点将体现得更加明显。2008 年中国跟德国的贸易就是如此。全球经济危机之下，中国 2008 年出口下降 16%，但德国下降更快，最终使中国 2009 年出口成为全球第一。基于此判断，中国未来在全球中的经济话语权会更大。

第二，更快降低疫情对中国经济的负面影响，财政政策和货币政策缺一不可，要实行“双轮驱动”。疫情导致大面积的企业无法准时复工复产，由于担心中小微企业资金链断裂，2 月疫情期间，中央银行和相关部门的货币政策反应特别迅速。3 月 4 日，中央银行进一步明确，金融部门要按照“稳预期、扩总量、分类抓、重展期、创工具、抓落实”的工作思路，把金融支持疫情防控和经济社会发展的工作抓紧、抓实、抓细。

我们可以从五个方面来理解近期货币政策的内涵：第一，灵活适度，以释放贷款市场报价利率（loan prime rate， LPR）潜力，贷款市场利率的报价要更加符合市场的报价；第二，用好 3000 亿元专项再贷款；第三，加强先进制造业、脱贫攻坚、民生就业等重点领域、薄弱环节的能力建设；第四，大力扶植小微企业，具体有两个途径来做这件事，即既要用好 5000 亿元再贷款、再贴现的额度，又要让 3500 亿元专项贷款有效扶植小微企业；第五，房地产并非短期刺激经济增长的适合手段。

货币政策很重要，但是只有货币政策还不够。经济过热时，货币政策用来降温能立竿见影，但经济遇冷需要升温时，必须加上财政政策，而且是积极的财政政策效果才会更好。

实施积极的财政政策要解决两个最根本的问题，一是钱从哪里来？二是钱要用到哪里去？

对于钱从哪里来。国家目前财政压力已经很大，因为地方政府的土地财政收入在下降，隐形债务在不断上升，另外中央还要求减税降费。重压之下，财政如何开源？我认为有三个主要渠道，分别是预算内资金、国内贷款、自筹资金。预算内资金又来自三部分，即预算内财政收入、财政赤字和其他调入资金。2019 年的数据显示，预算内财政收入有近 20 万亿元，财政赤字是 2.8%，如果 2020 年财政收入与 2019 年持平，财政赤字提高到 3.5%，加上其他调入资金，那么 2020 年预算内资金可能有 26 万亿元。国内贷款渠道来源主要是国债。自筹资金基本上有两条来路：一是地方专项债券，2019 年是 2.15 万亿元，2020 年可能为 3 万亿～3.5 万亿元；二是政策性银行金融债，即政金债。三大渠道累加，2020 年国家财政资金新增总额应该在 2 万亿元左右。

对于钱要用到哪里去。核心词是新型基础设施建设(简称“新基建”)。区别于传统的“铁公基”、隧道等基础设施建设（简称基建），“新基建”主要是第五代移动通信技术（5th-Generation，5G）商用、“特高压”、人工智能（artificial intelligence，AI）、工业互联网、物联网、智慧城市，以及城际高速、大数据等投资建设，“新基建”的“新”不仅体现在投资领域新，而且突破了区域限制，只在人口流入和城市密度高的地方建设，既减少了建成后的资源闲置，又可以使全国受益。而且不仅能带来硬件价值，还有软性价值，如提升营商环境和公共服务水平等。这些对培育经济新动能和促进就业都非常有帮助。2020 年有 800 多万名大学生就业，“新基建”覆盖的产业偏重高新技术，对白领工人的需求更高。有人估算，2020 年“新基建”大概会有 2400 亿元投入，占全部基建投入的 1/3 左右。

第三，扩大开放，重构全球价值链。个人建议，2020 年上半年应该扩大进口，下半年应该增加出口。首先是因为第二产业在 2～3 月受到的负面影响较大，复工复产需要扩大进口。下半年要反过来，因为全球需要中国产品，出口会比较顺畅。

与此同时，稳外贸和稳外资也非常重要。中国海关最近的基本工作，就是提高通关效率，努力促进贸易的便利化及投资的自由化。外资方面，一是要加强分类指导、精准扶持，保障外资龙头股企业及相应配套企业的复工复产，地方政府的帮扶政策可能要进一步体现在真正落实国民待遇上，即对外资企业、民营企业、国有企业一视同仁。最近中华人民共和国商务部（简称商务部）正在筹备一个加工贸易基金，目的是将加工贸易向中西部转移。二是亲商工作，有的园区做得特别好，如江苏的工业园区有很多创新，在 2018 年全国众多经开区中排名第一。三是扩大国内市场，中国经济的核心竞争力以前是廉价劳动力，现在来自统一自由的国内大市场，这是中国经济发展的成果和进一步发展的可靠支点。

原载于 北京大学国家发展研究院 2020 年 3 月 28 日 作者 余淼杰

复工复产，我对中国经济的三点预测

随着湖北各地区在 3 月 25 日后相继解封，两月内，国内新冠肺炎疫情得到有效控制，各省规模以上企业复工率大都在 90%以上，一些消费服务行业仍在逐步推进复工，整体复工情况良好。不过，疫情在世界范围的大流行加剧，也引发全球经济衰退的预测。

疫情全球蔓延，中国仍需发挥“发动机”作用

关于疫情在全球范围的蔓延，对中国的影响，可以分阶段来看。

第一阶段，韩国、日本等国家疫情严重，这影响了中国一些下游产业从日韩进口核心中间产品、零部件等。这也反映了产业链、价值链、供应链的叠加作用。

第二阶段，欧美疫情越来越严重，甚至第二季度生产将会陷入停顿或经济出现大幅度下降。此时，这些国家对中国产品的需求上升。如果疫情对欧美经济的打击从实体经济向金融业蔓延，引发经济衰退，也将不利于中国进一步的出口贸易。

整体来看，疫情虽然在短期内影响了中国经济发展，但是未来依然是“机大于危”。中国作为全球经济“发动机”的作用并没有削弱，反而还增强了。这也是由中国作为“世界工厂”，在全球价值链分工中处于最核心位置决定的。

中国积极复工复产，能有效带动全球走出阴霾。中国作为全球经济的“发动机”，可以带动上游国家的产业发展，如东南亚国家的原材料，以及美国、日本、韩国的核心零部件等，同时也为世界提供了更便宜的产品，从而减轻了人们的生活压力。

据相关预测，疫情可能会造成全球 1000 万以上的失业人口，特别是

对欧美国家影响严重。当这些国家的失业率上升，人们的生活压力增加，中国经济的恢复可以源源不断地给它们提供性价比更高的消费品，从而帮助这些国家走出危机。

同时，国内疫情有效防控也体现了中国的制度优势，能集中力量办大事，快速调动全国资源，高效应对负面冲击，实现国家政策“纵向到底，横向到边”。

各地复工差异影响区域经济发展

为了稳定经济，积极推进复工复产，中央和地方各部门都出台了很多有针对性的扶持政策，还有定向解决方案等，特别是江浙沪地方政府为了积极推进复工，解决劳动力返工问题，直接采取包机、包高铁、包车等硬核措施，令人印象深刻。

不同措施对各地方经济发展会产生不同影响。分地区看，疫情对全国五大城市群会产生异质影响。

首先，长江三角洲经济一体化地区，因为复工复产措施到位，该地区有望率先实现经济复苏。其次，粤港澳大湾区的措施接近长江三角洲地区，预计 2020 年也会有比较好的表现。最后，对于京津冀城市群，由于北京作为全国政治文化中心，首善之区，地位特殊，防控疫情任务艰巨，所以复工复产措施会更加慎重。相对于长江三角洲经济一体化地区，经济复苏会更慢一些。

而疫情最严重的武汉、南昌及长沙等长江经济带，2020 年的经济发展会相对滞缓。

重视现金流，制造业中流砥柱作用凸显

此次疫情对中小企业的影响巨大，如果企业能够存活下来，一定要未雨绸缪，保持危机感，重视现金流，否则很难在负面冲击下生存。

同时，疫情可能会逐渐推进中国经济“脱虚入实”，一些竞争力不强的服务业重新回到制造业中来。作为发展中国家要发展服务业，但是支撑经济发展的产业，本质上还是以第二产业为代表的实体经济。

“皮之不存，毛将焉附。”一些受打击较大的服务业从业者可能会回

到制造业，制造业比重回升，有利于巩固中国制造工厂的地位。

疫情对经济的结构性影响明显，并且某些产业的洗牌、兼并、并购应该是可以预见的。

原载于《商学院》2020 年 4 月 2 日 作者 余淼杰

大变局中的中国经济

非常荣幸能在剑桥中国中心名家讲坛这个平台与大家见面，分享我对新冠肺炎疫情下中国经济的看法。

我主要从三个方面进行分析：第一，疫情对中国经济的影响；第二，中国应对疫情的政策安排；第三，后疫情时代的中国与世界经济格局。

一、疫情对中国经济的影响

首先我们先来看一下 IMF 4 月份对全球各个国家经济的一个预测（图 1）。全球经济体分为两大类，即发达经济体及新兴市场和发展中经济体。

在图 1 中，您可以看到发达经济体受到的负面影响及冲击更为明显（下降 6.1%），而新兴市场和发展中经济体下降将温和一些（下降 1.0%）。2020 年的世界经济毫无疑问将受到疫情的严重影响。

下面，我们来看一下中国经济的整体情况。

（一）第一季度中国经济下降，但经济表现好于预期

三天前，中华人民共和国国家统计局（简称国家统计局）公布的第一季度经济指标中，中国的 GDP 下降 6.8%，虽然这是中国改革开放 40 多年来 GDP 首次下降，但这个降幅好于预期，之前大家预测经济下降的幅度会更大。

如果更具体点，对 GDP 进行分解，我们有三大产业：第一产业、第二产业、第三产业。其中第一产业下降 3.2%，为何第一产业下降较低呢？因为中国暴发新冠肺炎疫情后，城市停工停产，所以农民工基本都留在农村地区，并不影响春耕，对农业的冲击是最小的。

疫情对于第二产业的冲击较大（下降 9.6%）。因为中国作为“世界工厂”，如果说第二产业受到如此大的负面冲击，那是较严重的事情。

《世界经济展望》最新增长预测

COVID-19 疫情将严重影响所有地区的经济增长。

（实际GDP，年度百分比变化）	2019	2020（预测值）	2021（预测值）
世界产出	2.9	-3.0	5.8
发达经济体	1.7	-6.1	4.5
美国	2.3	-5.9	4.7
欧元区	1.2	-7.5	4.7
德国	0.6	-7.0	5.2
法国	1.3	-7.2	4.5
意大利	0.3	-9.1	4.8
西班牙	2.0	-8.0	4.3
日本	0.7	-5.2	3.0
英国	1.4	-6.5	4.0
加拿大	1.6	-6.2	4.2
其他发达经济体	1.7	-4.6	4.5
新兴市场和发展中经济体	3.7	-1.0	6.6
亚洲新兴市场和发展中经济体	5.5	1.0	8.5
中国	6.1	1.2	9.2
印度	4.2	1.9	7.4
东盟五国	4.8	-0.6	7.8
欧洲新兴市场和发展中经济体	2.1	-5.2	4.2
俄罗斯	1.3	-5.5	3.5
拉丁美洲和加勒比	0.1	-5.2	3.4
巴西	1.1	-5.3	2.9
墨西哥	-0.1	-6.6	3.0
中东和中亚	1.2	-2.8	4.0
沙特阿拉伯	0.3	-2.3	2.9
撒哈拉以南非洲	3.1	-1.6	4.1
尼日利亚	2.2	-3.4	2.4
南非	0.2	-5.8	4.0
低收入发展中国家	5.1	0.4	5.6

来源：国际货币基金组织2020年4月《世界经济展望》。

国际货币基金组织　IMF.org

图 1　《世界经济展望》最新增长预测（截图）

我们会发现，疫情对第三产业的冲击却没有那么大（下降 5.2%）。大家也许会觉得这与自己直观感觉并不吻合，认为整个 2 月基本上餐馆和酒店全部关门，为何才下降 5.2%？我认为有两个原因。原因一：在没有新冠肺炎大规模暴发之前，1 月份的经济表现非常好，比 2019 年上升了 6%。原因二：2 月份虽然商店关门，但不等于老百姓不生活。其中有几个行业表现得非常突出，如传输软件和信息服务业上升 13.2%，金融业逆势上升 6%，快递业表现得也非常突出。

我认为中国经济最困难的时刻已经过去。新冠肺炎疫情得到了很好的控制，现在已复工复产。因此第一季度最难的时候已经过去，从第二季度开始就会渐渐转好。

（二）2020 年全年 GDP 增速为 3%～4%

接下来我们看一下第二个问题，中国 2020 年全年 GDP 的增长情况。IMF 预测增长 1.2%，我认为 IMF 有些过度悲观。之前有一些经济学家过度乐观。比如说之前在新冠肺炎疫情暴发时，有很多人说会达到 5%，或者是 5.5%。之所以会比较乐观，是因为当时他们没有对新冠肺炎疫情的长期性、艰巨性有一个较清醒的认识。我认为，2020 年全年 GDP 的增速为 3%～4%，如果财政政策、货币政策大规模发力的话，不排除最高能到 4.5%这样的一个规模，但大概率是 3%～3.5%。

拉动中国经济增长的"三驾马车"，即消费、投资和进出口。如果看一下 2019 年的数据，我们会发现消费的贡献率是 58%，投资为 31%，进出口为 11%。进出口 2020 年对 GDP 的贡献应该跟 2019 年差不多，这点我跟有些朋友的观点不太一样，现在大家基本上都认为，出口不行了，我不是这么认为的。

那么，消费和投资哪个对 2020 年中国经济拉动的贡献更大？毫无疑问是投资。我们想培育消费，但是消费受到了进口需求的影响，而进口需求很明显一点，现在欧美还有其他新兴工业经济体很多在封国和封城，那这样的话中国的进口需求一定会受到负面的影响，所以消费也会受到负面的影响，因此毫无疑问，2020 年消费对 GDP 的贡献率会下降。

（三）国际贸易

接下来来讲国际贸易。我准备就国际贸易和大家分享四点。

第一点：第一季度的外贸数据说明什么？

先来看看第一季度的进出口总额，65 742 亿元。跟 2019 年同期相比下降了 6.4%。光是看这个数据很悲观。但是请一定要把第一季度分成两个阶段来看，即 1 月份、2 月份和 3 月份。先说进口，1 月份、2 月份中国的进口下降了 4%，但是 3 月份中国进口反而上升了 2.4%。出口方面，1 月份、2 月份降得一塌糊涂，当然 1 月份还比较正常，主要是 2 月份下降得较为严重。1 月份、2 月份合在一起降了 17.2%，到 3 月份的时候只降了 3.5%，所以整个季度合起来，第一季度出口下降了 11.7%，进口下降了 0.7%，这些数据说明什么呢？说明 3 月份外贸基本持平，只比 2019 年同期下降 0.8%。换言之，3 月份进出口基本上看不出新冠肺炎疫情的负面影响。

所以我根据这个数据得出一个结论，即出口已经在复苏，3 月份出口只下降了 3.5%。为何出口会复苏呢？可能有三个原因：第一是复工复产，各方面都开始转好；第二是企业在赶出口订单；第三是卫生健康领域的出口没有下降反而上升。所以我说出口已经在复苏。

那么我们从 3 月份的数据看看进口怎么样？我们发现进口也在回暖，但我认为进口在回暖是不可持续的。为什么这么说？因为大家都非常清楚，海外很多国家都在封国封城，那么这样的背景下，海外国家不太可能持续生产供应中国的进口。所以进口从第二季度会有下降。

那么，2020 年全年的出口会下降多少？我们先看第一季度的数据，第一季度的出口下降 11.4%。IMF 对全球 2020 年全年的国际贸易出口的预测是下降 11%左右，和中国第一季度的降幅差不多。现在一个非常重要的问题是，对中国的出口而言，接下来是不是会受到很多负面的影响？我们先假设 IMF 的这个分析是靠谱的，全球 2020 年全年的国际贸易出口下降 11%。而中国 2019 年的出口是多少？中国 2019 年的出口接近 2.5 万亿美元，进口是 2.08 万亿美元，也就是说贸易顺差是 4200 亿美元，折算成人民币是 2.92 万亿元。这是 2019 年的情况。但 2020 年会怎么样？假设说我们降一成，就是说出口从 2.5 万亿美元降到了 2.2 万亿美元，但是呢，进口降得更厉害（因为国外抗击疫情生产能力下降），假设我们进口降两成变成 1.6 万亿美元的话，这么算出来，中国的贸易顺差不但不会下降，反而还会上升。如果是这样的话，可能中国 2020 年依然能够保持 4000 亿美元的贸易顺差。大家会觉得不可思议，好像是不太可能。那么，我再跟大家讲讲第一季度的情况。第一季度 1 月份、2 月份出来的时候中国是逆差（逆差倒也不大，70 亿美元左右，折合成人民币是 500 亿元左右），中国作为一个贸易大国从来没出现过这种情况。不知道大家有没有注意到 3 月份过后的整个第一季度，顺差反而是将近 1000 亿元。换言之，3 月份的顺差将近 1500 亿人民币，所以为什么我说中国的出口已经在 3 月份复苏。

有人会说，那也不对呀，因为现在外需在减少，有些国家不需要中国的产品。我们来看一下，中国乃至各国出口的产品分三大类，即资本品、中间品和最终消费品。中国出口的要么是资本品要么是最终消费品，中间品比较少。那么最大的这个部分——资本品，会不会下降？会下降。道理很简单，其他国家不管是发达经济体还是发展中经济体，它们在封国封城，没有开工，自然不会买中国的东西，那么中国的资本品出口就会下降。但是我要强调的是最终消费品出口不会下降。衣服鞋帽这些产品尽管在第一季度下降得很厉害，但从第二季度开始，衣服鞋帽出口会上升得很快，因为其他欧美国家不生产，它们也没办法从别的国家进口太多同类的产品，它们只能从中国来进口衣服鞋帽这类产品。

即便是我们假设中国 2020 年的出口降两成，进口降三成的话，那么其实也还是能够保持一个比较大的贸易顺差的，做到 3000 亿美元的贸易顺差问题不大。这是我的第一个判断。

第二点，就外贸结构，我来和大家分享六个方面。

（1）谁会成为中国最大的贸易伙伴呢？如果看单独的国家的话，那么毫无疑问是美国，如果看一个经济体/经济区域的话，那么东南亚国家联盟（简称东盟）则是一个比美国还要大的贸易伙伴。从 2019 年年底到 2020 年，东盟已经取代美国和欧盟，成为中国的第一大贸易伙伴，占比 15.1%。为什么会这样呢？这得益于 2010 年东盟“10+1”自由贸易区的形成，这是第一点。

（2）我们来看一下“一带一路”。官方的数据是有 65 个国家和地区参与“一带一路”，这 65 个国家和地区与中国的贸易额也在逐渐增大，现在已经达到占比 31%，“一带一路”国家和地区对中国外贸的重要性不断提高。

（3）一般贸易和加工贸易。一般贸易占六成左右，加工贸易的比例在逐渐下降。在疫情的冲击下，是一般贸易受损大，还是加工贸易受损大？毫无疑问是加工贸易。因为加工贸易两头在外，原材料和中间品从外国进口，中国加工、包装、装配之后，最终品再出口到国外去。如果国际市场发生变动，那么对加工贸易的负面影响就会比较明显。你可以发现，中国的出口降了 11.4%，其中加工贸易出口下降了 17.3%，下降的幅度还比较大。

（4）跨境电商这个新兴业态，同比增速特别快。跨境电商如海外天猫、海外淘宝同比增长了 34%，表现非常突出。

（5）从所有制结构来看，我们有民营企业、国有企业和外资企业。我们可以发现，民营企业成为拉动出口的主力。但是我们也发现，民营企业的附加值降幅最大（下降 11%左右）。民营企业以中小企业居多，中小企业现在不是说能不能挣钱的问题，而是能不能活下去的问题。

（6）从产品类别来看，有增有减，总的来说减大于增。大家都能想到，医疗器械类产品肯定是大增的。集成电器、集成电路类也是增长的。

第三点，我们来说说服务贸易。

什么是服务贸易？比如说我去美国出差，我没有乘坐中国国际航空股份有限公司的飞机，我坐的是美国联合航空公司的飞机，那就相当于我购买了美国的这个服务，这就是服务进口，叫作服务贸易。服务贸易（如旅游、运输、跨境医疗）2020 年毫无疑问受到了重创。中国的服务贸易总额是 8000 亿美元，特别是旅游、跨境运输，基本上清零，下降得最快，受到的影响最严重。

第四点，很多朋友关注中美贸易。

2020 年 1 月 15 号，中美正式签订第一阶段的贸易协议，中国将在 2020～2021 年两年时间里大量进口美国商品与服务，在 2017 年的基础上扩大进口总额 2000 亿美元。现在第一个问题是在疫情这么严重的情况下，这个协议能不能完成。根据第一阶段的贸易协议，如果不是出于不可抗力因素的影响的话，中国应该扩大进口 767 亿美元，涉及四大类产品：制成品、农产品、能源和服务。我们一项一项看，我们需要扩大进口农产品 125 亿美元，能源 185 亿美元，服务 128 亿美元。我认为完成这些没有问题，只要美国能够提供，加起来 438 亿美元，完全没有问题。现在不敢肯定的 329 亿美元的制成品的进口，我觉得不见得能完成。不是说中国没钱买，而是美国（封国封城的情况下）有没有东西卖，或者愿不愿意卖。这是国际贸易的情况。

（四）就业

接下来我们说说就业。大家可能已经注意到，2020 年 4 月 17 日中共中央政治局会议已经把“稳就业”放在最重要的位置。稳就业比稳增长更重要。当然这两者是相辅相成的，但是如果说，鱼和熊掌只能取一个的话，那就取就业。我们看看第一季度中国的失业情况：2 月份城镇调查失业率为 6.2%，达到历史峰值。到了 3 月份，随着复工复产的开展，我们看到这个数据已经降到了 5.9%。未来的话，客观上讲还存在一定的压力，特别是到了暑假，有近 700 万大学生找工作，700 万人口，这不是一个小数目。不过总体判断，如果政策发力充分的话，不用太担心，问题不大。为什么这么讲？就业能不能很好地妥善处理，首先取决于中国外贸的表现。你知道中国外贸间接或直接地带动了多少人的就业？2 亿人！我们知道，中国 14 亿人，有 8 亿人在工作，外贸带动 2 亿人的就业，相当于 1/4。2020 年的外贸形势（特别是出口）刚才已经跟大家分享过了，其实并没有想象中的那么差，理由是美欧国家一定需要中国的消费品，没有任何一个国家能够替代。这是我要表达的第一点，外贸不太差的话，就业就不会太差。第二点我想说的是，除了看总量，还得看结构。中国的就业，现在最大的问题不是白领工人及大学生的就业问题，而是蓝领工人的就业问题，为什么这么说呢？因为蓝领工人大多数服务于民营企业，而民营企业贡献了中国新增就业的 80%。换言之，民营企业的好与坏决定了蓝领工人是否能够充分就业。这就是为什么在 2020 年 4 月 17 日的中共中央政治局会议上，中央提出民营企业要做好出口转内销的工作。所以民营企业的生存问题是关键。后面我会分享一下中央对民营企业的纾困政策。以上是就业方面我要跟大家分享的。

（五）通货膨胀

第一季度的消费者物价指数（consumer price index，CPI）是 4.9%，我们知道这已经到了一个临界值。一般的经济学认为超过 5%，就属于比较厉害的通货膨胀了，2%～5%还属于比较温和的、可接受的通货膨胀。那么从第二季度开始通货膨胀到底会上升还是会下降？我认为，CPI 在通货膨胀第二季度之后不是太大的问题，会降下来。很重要的一个原因，我们来看石油，油价大幅度下跌，会带动很多产业的产品的价格下跌。我认为不只是中国，从全球的角度来看，2020 年也许我们不是应该考虑通货膨胀的问题，而是要考虑通货紧缩的问题，尽管这个问题现在还没有太多人意识到。通货紧缩需要担心什么？疫情背景下，封国封城，意味着需求在萎缩、供给在下降。供给和需求同时下降，意味着经济的萎缩。当然也因为这个原因，可以看到全球各大经济体都在放水，美国放得最为厉害。宽松的货币政策有可能使通货紧缩的问题得到一定的缓解。另外，我认为中国经济的复苏，或者说中国经济的初步复苏，对全球经济避免进一步地衰退起着至关重要的作用。大家都知道，中国是世界经济发展的“火车头”，如果中国经济开始正常运转的话，新冠肺炎疫情对社会、对人类的影响就会少一点。

（六）对世界经济的影响

我们接下来谈谈疫情对世界经济的影响。前段时间媒体报道了很多日本和美国制造业回流的消息，说日本政府也好，美国政府也罢，鼓励制造业回流到日本、美国去，政府给企业搬家费、税收减免等直接或者间接补贴。那么日本政府、美国政府这么做有用吗？我认为，短期内有没有用，我不敢讲，长期来看一定没有用。因为对企业来讲，它们的目标不是考虑国家战略、国家需求，企业是要挣钱的，企业就是要利润最大化。那么以美国制造业为例，回流到美国，企业能不能挣钱？答案是哪怕没有新冠肺炎疫情也挣不了钱，因为成本太高，企业生存不了。这个是最大的一个原因。

对日本来讲，制造业回流不是完全没有可能，但是日本的成本比中国的成本高。现在这些劳动密集型制造业不用说在美国、日本待不下去，在中国都有可能待不下去，因为中国的劳动力成本也在不断上升，流动也应该是向东南亚国家、向非洲国家流动的。所以我说日本和美国的制造业回流不可能长期地持续下去，短期内可能会有，但长期不太现实。

（七）疫情对欧美国家的打击力度其实比对中国的打击力度更大

现在中国已经复工复产，逐渐复苏，但可能对欧美国家的影响刚刚开始，或者说欧美国家要克服疫情危机还有待时日。中国经济有望在疫情中重构竞争优势。

二、中国应对疫情的政策安排

（一）调增速、稳预期、增信心

中共中央政治局于 2020 年 2 月 21 日、3 月 27 日、4 月 17 日的三次会议上均明确指出 2020 年调结构比保增长更重要。但中国经济适度的增长也是很重要的（实现 3%左右的增长），这是稳就业的前提。我认为国际上看空中国经济的观点绝对是错误的，这是方向性的错误。

（二）政策目标：“六稳”+“六保”

“六稳”包括稳就业、稳金融、稳外贸、稳外资、稳投资、稳预期，其中最重要的是稳就业。2020 年 4 月 17 日中共中央政治局会议在强调加大“六稳”工作力度的同时，提出“六保”，即“保居民就业、保基本民生、保市场主体、保粮食能源安全、保产业链供应链稳定、保基层运转”。

（三）逆周期调控，靠财政政策与货币政策双轮驱动

1. 稳健的货币政策

稳健的货币政策要更加灵活适度，精准发力，释放 LPR 潜力。用好 3000 亿元的专项再贷款；强化对先进制造业、脱贫攻坚、民生就业等重点领域、薄弱环节的能力建设。从 2 月份开始，货币政策就已经紧锣密鼓地实施起来了。比较有代表性的一次会议是 2020 年 3 月 4 日由中国人民银行会同中华人民共和国财政部（简称财政部）、中国银行保险监督管理委员会召开的金融支持疫情防控和经济社会发展座谈会，提出了六点：稳预期、扩总量、分类抓、重展期、创工具、抓落实。我觉得分类抓、重展期、创工具三点更为重要。

大力扶植小微企业的措施包括减税降费、减免租金、缓交社保、贴息新贷款等。

2020 年 3 月 27 日和 4 月 17 日的中共中央政治局会议也强调，房地产不会也不应该成为短期刺激经济的手段。不会再出现之前的房地产拉动中国经济的现象。还是那句话，“房子是用来住的、不是用来炒的”。

2020 年 4 月 9 日，中共中央、国务院出台《关于构建更加完善的要素市场化配置体制机制的意见》。要素包括劳动力、资本、土地、技术和数据。这是数据第一次作为一种要素，清楚地写到法规里面去了。

2. 积极的财政政策

最近应对疫情的重头戏就是积极的财政政策。当说到财政政策的时候，我们一般都喜欢用一个词叫“开源节流”。我觉得这次不能叫“开源节流”，应该叫“开源开流”，或者叫“开源通流”。为什么这么讲呢？我先跟大家汇报一下现在的财政情况。客观来说，我国财政短期内存在一定压力。为什么呢？第一，土地财政的收入在下降；第二，地方政府的隐形债务在增加；第三，要强调减税。这意味着钱减少了，支出增加了。所以，我国财政短期内存在一定压力。压力之后就开源。如何开源？有三个来源。

首先是预算内资金。它有三个来源，第一个来源是正常的财政收入。以 2019 年为例，中国的 GDP 是 100 万亿元，政府的财政收入是 19.7 万

亿元；第二个来源是扩大财政赤字，2019 年财政赤字占 GDP 的比重是 2.8%，2020 年扩大到多少还没有讲，最低及最稳健的估计是 3.2%，很可能是 3.5%，我认为可能不排除还会是 4%。其实 3.5%或 4%也不算高，为什么？你看一下美国，美国 2019 年并没有受到新冠肺炎疫情的影响，但其财政赤字占 GDP 比重达到 4.6%。你可能会说美国是发达国家，跟中国不太一样。那我们比一个和中国差不多的国家——印度，其 2019 年的财政赤字占 GDP 比重是 6.1%。如果 2020 年中国的财政赤字设定在 3.5%～4%，不为过。第三个来源是其他其他调入资金。如果按照 3.5% 的财政赤字计算，财政收入、财政赤字，以及其他其他调入资金，加起来预算内资金为 26 万亿元左右，这是可以确保的。

其次是国内贷款。2020 年《政府工作报告》已经明确指出，要发行特别国债，这属于国内贷款，大家认为会发行 1 万亿元左右。

最后是自筹资金。它有两个来源，包括增加地方专项债券的规模（2019 年是 2.15 万亿元，2020 年估计会到 3 万亿元，甚至 3.5 万亿元），以及发行政策性银行金融债（1 万亿～1.6 万亿元）。以上数字加起来总共 32 万亿元。换言之，应对新冠肺炎疫情，2020 年中国政府有 32 万亿元左右的钱可以花。

接下来很重要的一点，钱用到什么地方去了？基建、“新基建”是非常重要的领域。个人理解，基建是做存量，“新基建”是做流量。现在调结构，“新基建”会更加吃香。“新基建”有几个特征，第一个是数字经济，第二个是智能制造，第三个是投向需求大、城市密集度高的地方。数字经济意味着信息化，智能制造意味着新型工业化，需求大、城市密集度高的地方意味着城镇化。“新基建”很好地打通了中国政府一直想做的“三化融合”，即工业化、信息化、城镇化的三化融合。体现在具体的落地的产业或行业，主要包括 5G 商用、AI、工业互联网、物联网，以及讨论中的轨道交通和环境建设等。2020 年中国政府有 32 万亿元左右的钱可以花，其中 10%，也就是 3.2 万亿元左右，会投到“新基建”领域。“新基建”中，“特高压”也被反复提到，且被放置到很重要的位置。“特高压”专门用来推动中国的城市化，2020 年中国继续推动五大城市群建设的发力点就在“特高压”。

除此之外，电动汽车和充电桩、国家电网等，也都是投资的重点。

（四）扩大开放，重构全球价值链

上半年扩进口、下半年增出口，稳外贸的10项措施和稳外资的具体举措，时间关系，我就不一一展开了。

三、后疫情时代的中国与世界经济格局

我认为，这次疫情的应对，充分体现了中国政府纵向到底、横向到边，集中力量办大事的“制度红利”，这是事实。公平与效率、经济与健康、发展与脱贫，做到了较好的平衡。

中国经济长期向上，作为世界增长的“火车头”不会因为疫情而改变。疫情是一个重要的转折点，但对中国来说不见得是坏事。中国在2009年成为全球最大的出口国。2008～2009年，全球金融危机背景下，中国出口下降了16%，但之前最大的出口国德国下降得更厉害，也就是说，中国在衰退中赶超，成为全球最大的出口国。2020年的情况有点类似。我们看中美经济的世界经济中比例、经济贸易态势的消长，到2020年年底美国经济降5%是肯定的，中国经济增长2%问题不大，这样的此消彼长意味着到2020年年底，按照美元现价来核算，中国经济的规模将达到美国的3/4。2026～2027年，中国经济的总量大概率超过美国，这不以人的意志为转移。这种大方向我们应该看得很清楚。但还是那句话，中国的经济总量赶上美国，不等于中国就成为最富的国家，美国的人均GDP比中国高很多，中国还有很长的路要走。

最后我用三句话来总结一下：

（1）疫情之下，中国经济已在回暖，会成为全球相似规模经济体表现最好的国家；

（2）出口已在复苏，2020年全年贸易顺差显著，结构调整明显；

（3）疫情对中国经济的影响“机”大于“危”。

今天我和大家分享了一些自己的体会，供大家参考。请大家注意身体，保重健康，不论您在什么地方，以后到北京，到北京大学，我们再接着聊。谢谢大家！谢谢剑桥中国中心主办的“新冠病毒之后的世界”名家讲坛。

整理自余森杰剑桥中国中心“新冠病毒之后的世界”名家讲坛演讲 2020年4月20日

全球大变局中的全球经济贸易格局

尊敬的各位领导、各位老师：

下午好。非常荣幸能参加今天的会议。刚才听了老师们的发言，受益匪浅。下面，我就全球大变局中的全球经济贸易格局谈四点不成熟的看法，请大家指正。

第一，关于中国经济在后疫情时代的发展态势。毫无疑问，这次疫情使全球经济受到了重创。正如IMF所预测的，2020年全球经济衰退明显，经济总量将同比下降3%左右，成为自1929年经济大萧条以来的最大一次经济衰退。那么，中国经济能否在疫情中逆势发展？在这点上，我完全赞同刚才林毅夫等几位老师的观点。我认为，尽管2020年受到疫情的负面冲击，中国经济第一季度下降了6.8%，但就2020年全年而言，中国依然能保持较快的经济增速。从中长期来看，中国依然会成为拉动全球经济增长的"火车头"，中国经济总体向上、长期向好的发展态势不会因这次疫情而改变。

有两点原因。首先，就短期而言，尽管第一季度特别是2月份中国经济第二产业、第三产业受到了疫情较大的负面冲击，但从3月份开始，中国的外贸已开始逐步好转，稳住了出口，不但扭转了1月份和2月份的贸易逆差，还实现了第一季度983亿元的贸易顺差。目前，中国已采取积极的财政政策和稳健的货币政策，再配以"六稳"政策，2020年后三个季度有望保持每个季度6%以上的经济增速。那么，2020年全年的经济增速将会在3%以上，成为2020年同等规模经济体中增速最快的国家。而如果2020年美国经济同比下降5.9%，则到2020年年底中国经济总量将达到美国经济的75%左右。

其次，中国经济的中长期比较优势不因疫情的冲击而减弱，相反会得以强化。中国经济长期发展的竞争优势有四点：一是规模巨大的国内统一大市场。4 亿中等收入群体和 14 亿人口所创造的庞大需求成为保证中国经济发展的原动力。二是中国有 8 亿白领、蓝领各阶层工人相结合的劳动大军。三是中国有种类齐全、门类完整的全产业链和各地区的多产业集聚；工业化、信息化和城镇化三化融合将成为进一步推动中国经济发展的发动机。四是中国鲜明的“制度红利”。经济发展靠市场这只“看不见的手”和政府这只“看得见的手”共同发力。在充分发挥市场对资源配置决定性作用的基础上，通过“有为”的政府，各项政策的贯彻得以“纵向到底、横向到边”；同时通过脱贫攻坚战，减少收入分配差异，实现“公平”和“效率”两者兼得。正是由于规模经济、产业完备、劳工红利和“制度红利”，中国在未来 10 年会成为拉动全球经济复苏乃至增长的“火车头”。预计每年中国经济增长有望贡献全球经济增长的 1/4 以上。

第二，生产区域化和贸易全球化的大趋势不会因疫情而改变。近期由于受一些国家贸易保护主义的影响，贸易增速下降。2020 年的全球疫情预计会使全球贸易额下降 11%左右。

然而，生产区域化和贸易全球化依然会是全球经济贸易发展的两大趋势。这是由全球价值链和产业链的布局所决定的。目前，从最简单的铅笔生产到高度复杂的智能手机生产，都是在全球深度分工、高度合作下生产出来的。每个经济体通过全球采购，只负责生产产品的某个部件，加工贸易也因此成为主要的贸易模式。近期的贸易保护主义和疫情冲击会导致全球产业链、价值链和供应链局部、短期受到负面影响，但不会改变生产和贸易的基本态势，因为它们要受到各国要素结构、生产技术水平和生产成本高低等客观条件约束。

尽管一些发达国家采取鼓励制造业回流国内，但事实上这是无法充分实现的。因为，考虑到发达国家高昂的劳工费用和物流成本，制造业从中国回流势必大幅提高该制造业企业的成本，这不符合企业利润最大化的最基本要求。中国“世界工厂”的地位是由中国经济的内在特征所决定的。相对于发达国家而言，中国有较低的劳动力成本；而相对于其他发展中国家而言，中国有完备的全产业链配套。在后疫情时代，由于中国所独有的上述四个长期竞争优势，中国“世界工厂”的地位不会受到挑战，而会得到进一步的巩固，全球最终会形成一个以中国为中心的全球产业链和供应链布局。而通过不断的创新，中国也能逐步实现在全球价值链位置的爬升。

第三，在疫情重袭后的全球经济贸易治理体系方面，全球多边协调机制会弱化，全球经济贸易合作机构作用会下降。相反，区域经济贸易合作会加强，区域经济贸易合作机构作用将得以强化。日前的新冠肺炎疫情加剧了国际上逆全球化势力的抬头。受贸易保护主义冲击，世界贸易组织（World Trade Organization，WTO）作用不断弱化，多哈回合谈判已过近 20 年，但“行百里者半九十”，目前尚难顺利收官。最近，WTO 核心功能之一的争端解决机制受到严峻挑战，几近停摆。

目前，全球贸易格局呈“三足鼎立”之势，基本上形成以美国为首的美墨加三国协议、以德国为核心的欧盟区和以中日等国为主的东盟“10+6”，即《区域全面经济伙伴关系协定》（Regional Comprehensive Economic Partnership，RCEP）和中国倡导的“一带一路”经济贸易区。相对应的，区域经济贸易合作加强。主要贸易国从过去力推全球多边合作改为主推区域多边合作及双边自由贸易区合作。美加墨自由贸易区、区域全面经济伙伴关系、全面进步泛太平洋贸易协议（Comprehensive and Progressive Agreement for Trans-Pacific Partners，CPTPP）、跨大西洋贸易与投资伙伴协议（Transatlantic Trade and Investment Partnership，TTIP）乃至金砖五国自由贸易区成为全球主要贸易体合作热点。

最后一点讲中美关系。个人以为，疫情之后的 10 年左右，中美关系应该是合作与竞争并存。疫情重袭后，如果按照中国每年保持 5%左右而美国 2%左右的经济增速，那么，中国会在 10 年之内经济总量赶上美国。当然，美国经济有很强的竞争力，但中国经济同样有很大的韧劲，中国的和平崛起是一个不可改变的历史趋势。中美两国都有维护世界和平的义务，中国更渴望一个和平与合作的世界，但和平与合作能否实现最终取决于美国。中美两国可以长期保持和平共处和合作共赢。经济“脱钩论”和政治“冷战论”既不是中国的初衷，也更不符合美国工商业界的根本利益，因为 14 亿人的巨大中国市场是美国经济长期增长的最大、最稳定的需求方。从这个角度来说，中国的发展也就是美国的发展。

总之，在面临威胁到人类生存发展的巨大疫情挑战之前，中美两国只有求同存异，“和而不同”，为构建人类命运共同体通力合作，才能真正实现“百花齐放春满园”的美好愿景。

谢谢大家！祝各位老师身体健康。

整理自余淼杰教授在北京大学 122 周年校庆纪念日的讲话稿 2020 年 5 月 4 日

中国仍是大变局中全球的“世界工厂”

劳动力成本上涨减缓全要素生产率提升的速度

随着计算机技术的发展，生产技术不断得到发展，生产力水平不断得到提升，但生产率特别是全要素生产率却没有很明显的提升，这种现象称为生产率悖论。在衡量一个国家或者一个企业、行业的全要素生产率时，除了要考虑其在一定时间内创造的产品数量外，还要考虑相关的投入。例如，人力、土地、资本等要素的投入成本如果不断上涨，那么尽管生产技术、生产力得到了进一步的提升，但全要素生产率并不会很快提升。

从全球的情况来看，不管是发达国家，还是发展中国家，目前各国的劳动力成本都在明显地持续上涨。发展中国家之所以也有类似的情况，主要是因为发展中国家的人口红利在不断消退，所以劳动力成本在不断上涨。从这个角度来看，如果要进一步推进全要素生产率的提升，那么就要降低生产要素特别是资本品、中间品的成本。那么，如何降低资本品和中间品的成本？一个比较好的方法是通过推进全球贸易自由化、一体化，通过降低关税及非关税壁垒来推进全要素生产率的提升。

1929 年的经济大萧条和这次疫情对经济的冲击影响没有可比性

这次疫情与 1929 年的经济大萧条，其实有本质上的区别。1929 年的经济大萧条主要是由人祸造成，而这次疫情主要是天灾。1929 年的经济大萧条，从表面上看是因为供给和需求不匹配，有效需求不足。但从深层次来看，是资本主义的发展导致的生产过剩与劳工群众收入不足导致的有效需求不足之间的深刻矛盾。

所以，各国在应对 1929 年的经济大萧条时，许多国家特别是以美国为首的国家推行贸易保护主义，收取高关税，设置贸易壁垒，这在客观上会导致市场进一步分割，各国都以邻为壑，从而无法很快地走出经济危机。直到罗斯福实行新政，通过扩大就业解决有效需求不足的问题，各国效仿这个做法之后才很快地摆脱了 1929 年的经济大萧条。

这次疫情主要是因为天灾。尽管在这次疫情的背景下，各国之间转移矛盾、不负责任的言论越来越多，但是总体来说，通过全球各国特别是 WHO 等组织及中国等国家的努力，各国之间友好合作，共度时艰，促进合作互赢的趋势更加明显。这是 1929 年的经济大萧条时期，各国纷纷采取贸易壁垒的情形比不了的。此外，各国也从 1929 年的经济大萧条中吸取了经验教训，在面临天灾的情况下，各国意识到应团结起来、合作互信。

相较于 1929 年的经济大萧条，这次疫情冲击下，经济表现出的韧性更强。我们可以看到，相对于 1929 年的经济大萧条，现在全球化的发展趋势比当时要好很多。全球化趋势有生产地区化、贸易全球化两个特征，疫情并没有改变这个格局，每个产品都是由全球不同的国家共同生产的，然后在全球各个地方销售，这个格局并没有改变。虽然一些国家的贸易保护主义有所抬头，但仍无法改变全球化的格局。这次疫情之后，WTO 等国际多边机构的作用会逐步下降，但是与地区贸易合作特别是以地区自由贸易区这种形态为主导的贸易合作形式会变得越来越重要，如东盟“10+6”等区域全面经济伙伴关系，也包括跨大西洋的贸易投资协议等，这些地区合作贸易机构的作用将会越来越重要，这也是全球各国通过区域经济合作的方式来度过新冠肺炎疫情的一种尝试。

全球将逐步形成以中国为中心的全球价值链构建体系

疫情的确是危中有机。而且非常明显的是在疫情之后，社会的经济会由线下经济逐步转移到线上经济，互联网经济将会发挥越来越重要的作用，无论是贸易、金融还是投资，都会更多地体现为数字贸易、数字金融乃至数字投资，而且重要性会越来越凸显。另外，各国也会逐步实现贸易的多元化和贸易形态多样化，其中数字经济将发挥着越来越重要的作用。

未来世界经济的驱动力是什么？要回答这个问题，首先我们要找到推动世界经济增长的“火车头”。笔者认为这次疫情之后会逐渐形成一个以中国为中心的全球价值链，中国是全球的“世界工厂”，中国在全球价值链中占据主导地位。在这次疫情中，这个趋势不但不会被减弱，相反会得到加强，主要有以下两个原因。

第一，没有一个国家能够像中国一样同时拥有全产业链和劳动力丰富两个要素的经济。比如美国，虽然它的产业链比较齐全，但相对于中国来讲，它的产业链并没有真正比中国更加齐全，相对于中国其实还有一定距离。虽然美国在产业技术上起带头作用，但从产业链配套方面美国不如中国。

第二，从劳动力丰富的角度来讲，尽管有些国家劳动力资源比较丰富，而且比较便宜，但是没有完备的产业链配置，这在劳动力结构上可能会不如中国，所以从这个角度上来讲，以中国为核心的全球价值链的构建体系将会逐步推进。笔者预测中国在未来 10 年平均每年拉动世界经济增长的贡献率占 25%左右，所以中国会逐步成为拉动世界经济增长的“火车头”，同时，中国以巨大的市场规模，吸引着全球各国的投资，中国市场也逐渐成为发达国家特别是美国的稳定需求方，以及保证这些国家经济发展最大的国际市场。

短期效果层面，投资将成为拉动经济增长的“火车头”

2020 年消费拉动经济的作用有限，因为消费需要培育，再加上第一季度消费受到重创，从第二季度开始，特别是到第三、第四季度，消费的贡献作用会不断提升，但因为消费在第一季度受到重创的负面影响，所以 2020 年全年消费的贡献作用不大。2020 年 1、2 月份的出口情况是非常不乐观的，但 3 月份出口已经趋向平稳，并扭转了 1、2 月份的贸易逆差。在第二季度，尽管有些企业仍会抱怨拿不到订单，但这只是短期现象。因为随着第二季度时间的不断推移，欧美等国家受到疫情影响，采取封城封国措施之后，无法开工生产，那它们要满足本国对生活必需品、消费品的需求，就只能更加依赖中国，从中国进口。因此，中国的最终消费品在第二季度后会有所上升，所以 2020 年的出口总额估计会同比下降一成左右，对拉动经济增长的作用跟 2019 年的差别也不会很大，同时，贸易顺差相比 2019 年也不会发生较大的变化。投资会成为 2020 年拉动中国经济增长的重要来源之一，通过投资“新基建”及传统的基建，推行积极财政政策，配以稳健的货币政策来保证经济的发展，如此一来，投资在提升中国 2020 年的经济增长方面将会发挥着越来越重要的作用，特别是在短期效果层面，投资的作用很明显。“新基建”在短期之内必将成为拉动中国经济增长的支柱，带领中国经济走出困境。

另外，关于中国的出口笔者想补充一点，即中国的出口转内销其实并不困难。我们观察一下市场就会发现，其实中国之前出口的产品如高档衬衣，国外出售的产品相对国内质量更好，竞争力更强。这主要是因为国际的市场竞争更加激烈，所以厂家通常把更好的产品卖到更远的地方，这个现象也被称为“华盛顿苹果”。所以，中国出口的产品，不管是衣服鞋帽，还是高端制造业产品，其质量都比内销的产品质量更好，因此要实现出口转内销其实并不难，而且这些内销的产品在国内市场上应该具有更强的竞争力。

中国经济拥有他国无法比拟的四大发展原动力

后疫情时代，中国经济发展的原动力，笔者认为有四个：第一，中国拥有巨大市场规模的优势。中国拥有 14 亿人口的巨大市场潜力，以及超 4 亿中等收入人口的消费实力。第二，中国拥有产业齐备的优势，中国有全产业链配套，从大型重工业到轻型的劳动密集型产业中国都具备，这是中国所独有的优势。第三，中国拥有劳工红利的优势。中国有 8 亿健康勤奋的白领和蓝领相结合的劳动力，这也是中国所独有的优势，第四，中国有独特的制度优势。相对于其他西方国家来讲，中国更加注重收入、公平公正与效率之间的平衡，保证鱼和熊掌两者兼得。中国通过改革开放不断提升效率，最大化地提升收入，同时通过二次分配，打响脱贫攻坚战来保障弱势群体的基本利益以减少两极分化，笔者认为这四点就是中国未来 10 年经济增长的原动力。

为促进经济发展，笔者认为非常有必要发行特别国债。第一，中国 2019 年的财政赤字只占全国 GDP 总量的 2.8%，而发达国家远高于 3%，所以提高中国的赤字率，将财政设置到 3%～3.5%是完全没有问题的。第二，通过发行特别国债来应对新冠肺炎疫情对经济冲击，精准发力，将焦点放到 AI、互联网、充电桩等“新基建”上，就能够对症下药，让投资“新基建”成为经济发展的有源之水、有本之木。

中国 2020 年普通高校毕业生有 800 多万人，因为这 800 多万毕业生从定义上讲主要属于白领工人，所以要解决 800 多万毕业生的就业问题，一个很重要的办法就是发挥市场主体的活力，特别是那些具有相当规模的中型民营企业，以及涉及国计民生的大型国有企业，乃至各个高端的服务业方面，它们在吸收白领工人方面下的力度更大，所以应对这些白领劳动密集型产业进行大力扶持。另外，还要积极推进五大城市群的发展，包括创造统一的国内大市场，打破地区的贸易壁垒及投资壁垒，这才能更充分地实现稳就业的目标。

原载于 网易研究局 2020 年 5 月 9 日 作者 余淼杰

深挖组合政策潜能 2020 年中国经济仍有潜力保持适度增速

中国经济以目前的状态，2020 年保证在 3%的经济增速是没有问题的

2020 年没有提出全年 GDP 增速目标，最主要的原因在于避免为了保经济增速的数字而争数字的情况。假设中国 2020 年给定一个具体的 GDP 增速目标，那么各地政府可能就会为了这个数字而努力，这样就可能变成“为数字而增长”。如此一来，地方政府的工作就会比较被动。

但是，不设定具体的 GDP 目标并不代表中国经济出现了困难。笔者认为中国经济以目前的状态，2020 年全年保证在 3%的经济增速是没有问题的。第一季度 GDP 增速下降 6.8%，第二季度之后如果每个季度都能达到 6.5%的经济增长，那么 2020 年全年实现 3%的经济增速客观上是没有问题的。

如果采取积极的财政政策、稳健的货币政策及更加开放的国际政策，而且这三大政策的发力比较好，那么 2020 年的 GDP 有望达到更高的经济增速。如果各种潜力可以被充分激发出来，那么也不排除 2020 年的经济增速能到 5.3%左右。之所以这么讲，笔者认为如果第二、第三、第四季度的 GDP 增长率能分别达到 8%、9%、10%或者更高一点的话，那么 2020 年全年的经济增速就有望达到 5.3%左右。如果 2020 年全年经济增速能达到 5.3%的话，那么在“十三五”期间，中国就能充分地实现全面建成小康社会的目标。

但是，我们不能为数字而增长，保就业是最重要的。所以，2020 年中国决定不设定具体的 GDP 增长目标，这也体现了更加灵活的政策调控。通过保中小企业这类市场主体，保证新增就业，实现居民稳定的收

入，这才是当下最重要的工作，而不是片面追求一个漂亮的数字。

就业目标的下调，与疫情冲击下全球经济增长放慢大背景相匹配

相较于2019年，2020年的就业目标、失业率、CPI等数据都有了调整，笔者认为2020年的具体目标不能简单地和2019年相比，因为2019年除了中美经济贸易摩擦以外，全球经济并没有碰到太大的“黑天鹅事件”，而2020年全球都受到了新冠肺炎疫情的负面冲击，所以直接比不合适。

2020年，全球范围内各经济体受到新冠肺炎疫情冲击影响，其他主要经济体的经济面临很大的下行压力，甚至有些国家还会出现较大的经济衰退。在这背景下，中国如能保持中速的经济增速已属难能可贵。所以，适度下调各项经济指标目标，也体现了政策调控的科学性，这与疫情下全球经济增长相对放慢并出现衰退迹象的大背景是相匹配的。

2020年全年新增就业目标的下调主要是考虑在疫情冲击下，许多企业因面临经济前景的不确定性，不太愿意大幅度招新扩工。当然，如果随着“稳预期”工作的进一步开展，那么可能年度的新增就业数也有可能超过2020年设定的就业目标。

财政赤字货币化最怕的是开了变相“印钱”的先例

2020年的赤字率拟安排在3.6%以上，笔者认为这个赤字率是有利于中国经济的发展的。通常国际上公认将赤字率控制在3%之内比较稳健，但非常时期应有非常之举。目前，积极的财政政策已成为各经济体抗击疫情、复苏经济的最重要政策工具。相较于欧美及其他与中国规模相近的发展中国家而言，中国拟安排3.6%以上的赤字率其实已经是比较稳健的措施。在不受疫情影响的情况下，2019年美国赤字率已达4.6%。所以，2020年受疫情影响，中国把赤字率设置提到3.6%以上，就国际比较而言，其实一点都不高。

2020年的抗击疫情特别国债及部分专项国债筹集的资金，将通过特殊的转移支付机制由中央转移到地方，这也说明了中央对地方抗疫工作

的切实扶持。这种特殊的转移支付机制，也更好地说明了全国一盘棋，以及一方有难，八方相助的大格局，这同时也体现了中国特色社会主义制度的优越性，在地方遭受疫情冲击的情况下，各地方背后有强大的中央政府支持，这能够帮助他们顺利渡过难关。而将抗击疫情资金直接落实到县级水平，主要是因为县级组织自古以来就是中国经济运行最重要的基层组织层面。县级经济活了，全国经济就好了。同时，这也是中国政府强治理能力的一个有力体现，真正实现政策“纵向到底、横向到边”。

特别国债的发行方式多种多样，一种是直接的货币化，由中央银行直接买单，另一种是间接通过市场来发行。财政赤字货币化会引发市场对通货膨胀的担心，因为这相当于中央银行直接撒钱，不利于人民币币值的稳定。不过，当前不必担心会有较明显的通货膨胀。如果国家不采取经济的财政政策和相对宽松的货币政策的话，笔者更担心 2020 年会出现通货紧缩。理由很简单，因为疫情，大家都“宅”在家中，消费需求相对下降；同时，企业如果没有充分的复工复产，供给下降。整个经济面会萎缩，从而出现通货紧缩。现在好在有了“双松”的财政、货币政策，哪怕把物价拉升一点，也不会造成明显的通货膨胀。所以，笔者对财政赤字货币化的真正担心是，这样做开了个坏的先例，破了规矩，以后就相当于可以变相地开动“印钞机”印钱，这是最要不得的。

2020 年，其实中国用于恢复经济发展的财政资金是相对比较充裕的，包括原来的 20 万亿元左右的财政收入，3.76 万亿元左右的财政赤字，如果再加上发行 1 万亿元的抗击疫情特别国债，以及 3.75 万亿元的地方专项债券，总共将近 30 万亿元，这对拉动中国经济增长、稳定中国经济将起到至关重要的作用。

“新基建”投资有利于中国经济迈向工业 3.0 时代

2020 年《政府工作报告》中出台了很多针对中小企业的帮扶政策，特别是减免税收、减免租金等扶持方式，这些扶持方式对中小微企业纾困非常重要。这些中小微主体是在 2020 年《政府工作报告》中多次被强调要把握的市场主体，市场主体保住了，就业就保住了，居民的收入也就会有所提升，所以这几者的关系是相辅相成、互为一体的。

笔者认为发行地方专项债券明显有利于促进地方经济的发展，这笔钱可以用到两个方面，一是用到抗击疫情工作中，保民生，促消费；二是用到“新基建”投资，有助于拉动中国经济的长期发展。同时，投资各类基建对债务资金收回也比较有保障。

发展“新基建”的好处是“争千秋”、抢未来。这是因为，发展“新基建”能更好地实现工业化和信息化的紧密结合，推动中国经济的发展需要城镇化、工业化及信息化三化融合。新型基础设施特别是 5G、AI、充电桩等领域，这些既有别于传统的基础设施，又有助于保证中国经济的长期发展，促进中国经济迈向工业 3.0 时代。

“十四五”规划应全面体现深度挖掘中国经济发展的四大原动力

2020 年《政府工作报告》强调要打好脱贫攻坚战，实现全面建成小康社会的目标。在面临疫情负面冲击的情况下，要达成这个脱贫目标，就要保证有充分的资金投入。因此，为保证充分的资金投入，我们通过扩大财政赤字率及发行地方专项特别国债，并且通过特殊转移支付机制向地方倾斜,通过这些政策来保证中国能用充分的资金来对冲疫情影响，那么就能较好地完成脱贫目标。

对于“十四五”规划的期待，笔者认为“十四五”规划应全面体现深度挖掘中国经济发展的四大原动力。何为四大原动力，即规模经济、全产业链配套、人才红利和制度红利。如何更好地实现规模经济这个大市场？有多个方面必须在“十四五”规划中加大投入力度。第一，要构建国内开放的统一大市场，打破地区的贸易壁垒，促进要素的自由流动，要素的自由流动包括人力、土地、资本、数据等的自由流动，特别是劳动力的自由流动，需要进一步取消户籍的约束，使人才可以跨地区流动。第二，要进一步推动改善营商环境，中国目前营商环境排名在过去几年不断跃升，但还可以进一步简政放权，更好地促进贸易的自由化和投资的便利化，改善营商环境。第三，要构建统一开放的国内大市场，还应提升老百姓的可支配收入，进一步减税降费就是很重要的手段。上面提到的所有工作都是挖掘规模经济的重要抓手。

原载于 网易研究局 2020 年 5 月 26 日 作者 余淼杰

优先发展数字导向高附加值产业，巩固中国全球价值链中心节点地位

关于后疫情时代产业链情况的两点观察

一是疫情会使全球贸易总额受到比较大的冲击，但是世界经济从世界范围来看，全球化基本方向与趋势没有改变，只是形式发生了变化。为什么这样讲？现在面临的挑战非常明显：全球贸易额下降，中国外贸总体规模估计会下降 11%～15%。刘元春老师讲的国际上是逆全球化的，特朗普这几年搞“美国优先”，在过去中美经济贸易摩擦中，按道理讲，WTO 的关税，发达国家是 3%，现在对中国进口关税已经达到 20%，中国对其他国家平行关税 7.5%，中国对美国现在差不多 20%，中美经济贸易摩擦也会对贸易有一定影响。

受疫情影响最大的还是服务贸易，很多航空公司基本处于破产的边缘，服务贸易锐减。全球经济贸易结构会出现两点基本态势：其一，生产地区化跟贸易全球化的基本格局没有改变，生产地区化和贸易全球化是关键词。比如 iPhone 有六七个国家或地区生产，美国占了 60%利润，韩国占 4.7%，日本跟中国台湾各占 0.5%，中国大陆劳动力成本、非劳动力成本加起来占 5%左右，生产的地区化没有发生改变。做出来产品依然卖到全球，尽管因为这个地方关税壁垒比较高，金额会受到影响，但是基本没有变化。

其二，全球化没有发生变化，但表现形式却发生了变化，全球多边经济贸易协商机制被弱化，如 WTO。地区经济贸易合作多边机制得以加强。WTO 争端解决委员会现在将近停摆，9 个委员中只有中国法官还留任，现在没有办法形成小组解决争端。WTO 总干事提前去职，人选还是问题。多哈回合谈了 20 年，虽然已经成功了百分之八九十，但是发达国

家和发展中国家在各自核心利益问题上始终无法达成一致。这些例子都说明全球经济贸易多边协商机制被弱化。

多边合作得以加强，如中国“一带一路”倡议得到积极的响应，现在“一带一路”经济贸易总额占中国经济贸易总额的三成左右。再就是东盟“10+6”，即《区域全面经济伙伴关系协定》（RCEP）已经差不多了，也得到了很大的提升，往前推进了好几步，这是 RCEP 的情况。北美的情况，北美自由贸易区，很多东西都是对美国更加有利，从原产地规则来看，汽车原产地从 63%提高到 75%，这都是对美国有利的。不管怎么讲，这是地区区域化加强的趋势，包括日本所主导的泛太平洋贸易协议也在逐步加强影响力，中国也是准备积极参与其中。全球化基本态势没有发生改变，但是形式发生了变化。

二是后疫情时代，中国全球价值链的中心节点位置没有得到削弱，相反会更加获稳固。

以美国为首的美墨加三国协议、以德国为核心的欧盟区和以中日等国为主的东盟“10+6”，金融危机以后已经形成“三足鼎立”。受到疫情的挑战，现在是政府鼓励外资企业搬回去，它们自己也想搬回去。跟这个结合在一起的就是产业的转移，但是我不同意这个观点，我认为中国全球产业链地位不会受到冲击的影响，有没有挑战？但是危中有机，而且机遇更多。有以下几点原因。

第一，中国全产业链的比较优势，如果看海关出口数据会发现，统一编码 8000 多种产品，中国每种产品都有出口，这是中国全产业链的体现。可以说，里面的产品质量虽比美国、德国差一截，但也能用，全产业链的完整性是体现在那个地方的。

第二，中国各地出现了产业的集聚，产业集聚分工有利于专业化生产。看中国产业地图会发现每座城市都是专业化生产一两种产品，如潮州做玩具、邢台做羊绒等，每个地方都有集聚。集聚可以降低成本，也有正向的溢出，很多好处不再展开阐述。

第三，中国市场的规模经济对外资有明显的吸引力，中国市场的规模优势可以从两点体现：一是中国有 14 亿人口，消费额度是非常大的。看未来潜力，中国有 4 亿中等收入的群体，而且还在不断扩大，这是今天和明天的情况，现实跟潜力的情况。如果看中国的比较优势，已经不再是劳动力便宜，而是拥有巨大的市场。

外资的撤资论，主要是不符合外资企业利润最大化的要求，作为企业最简单的道理就是挣钱，利润最大化。问题是撤资能不能到东南亚，东南亚地区成本好像比较便宜，但那里没有全产业链，企业需要从区外再进口中间品，成本很高。类似的例子是中国有家做摩托车的资本密集型企业到非洲埃塞俄比亚投资，其中间品都只能从中国进口，明显增加了成本。东南亚也是一样的。

如果产业链的主要生产环节回到美国、欧盟，跟中国相对有以下几个劣势。

劳动力成本高，中国 2019 年劳动力成本大概为 750 美元，在沿海地区差不多为 750 美元，在美国为 4200 美元。

对于物流成本，中国有巨大的工作人群，物流成本相对便宜，所以就可以看到 iPhone 最后在美国只能建研发中心。

对于运输成本，外资企业生产了要卖出去，如果市场在中国，就节省了很多运输费用。

不管是人工成本、物流成本还是运输成本，中国在这些方面都是比欧美低的。美国制造业回流也是没有形成一个趋势的。

关于未来产业链的竞争，我主要讲以下两点。

第一点，如何提升中国在全球价值链中的位置。讲到提升在全球价值链的位置，首先就应该认识现在的情况。从中国加入 WTO 以后，以中国为中心的亚洲工厂的比重大于以美国为中心的美洲工厂的比重。以信息产业为例，2/3 信息产业中间品来自亚洲。有一点需要注意的是，虽然中国在传统贸易，以及简单的全球价值链中所处的位置越来越高，但是复合型的全球价值链还是美德占优势。中国依然处于微笑曲线中低端。但是如果看附加值会发现，中国跟美国、日本、德国、韩国等国家都不一样。其他国家附加值都是直线下降，中国先上升是因为技术进步，现在强调增加进口，进口增加，出口也增加，附加值比重相对下降。中国是倒 U 形。

面对这样的情况，我的观点是在确保资本密集型产业价值链中间节点的背景下，优先发展数字导向、知识密集的全球价值链。

数字导向、知识密集、资本密集型的全球价值链是中国全球价值链发展的重点。主要是因为数字全球价值链有几个优点：①相对其他简单的价值链来讲，具有低边际成本的优点，如软件拷贝是零边际成本。②具有非竞争性，如用数字化手段提供金融的方案等。《中共中央国务院关于构建更加完善的要素市场化配置体制机制的意见》中说要推进市场化要素改革，提到数据是一种要素，电子商务的数据其实可以在未来作为一种抵押品进行抵押。我的基本观点是应该往这个方向发展，借力中国制造 2025，中国在全球十大制造业上努力成为全球领军者。十大领域就是：新一代信息技术产业、高档数控机床和机器人、航空航天装备等，这些东西重点是借助数字贸易发展数字经济，我一直强调，数字导向的全球价值链依然是中国发展的重点。

在疫情中，很多产业受到严重创伤，但是电子商务跟线上交易、海外天猫等的销售额都大幅上涨。现在电商+快递模式不只在中国受到重视，在欧美国家同样如此。

讲到价值链的时候提到一点，不仅强调出口，还要强调进口，进口高质量的中间品是实现产业附加值上升的重要途径。因为如果进口的中间品质量比较高，那么国内中间品合在一起可以产生类似于 1+1>2 的效果，类似于化学反应，这也是为什么要办好第三届中国国际进口博览会的原因。

第二点，未来的发展应该是对接“六稳”，重构以中国为中心的全球价值链。因为全球价值链的重构有助于稳就业、稳外贸、稳外资。传统产业，不管是做出口还是现在出口转内销，只有创造更多的就业岗位，才能保证 2020 年城镇失业率在 5.5%，数字贸易，数字全球价值链有自动化、机器人、G1 打印、大数据、云计算，短期内会出现就业两极分化的状况。就是相当于一个三明治，高端工人也有工作，低端的蓝领也有工作，如纺织业有些产品需要人工的干预，很细的东西没有办法完全自动化，但会挤压中端工人的工作，对中端工人的就业影响比较大。所以要做好在岗培训工作，2020 年《政府工作报告》提到要做好 3500 万人以上的在岗培训工作。另外一点，要鼓励这些工人向劳动密集型企业转移。同时也鼓励中小微企业融入数字贸易、数字经济、数字价值链，这一定是未来发展的方向。

有几点政策建议：

其一，要坚定不移地推动中国制造 2025。这里涉及工业化、信息化、城镇化的融合，离开了信息化的工业化难以持续，离开了工业化的城镇化会变成贫民窟，三者应该很好地结合起来。稳外贸这块，除了传统的做法，大力推进贸易自由化、投资便利化外，还应该做好数字园区的工作。最近国家在认定 12 家国家级数字服务园区，我认为未来国家在这个方向应该继续做下去，包括电子商务中的试验区，这也应该做下去。鼓励线上贸易，如这次线上中国进出口商品交易会（简称广交会）。经过疫情后，线上贸易比重肯定越来越大，而且有利于发展中国家“弯道超车”，尤其大家在同一个起跑线上，我们的成本会相对低一点。

其二，在稳外资的工作中应该是要抓好龙头企业。

其三，推进多种市场化改革，确保公开、公平、公正，一视同仁的市场上竞争。苏州工业园区就做得特别好，做了很多创新工作，包括减少负面清单，都是有利于数字贸易、推进数字全球价值链的。这也促进了中国在全球价值链中得以提升。

整理自余淼杰中国宏观经济论坛宏观经济热点问题研讨会（第 5 期）演讲
2020 年 5 月 28 日

建设海南自由贸易港是推进全面开放新格局的神来之笔

从产品、要素的自由流动到高标准贸易开放制度建设的设计

《海南自由贸易港建设总体方案》(以下简称《方案》)可以说是“构建全面开放新格局”的关键一环，具有标志性意义。其中最重要的一点是强调产品、要素的自由流动和高标准制度建设的开放设计有序渐进落地。也就是说，开放不只是停留在商品或要素层面的自由流动，更重要的是在15年之内建成高标准的全面开放自由贸易制度。

商品的自由流动体现为两点，一是贸易的自由化，二是投资的便利化。贸易的自由化又体现为“一线放开、二线管住”，在“二线管住”的时候，也开了一些窗口、允许一些特例，如“对鼓励类产业企业生产的不含进口料件或者含进口料件在海南自由贸易港加工增值超过(含)30%的货物，经二线进入内地免征进口关税”。而且，不只强调了商品贸易的开放，还强调了服务贸易的开放——破除跨境交付、境外消费、自然人移动等服务贸易模式下存在的各种壁垒。

投资便利的开放值得强调两点：

第一，“实施市场准入承诺即入制”，落实“非禁即入”，原则上取消审批，改审批许可为备案。金融方面也是如此，强调银行资金的流动由事先的审查变成事后的核查；在投资方面强调“有事必应”“无事不扰”。这些都是新概念、新规则，特别是强调要让公开、公正、公平的竞争制度不仅在市场交易、产品生产方面，还要拓展涵盖到要素的获取、标准的认定等方方面面。

第二，强调要素的自由流动。要素具体讲了四点，分别是资金、人员、数据和运输，是对2020年5月18日出台的《中共中央　国务院关

于新时代加快完善社会主义市场经济体制的意见》的进一步落实。此次海南自由贸易港建设方案除了“数据”外还强调“运输”，而且因地制宜，针对海南的情况讲到两点，一是船舶运输，二是航空运输，且出台了很多具体的措施。

《方案》还出台了很多举措以便资金的自由流动，如多功能自由贸易账户体系的建立，鼓励中国企业，特别是在海南自由贸易港的企业到海外去通过股票或发行债券融资，审批权下放给海南发展和改革委员会（简称发改委），这些都是非常具体的制度。之前，自由贸易试验区可能更多地强调对内开放，而这次更强调对外开放，而且是对内、对外联动开放，所以，金融开放又比以前大大地推进了一步。

人员的自由流动体现在，首先强调薪酬，适当提高白领工人在初次分配中的比重，而且《方案》中“对外籍人员赴海南自由贸易港的工作许可实行负面清单管理”，“实施外国旅游团乘坐邮轮入境 15 天免签政策”。同时，在个人所得税方面有一个很大的突破，即如果“在海南自由贸易港累计居住满 183 天的个人，其取得来源于海南自由贸易港范围内的综合所得和经营所得，按照 3%、10%、15%三档超额累进税率征收个人所得税”。①

强调商品和要素自由流动的目标是建立一个现代的产业体系，现代的产业体系的建设集中在三点，分别是旅游业、高端服务业、高端科技产业。之所以强调这三点，是因为考虑到海南省的实际情况。2018 年，当初步提出要建立海南自由贸易港的时候，就已经把它定位成一个主要以服务贸易与旅游优先的产业布局，高新产业主要是为了打破国外的封锁，实现资金跟技术更好的对接。

《方案》最大的亮点是规则的制定，在这方面有四点值得大书特书：税收管理、社会治理、法治建设和风险管控。最终管理的核心是建立“零关税、低税率、简税制、强法治、分阶段”这样一个非常自由、非常有利于投资的税收制度。在社会治理方面要做到推进自由贸易港建设有法可依，简政放权，同时加强法治建设。

《方案》中还有一个特别的新亮点是强调风险的管控。一方面，推进全面开放新格局，做到双向开放、立体开放、全面开放。双向开放，就

① 新华社. 中共中央 国务院印发《海南自由贸易港建设总体方案》[EB/OL]. http://www.gov.cn/zhengce/2020-06/01/content_5516608.htm[2021-01-27].

是说既要走出去，也要引进来；立体开放，就是要做到陆、海、空联动开放；全面开放，指投资、贸易、融资及要素等方面都开放、都改革。另一方面，在更大开放的同时要做好风险的管控，贸易方面防走私，投资方面反虚假，金融方面反诈骗。同时从这次疫情中吸取经验教训，建立一个公共卫生管理机制。

然后还要分阶段走——2025 年的目标是形成“早期收获”，2035 年形成“全面开放”。早期收获和全面开放分步走也是中国渐进式改革的一个经验：稳扎稳打，有序推进。可以说，《方案》的出台和落实是推进全面开放新格局的最重要的具体举措之一，是神来之笔。

《方案》彰显中国深度融入世界以应对逆全球化的态度

在这个节点上印发《方案》意义非凡。新冠肺炎疫情导致全球经济衰退，有些国家推行贸易保护主义、贸易霸凌主义，逆全球化势力抬头，在这样的大背景下，推进全面开放新格局，本身就彰显了中国深度融入世界以应对逆全球化的态度。印发《方案》的时间也非常关键。《中共中央　国务院关于新时代加快完善社会主义市场经济体制的意见》和 2020 年《政府工作报告》中都进一步强调要深化改革、扩大开放。在这样的背景下，出台《方案》，就把我们在十九大以来所强调的推进全面开放新格局的这个理念落地、落实。所以，从这个角度上来讲，其彰显了中国开放的诚意，体现了“以开放带改革、以改革促发展”的新发展理念。

《方案》对疫情下的海南经济恢复和未来的发展注入了根本性的动力，起到了至关重要的作用。按照《方案》推进，海南在 15 年之内建成中国最大的贸易港，以及全球最先进自由贸易港之一，应该说是指日可待的，这也体现了我们“一张蓝图绘到底”的决心。

海关特殊监管区域的建设，对进口商品的分别对待，对正面清单、负面清单的分别对待，零关税的处理，以及投资制度上的极简审批，鼓励把权力下放给海南发改委来试点改革的跨境融资政策，包括强调金融服务实体经济，允许支持实体公司发放信用类的债券等，这些措施都是有利于海南本地实体经济的发展的。

海南能够提供广阔的创业、就业空间

海南应该因地制宜，当地的优势在于开放，以及本身优越的旅游资源。所以海南的发展步骤应该是首先做好服务贸易，以服务贸易带动商品贸易。为了做到这一点，应该从三个方面发力。第一是大力发展旅游业，第二是发展以旅游业为支撑的服务贸易，如运输业、船舶业，第三则是发展高端的科技产业。因为高端的科技产业更多依靠的是人才，现在海南自由贸易港出台的这些政策，对全世界的优秀人才都具有很强的吸引力。

受到疫情的影响，全球就业压力都很大，中国的情况相对较好，因为我们已经基本上实现了复工复产。就业的压力可能更多的是来自蓝领工人，因为蓝领工人主要集中在劳动密集型产业，而劳动密集型产业目前受外贸订单萎缩的影响较大。为了应对这种情况，要深度挖掘中国的出口，如果外贸保住了，那么中国蓝领工人的就业就能保住。对于另一类群体——高校毕业生，第一，鼓励他们做好在岗的培训；第二，鼓励他们进军第三产业，特别是高端服务业。海南自由贸易港刚好要发展高端的服务贸易，所以，海南能够给毕业生提供广阔的创业、就业空间。

《方案》提出了许多具体措施来“招才引才”，如在海南自由贸易港累计居住满 183 天，可以享受最高个人所得税不超过 15%的优越待遇。而在其他一些省份，个人所得税累进税率最高达到 45%。所以，海南的个人所得税的政策对广大的毕业生或白领人才来讲，具有非常强的吸引力。除了财税方面的改革，还在人员进出、户口户籍方面给予便利，这些措施都能够鼓励人才的自由流动。

海南自由贸易港将会实现“早期收获”和“全面开放”双阶段的飞跃

为应对疫情及逆全球化的思潮，中国应该切实推进构建全面开放新格局，通过更大、更高、更全方位的开放，来对抗疫情导致的经济衰退。高端或者更高层次的开放体现在以下四个方面：第一，全面开放，在贸易、产品、要素、制度建设方面全面开放。第二，双向开放，既要把资金引进来，又要鼓励企业走出去。第三，立体开放，陆、海、空联动开放。第四，大幅放松外资准入。这一点在《方案》中也表现得淋漓尽致，在促进资金的自由流动方面出台了很多措施，包括以上提到的构建多功能自由贸易体系、便利跨境贸易投资资金的流动、扩大金融业的对内和对外的双向开放、加快金融改革的创新、开放数据、电信产业逐步取消外资的股比限制等。

总之，《海南自由贸易港建设总体方案》的出台是中国实现全面开放新格局的一个标志性的、里程碑式的成果。如能切实落地这些安排，那么 5 年之内，海南自由贸易港可望有可观的“早期收获”，开放红利会不断彰显出来，15 年之内，则有望实现“全面开放”，把海南岛建成全世界开放程度最大的自由贸易港之一，并推动中国全面开放新格局早日实现。

原载于 网易研究局 2020 年 6 月 4 日 作者 余淼杰

大变局下国际市场对中国产品的依赖会上升

部分地区疫情反弹不会影响对全国经济增长的总体判断

国内的疫情在大部分地区基本上得到了很好的控制，最近形势比较严峻的主要是北京地区，但是这并不会从总体上影响中国经济的复工复产，也不会影响到对 2020 年中国经济总体上增长 3%～3.5%的判断。首先是因为，北京的经济总量在全国各地的经济总量中排在中位，并不是经济总量最大的地区。当然，北京是我国的首善之区，是政治、经济、文化中心，所以北京疫情反弹影响更多的是政治、文化层面上的。其次，个人判断北京疫情有望在短期内得到有效的控制，因为有了之前武汉及全国各地的抗击疫情经验，这次防疫做得比较早，也比较及时。笔者估计这一次北京的疫情反弹，有望在一个月之内，甚至在两周内可以得到很好的控制。所以，国内部分地区的疫情反弹不足以对全国全年的经济产生根本性影响。

但目前来看，国外疫情二次暴发的势头非常明显。比如说巴西、美国这些国家，疫情并没有出现根本性的好转势头。毫无疑问，这个对南美、北美及欧洲各个地区的经济都会产生很消极的影响。所以除中国以外，世界上主要的经济体在 2020 年都面临一定程度的衰退，这也是为什么最近 IMF 再次调低了对世界经济增速的期望。个人判断，其他国家至少在第二季度不会有完全复工复产的可能，因为第二季度马上就要结束了。而下半年的第三季度，对这些发达国家来讲，最多就只是部分复工复产，没有办法完全复工复产。

短期内我国财政赤字还有进一步提高的空间

从政策制定的角度，要在外需疲软的背景下拉动消费，笔者认为前段时间各地政府发放消费券拉动市场需求的行为是值得被继续推广的。笔者建议各个地方政府可以推行规模更大的消费券投放活动。当然，如果规模更大，势必会有更多的财政赤字，但是因为我们2020年的财政赤字率已提高至3.6%以上，所以应该说问题不大，而且我国的财政赤字在短期内其实还有进一步扩大的空间。

从投资刺激经济的角度来看，拉动投资的方法只有两点，一方面是尽量鼓励企业投资，另一方面是来自政府的投资。目前的情况下，企业当然是不敢再扩大投资规模，而是以自保为主。所以通过投资来拉动中国经济，传统基建也好，“新基建”也好，主要还是靠政府主导，也就是我们平时所讲的积极的财政政策。

至于说保市场主体等“六保”，最重要的是中小企业能够活下去。中小企业能够活下去还有一个很重要的带动作用，就是对就业的带动。2020年马上就有800多万大学生就业，为了应对较严峻的就业形势，其实也可以鼓励大学生采取弹性就业的方式。弹性就业跟以前的硬性就业不同，如以前大学生的期望工资可能是一个月8000元到1万多元，具体取决于其是本科、硕士还是博士学历，那在疫情的情况下可以尝试接受相对比较低的临时性的工资。从学生的角度上来讲，如果做好了心理的预期，明白这个困难是暂时的话，可以使得企业暂时降低硬性的工资支出，同时也可以使企业不至于因为资金困难，没有办法招揽到人才。当然，这个是从企业主体和市场人才供应的角度上来看的，如果从稳市场主体的角度来看，那还必须靠货币政策跟财政政策，一方面需要不断地减税降费，另一方面国家应该对小微企业进行必要的资金贷款扶持。

第三季度的消费品出口不会下降，反而会上升

前文提到，第三季度国外主要经济体无法做到完全复工复产，那么这些国家对中国产品的依赖程度必将上升，会从中国进口更多的消费品。理由很简单，因为如果国外封国封城的话很多消费品根本没有办法生产，但是消费还是必需的，必须从中国进口相当的消费品，因此中国第三季度的消费品的出口不会下降，反而会上升。其实我们也可以从4、5月份

的出口数据得到佐证，这些都说明了外国对中国产品的依赖度在上升。

除了货币政策和财政政策以外，一个更加开放的国际政策，或者贸易政策也是非常重要的，特别是在目前的国际背景下，尽管中国的出口在第三季度会向好的方向发展，但这对不同的企业影响有大有小。如果是受外贸影响比较严重的出口企业，应该进行出口的多元化，不要仅仅把出口的目标瞄准欧美、日韩这些发达国家，而是应该努力开拓新兴工业国家，利用建设海南自由贸易港的这个机遇，联系好中国跟“一带一路”国家和地区，特别是“海上丝绸之路”国家，尤其是东盟的经济贸易往来。所以，海南自由贸易港将会发挥在中国新一轮的全面开放中桥头堡的作用。

积极的财政政策，配之以稳健的货币政策，再加上开放的贸易政策，三管齐下的话，有望让中国经济在疫情常态化的背景下保持经济的适度良好发展。

原载于 网易研究局 2020 年 6 月 30 日 作者 余淼杰

我国全面开放新格局的构建

一、全面开放新格局的构建历程

（一）中国贸易开放的现况

2018 年，中国的商品贸易额为 4.62 万亿美元，位居全球第一，是全球最大的商品贸易国，服务贸易额将近 8000 亿美元。同时考虑商品贸易和服务贸易时，中国位居世界第二，这主要是因为美国的服务贸易规模比中国大。

从外贸依存度的角度来看，2018 年，中国的进出口与 GDP 的比例为 33%。如图 1 所展示的，中国的外贸依存度一度非常高，在 2006 年曾经高达 64%。目前的外贸依存度有所下降，主要有两方面原因：第一，2008 年全球金融危机以后，世界经济持续低迷，外需疲软，中国经济增长的动力从依靠出口转向依靠内需；第二，随着经济的增长，中国的经济规模越来越大，GDP 的增速快于贸易的增速。

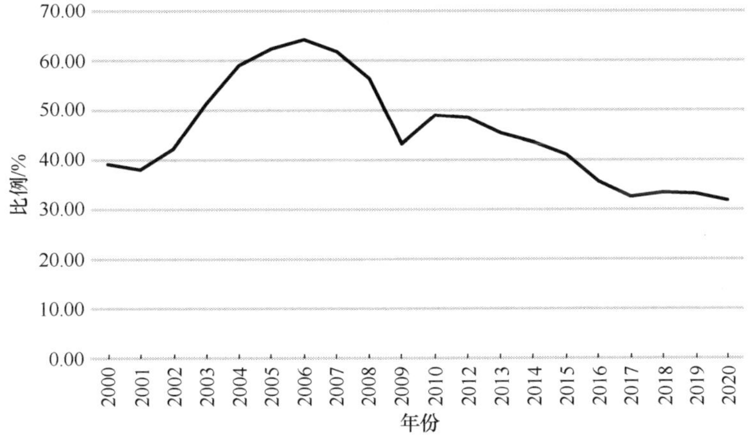

图 1　2000～2020 年中国外贸依存度（截图）

尽管中国的外贸依存度有所下降，现在的贸易规模占经济体规模的比重为 1/3，但这在全球大规模经济体中也属于外贸依存度较高的国家。

除了贸易之外，外资也是对外开放的重要方面。2018 年，中国实际利用外资额 1350 亿美元，占全球流量的 9.5%。近年来，随着中国企业“走出去”现象愈发普遍，中国企业的对外直接投资逐年增加。2018 年，中国企业对外直接投资为 1300 亿美元，占全球流量的 9.9%。

（二）基于时间维度的中国贸易开放

自 1949 年中华人民共和国成立到 1978 年启动改革开放期间，中国初步建立起完整的工业体系，为之后的对外开放打下了坚实的基础。从时间维度上，可以将改革开放后中国的外贸开放分为三个阶段，即广度开放、深度开放和全面开放。

1. 广度开放

广度开放是指 1978 年改革开放启动到 2001 年中国重新加入 WTO 这段时间。广度开放有一个鲜明的特征，即由点到线、由线到面逐步地推移，体现为经济园区的不断扩大。

1980 年 5 月，我国设立了四个经济特区，分别是广东的深圳、珠海、汕头和福建的厦门。其中深圳毗邻亚洲乃至世界最大的金融中心之一——香港；珠海紧靠澳门；将厦门设立为经济特区旨在促进与台湾的经济贸易往来；汕头作为著名的侨乡，有很多的华人华侨在东南亚各国工作，将汕头作为经济特区有利于促进中国与东南亚各国的经济贸易往来。

1984 年，由点到线，北起大连，南到北海，我国设立了 14 个沿海开放城市，分别是大连、秦皇岛、天津、烟台、青岛、连云港、南通、上海、宁波、温州、福州、广州、湛江、北海。

从粗具规模到沿海一条线，这个现象在之后的几年变得更加明显。1984～1986 年我国开始设立国家级经济技术开发区。截至 2019 年，我国已设立国家级经济技术开发区 219 个。1985～1988 年，我国新增设立经济三角洲和经济特区，其中三角洲包括辽东三角洲、长江三角洲、闽江三角洲及珠江三角洲。海南在 1988 年升级成为海南省，并被设立为经济特区，这是海南的第一波开放。

1991 年，我国又增设了 4 个北部口岸，旨在促进同蒙古、俄罗斯和朝鲜的贸易往来。1992 年，国家实施沿边开放战略，陆续批准黑河、绥芬河、珲春、满洲里、二连浩特、伊宁、博乐、塔城、畹町、瑞丽、河口、凭祥、东兴、丹东共计 14 个城市为沿边开放城市。此外，自 1990 年我国设立首个保税区——上海外高桥保税区之后，1991～1992 年，我国陆续于天津港、沙头角、福田、大连、广州、厦门、张家港、海口、福州、宁波、青岛设立保税区，沿海一条线的开放格局逐步形成。

同时，在 1991 年年底到 1992 年年初，我国在中部许多省会城市或重点城市设立了国家级高新技术开发区，推动内部进一步开放。

1992 年开始到 2000 年期间，我国的对外开放主要体现为以减让关税为代表的贸易自由化，旨在为加入 WTO 做准备。

2. 深度开放

深度开放是指自 2001 年中国加入 WTO，到 2012 年这段时间。这期间我国的进一步开放主要体现在加入 WTO、贸易自由化、大力发展加工贸易、汇率机制改革等。

1）加入 WTO

WTO 的前身是关税和贸易总协定。第二次世界大战之后，为重新稳定世界经济贸易秩序，中国、美国等 23 个国家于 1947 年签署了关税及贸易总协定。1986 年，中国正式申请恢复关税及贸易总协定缔约国地位。2001 年，经过 15 年艰苦的谈判，中国于 2001 年加入 WTO，成为第 143 个成员（图 2）。

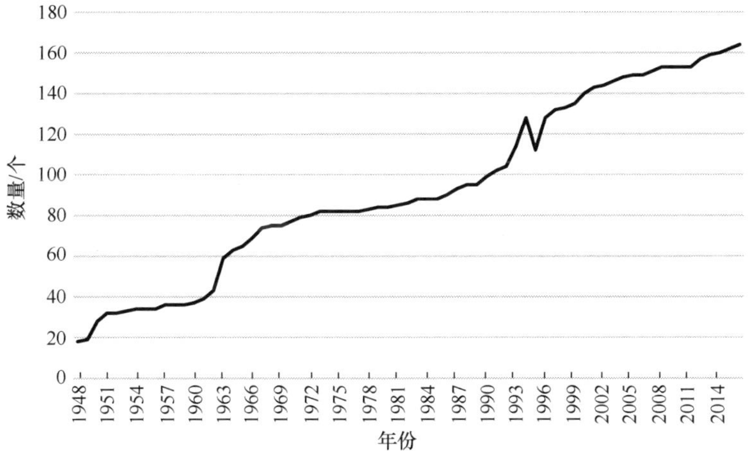

图 2　1948～2014 年关税及贸易总协定/WTO 成员数（截图）

加入 WTO 为中国提供了一个更大的市场，为中国经济的腾飞起到了至关重要的作用，同时中国为世界提供了物美价廉的产品，提升了世界其他国家的福利水平。

2）以关税减免为代表的贸易自由化

1992 年，我国初步形成了点线面的对外开放格局。同年，邓小平同志南方谈话时提出要建立社会主义市场经济体制，党的十四大正式将其确立为我国经济体制改革的目标。自 1992 年起，我国开始大幅度削减进口关税，平均关税从 1992 年的 45%削减到 2001 年加入 WTO 时的 15%。加入 WTO 后，我国严格按照 WTO 的要求积极履行承诺，逐步地下调关税。2019 年年底，我国的简单平均关税为 7.5%，加权平均关税为 4.4%，不仅低于许多发展中国家，甚至低于部分发达国家（表 1）。

表 1　中国贸易加权平均关税税率及国际比较（2019 年）　　单位：%

项目	全部	农产品	非农产品
日本	2.1	11.1	1.2
美国	2.4	3.8	2.3
欧盟	3.0	7.8	2.6
澳大利亚	4.0	2.4	4.1
中国	4.4	9.7	4.0
韩国	6.9	55.4	4.0
印度尼西亚	6.8	7.8	6.7
印度	7.6	38.0	5.6

余淼杰和袁东的研究表明，从平均意义上讲，贸易自由化不仅可以提高企业的生产率，还可以提高我国企业的成本加成率。①余淼杰和李乐融的研究表明，中间品关税下降可以显著地提高一般贸易模式下进口中间产品的产品质量，这对于提升我国国内产品，以及出口的最终品产品质量

① 余淼杰，袁东. 贸易自由化、加工贸易与成本加成——来自我国制造业企业的证据[J]. 管理世界，2016,（9）：33-43.

都有一定的帮助，从而可以提升中国在全球价值链上的地位。①此外，田巍和余淼杰的研究表明，中间品关税的下降增加了企业的利润，使得企业更有能力进行研发，这对于推动产业结构升级具有重要的意义。②

贸易自由化除了体现为关税的减免，还体现在非关税壁垒的取消。非关税壁垒是指除关税以外其他阻碍自由贸易的壁垒，如进口配额、出口补贴、自愿出口限制、绿色贸易壁垒等。

3）加工贸易

理解中国的外贸，对加工贸易的关注至关重要。加工贸易是指从国外进口原材料和中间产品，在国内进行加工然后出口到国外。加工贸易对企业的技术要求和资金要求都比较低。改革开放初期，沿海地带承接了大量的劳动密集型产业，尽管加工贸易的附加值较低，但是可以创造大量的就业岗位，进而提升居民的收入和福利，同时可以积累资金与技术，为进一步工业化打下基础。印度与中国同样进行了贸易自由化，但印度没有发展加工贸易，而是更加重视服务业和软件产业，因此中国的制造业和工业化的完成程度远高于印度。

长期以来，加工贸易在我国外贸中占有很大的比重，1995～2007 年，加工贸易占了我国外贸的半壁江山。2008 年全球金融危机之后，世界经济低迷、外需相对疲软，同时中国的劳动力成本逐渐上涨，加工贸易的比重不断降低，劳动密集型产业逐渐从中国转移到东南亚地区，如柬埔寨、越南、孟加拉国等。

4）人民币汇率

如图 3 所示，1995 年以后，人民币在不断升值。1995～2005 年，我国采取了十年左右的固定汇率制，美元兑人民币汇率为 1∶8.27。2005 年 7 月 21 日，我国开始实行以市场供求为基础、参考一篮子货币进行调节、有管理的浮动汇率制度。当日人民币升值 2%，之后人民币持续升值。自 2005 年至 2019 年 6 月，人民币实际有效汇率升值 47%，升值幅度在全球范围内位居前列。

① 余淼杰，李乐融. 贸易自由化与进口中间品质量升级——来自中国海关产品层面的证据[J]. 经济学（季刊），2016,（3）：1011-1028.

② 田巍，余淼杰. 中间品贸易自由化和企业研发：基于中国数据的经验分析[J]. 世界经济，2014,（6）：90-112.

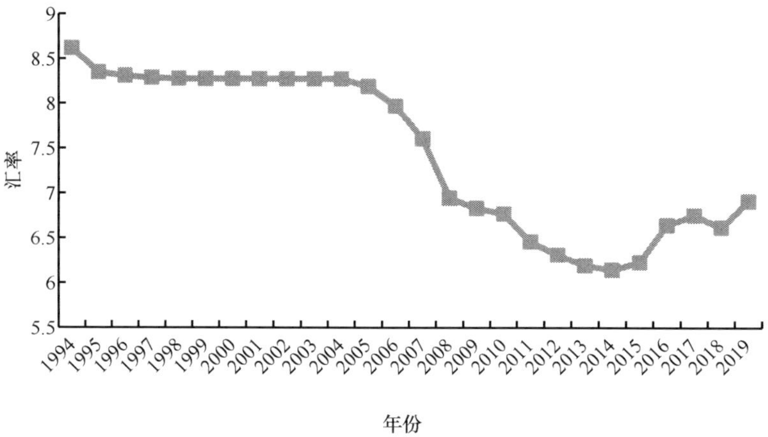

图 3　人民币兑美元汇率（截图）

1995～2005 年的固定汇率制，对中国经济贸易的发展起到了至关重要的作用。不可能三角理论表明，任何一个国家在独立的货币政策、固定汇率制度和资本的完全流动这三个政策目标中只能选择两个。例如，中国香港与美国之间资本可以完全地自由流动，同时美国与中国香港之间是固定汇率制，中国香港也因此没有独立的货币政策。中国作为一个大国，需要有自己独立的货币政策，然后在固定汇率和浮动汇率之间选择，而这 10 年的固定汇率制度可以降低贸易的风险和不确定性，从而推动外贸的发展。2005 年之后人民币进入上升通道，余淼杰和张睿的研究表明，人民币升值加剧了出口企业面临的竞争压力，从而迫使出口企业进一步提高出口产品质量。①此外，人民币升值会使生产率较高的企业减少产品种类从而集中生产核心产品。②

3. 全面开放

2013 年开始，我国进入全面开放时代。全面开放时代的对外开放主要体现为自由贸易试验区的设立、新经济试点试验城市的设立、海南自由贸易港、“一带一路”。

1）自由贸易试验区

2013 年 9 月，我国首个自由贸易试验区于上海成立。上海自由贸易

① 余淼杰，张睿. 人民币升值对出口质量的提升效应：来自中国的微观证据[J]. 管理世界，2017,（5）：28-40.

② 余淼杰，王雅琦. 人民币汇率变动与企业出口产品决策[J]. 金融研究，2015,（4）：19-33.

区主要进行了四项改革：第一，实行负面清单，即“法无禁止即可为”，相比之前的正面清单，企业有更大的经营自由。第二，贸易自由化和投资便利化，主要体现为进关、通关时间的缩短及贸易壁垒的不断取消。第三，简政放权，进一步改善营商环境。第四，逐步进行金融改革，允许金融创新。其中，前三点成效卓著，金融方面的改革则相对滞后。这是因为金融和贸易具有不同的特点，贸易可以“一线放开、二线管住”。“一线放开”是指货物在自由贸易试验区内不需要缴纳进口关税；“二线管住”是指如果货物从自由贸易试验区进入内陆地区，则需要缴纳进口关税。商品的管控较为可行，但金融涉及的是资本的流动，很难通过划定试验区将其限制在某一特定的范围。

截至 2019 年，我国已经分多批次设立了共计 18 个自由贸易试验区。我国仍将继续设立自由贸易试验区，下一批应当为东中部省份，包括吉林、山西、安徽、江西、湖南、贵州。北京作为首都，如果要设立自由贸易试验区，应当关注服务贸易和数字贸易，同时北京有可能设立以国际机场和大兴机场为依托的自由贸易港，进行高质量、高附加值的产品贸易（表 2）。

表 2　中国自由贸易区设立历程

批次	年份	自由贸易试验区
第一批	2013	上海
第二批	2015	广东、天津、福建
第三批	2017	辽宁、浙江、河南、湖北、重庆、四川、陕西
第四批	2018	海南
第五批	2019	山东、江苏、广西、河北、云南、黑龙江

2）新经济试点城市

2016 年，我国设立济南市、南昌市、唐山市、漳州市、东莞市、防城港市，以及浦东新区、两江新区、西咸新区、大连金浦新区、武汉城市圈、苏州工业园区等 12 个城市、 区域为开放型经济新体制综合试点试验地区。综合试点城市与自由贸易试验区政策大同小异，区别主要体现在自由贸易试验区是政府预先设定可行范围，开放型经济新体制试点是允许自由发挥，在实践中总结政策经验并予以推广。

3）海南自由贸易港

2020年6月1日，我国出台了《海南自由贸易港建设总体方案》(以下简称《方案》)。《方案》表明，海南自由贸易港准备分为两个阶段来建设，第一阶段是2020～2025年，这一段的中心任务在于通关，并将出台的政策落地，实现早期收获。第二阶段是2025～2035年，真正形成全面开放的格局。

早期收获是指短期之内要求实现商品与要素的自由流动。其中，商品的自由流动较为容易，只要把关税成本降低为零，就可以实现商品的自由流动。要素的自由流动则比商品的自由流动要求更高。要素包括资本、劳动、中间品，同时，《方案》明确提出将数据作为一种生产要素。作为全国第二大岛屿，《方案》强调运输方面的开放。在全岛通关的条件下，实行“一线放开、二线管住”。岛内执行零关税，产品进口至海南岛并在岛内流转不进入大陆内地，则不收取关税。同时，海南岛执行较低税率，有利于增加企业的利润和提高居民的可支配收入水平。

海南自由贸易港建设有以下几点特征：第一，以“一线放开、二线管住”为代表的贸易自由化。第二，投资便利化，如大幅度放松市场准入的限制，将外资企业投资从审批制改为备案制，形成以过程监管为重点的投资便利制度。第三，强化政府的公共服务职能，同时减少政府对企业的干预。

海南自由贸易港的长期建设目标为制度集成规则的创新，这体现在四个方面：税收管理、社会治理、法治建设和风险管控。前三者在其他自由贸易港或多或少也有所体现，风险管控则是海南自由贸易港建设重点强调的，既要做大蛋糕，也要防范风险。从贸易角度讲，要严防走私；从金融角度讲，要防范诈骗；从公共卫生角度讲，要建立公共卫生管理体制，应对大规模传染病的暴发等。

4）“一带一路”

“一带一路”倡议于2013年提出，是我国构建全面开放新格局的重要内容。“一带一路”包括“海上丝绸之路”和“陆上丝绸之路”，两条路都非常重要。但由于“海上丝绸之路”的沿线国家与我国的外贸和投资金额都远高于“陆上丝绸之路”的国家，因此应当优先发展“海上丝绸之路”。

目前，“一带一路”国家和地区共计65个（表3），占中国外贸的比重在不断上升，2019 年已接近 30%，2020 年上半年“一带一路”国家和地区占中国外贸比重已经超过 31%。其中，中国与东盟国家的经济贸易往来十分密切。目前，中国-东盟自由贸易区是全球覆盖人口最多的自由贸易区，同时也是全球 GDP 总量排名第三的经济合作区。东盟分为三个阶梯，高收入国家包括新加坡和文莱；中等收入国家包括印度尼西亚、马来西亚、泰国和菲律宾；低收入国家包括柬埔寨、越南、老挝和缅甸。2010 年，中国与东盟组建了“中国-东盟自由贸易区”，并于 2015 年全面实现双边零关税。中国从东盟进口了大量的中间品和零部件，结合中国从日本、韩国进口的核心零部件，在东南沿海进行加工和装备，最终出口世界各国。余淼杰和高恺琳的研究表明，中国-东盟自由贸易区提升了企业生产率、降低了企业的资源错配程度，增加了成员国的就业从而提高居民的人均收入。①

表 3　“一带一路”沿线国家和地区名单

地理区位	国家和地区
东亚及东盟 10 国	蒙古、新加坡、马来西亚、印度尼西亚、缅甸、泰国、老挝、柬埔寨、越南、文莱、菲律宾
西亚 18 国和地区	伊朗、伊拉克、土耳其、叙利亚、约旦、黎巴嫩、以色列、巴勒斯坦、沙特阿拉伯、也门、阿曼、阿联酋、卡塔尔、科威特、巴林、希腊、塞浦路斯、埃及的西奈半岛
南亚 8 国	印度、巴基斯坦、孟加拉、阿富汗、斯里兰卡、马尔代夫、尼泊尔、不丹
中亚 5 国	哈萨克斯坦、乌兹别克斯坦、土库曼斯坦、塔吉克斯坦、吉尔吉斯斯坦
独立联合体 7 国	俄罗斯、乌克兰、白俄罗斯、格鲁吉亚、阿塞拜疆、亚美尼亚、摩尔多瓦
中东欧 16 国	波兰、立陶宛、爱沙尼亚、拉脱维亚、捷克、斯洛伐克、匈牙利、斯洛文尼亚、克罗地亚、波黑、黑山、塞尔维亚、阿尔巴尼亚、罗马尼亚、保加利亚、马其顿

资料来源：陕西省统计局. “一带一路”国家统计年鉴[M]. 北京：中国统计出版社，2017

全面开放方兴未艾，继海南自由贸易港之后，可能还会有上海自由贸易港，以及可能在成都、西安、北京建立自由贸易空港。同时结合“一带一路”、 中国-东盟自由贸易区及正在洽谈中的区域全面经济伙伴关

① 余淼杰，高恺琳. 中国-东盟自由贸易区的经济影响和减贫效应[J]. 国际经济评论，2018，（4）：102-125.

系，中国将继续推进区域经济一体化，支持自由贸易和全球化的发展，进一步以开放促改革，以改革促发展。

二、新冠肺炎疫情下的中国经济

（一）疫情对中国经济的影响

IMF 在 2020 年 4 月对部分国家经济增长率进行了预测（表 4），2020 年由于受到了新冠肺炎疫情的影响，预计全球发达经济体的经济衰退达到 6.1%，全球经济衰退为 3%。较大的经济体中只有中国和印度的预测增长率为正，其中中国为 1.2%，印度为 1.9%，但由于印度的疫情尚未得到有效的控制，可以推断其基本不太可能实现正的经济增长。

表 4 IMF 世界经济展望增长预测（2020 年 4 月） 单位：%

项目	实际 GDP 年度变化百分比（预测值）		
	2019 年	2020 年	2021 年
世界产出	2.9	−3.0	5.8
发达经济体	1.7	−6.1	4.5
美国	2.3	−5.9	4.7
欧元区	1.2	−7.5	4.7
德国	0.6	−7.0	5.2
法国	1.3	−7.2	4.5
意大利	0.3	−9.1	4.8
西班牙	2.0	−8.0	4.3
日本	0.7	−5.2	3.0
英国	1.4	−6.5	4.0
加拿大	1.6	−6.2	4.2
其他发达经济体	1.7	−4.6	4.5
新兴市场和发展中经济体	3.7	−1.0	6.6
亚洲新兴市场和发展中经济体	5.5	1.0	8.5
中国	6.1	1.2	9.2
印度	4.2	1.9	7.4
东盟五国	4.8	−0.6	7.8
欧洲新兴市场和发展中经济体	2.1	−5.2	4.2
俄罗斯	1.3	−5.5	3.5

续表

项目	实际 GDP 年度变化百分比（预测值）		
	2019 年	2020 年	2021 年
拉丁美洲和加勒比	0.1	−5.2	3.4
巴西	1.1	−5.3	2.9
墨西哥	−0.1	−6.6	3.0
中东和中亚	1.2	−2.8	4.0
沙特阿拉伯	0.3	−2.3	2.9
撒哈拉以南非洲	3.1	−1.6	4.1
尼日利亚	2.2	−3.4	2.4
南非	0.2	−5.8	4.0
低收入发展中国家	5.1	0.4	5.6

疫情对我国经济的影响可以归结为以下六个方面。

1. 第一季度中国经济下滑，但是表现好于预期

第一季度我国经济增速下跌了 6.8%，其中第一产业下降 3.2%，第二产业下降 9.6%，第三产业下降 5.6%。这是改革开放以来前所未有的，但是仍然好于预期。第一产业和第二产业的下降在预料之中，第三产业的下降则好于预期，这主要是由于疫情期间，快递产业和信息软件产业逆势上升。

2. 2020 年有望实现 3%～3.5%的经济增长

尽管两会并没有对我国的经济增速设立目标，但是本文认为我国有望实现 3%～3.5%的经济增长。在疫情冲击下，我国政府实行了积极的财政政策和稳健的货币政策，对于拉动经济增长，具有非常正面的作用。

3. 出口将进一步回暖、进口回暖但不可持续、贸易结构将发生改变

尽管我国的疫情已经基本得到了有效的控制，但是国外的疫情形势仍然不容乐观，各国的生产能力也都处于低位，经济也因之持续低迷，对我国的进口和出口都产生了较大的外部压力，在此背景下，我国企业积极自救,采取出口转内销和多元化出口目的地等多种方式来保持业绩。

2020 年 1～2 月，我国出口同比下降了 15.8%，3 月，出口同比下降了 3.5%。4 月，出口同比增长了 8%。5 月出口同比增长 1.5%。可以看到，出口在不断的复苏。因为 2020 年年初时国内的疫情比国外的疫情严

重，且时值春节，我国基本处于停工停产状态，出口较低。现在我国的疫情得到了有效的控制，逐步实现复工复产，而国外的疫情形势不容乐观，处于停工停产的状态，因此下半年外国对我国的消费品的依赖程度必将上升，下半年的消费品出口将比上半年更好，但是资本品和中间品下半年的出口形势则不容乐观。

对进口而言，数据显示，1、2 月份进口同比下降了 2.4%，3 月份进口同比上升了 2.3%。但 4 月份和 5 月份进口分别同比下降了 10.2%和 12.5%，6 月份进口同比增长了 6.2%。因此，本文认为进口正在回暖，但是不可持续。

外贸结构表现出如下六点特征：第一，东盟已经替代欧盟，成为我国最重要的贸易伙伴。第二，“一带一路”国家和地区占我国外贸的比重在不断增大。第三，加工贸易的比重仍然在不断下降，一般贸易占比接近 60%。第四，跨境电商成为新兴业态，重要性进一步显现。第五，民营企业成为拉动出口的主力。第六，上半年增加较为明显的是集成电路和医疗器械的出口。

4. 服务贸易形势严峻

疫情下餐饮、酒店、航空、旅游等服务业受到了巨大的冲击，服务贸易形势严峻，预计 2020 年服务贸易额为 4000 亿美元左右。

5. 中美贸易

2020 年 1 月 15 日，中美双方成功达成中美第一阶段贸易协议。其中，中国同意 2020 年扩大进口，在 2020 年和 2021 年两年之内在 2017 年的进口规模的基础上扩大进口总额 2000 亿美元。这 2000 亿美元的进口将分为两年两阶段实行，其中 2020 年扩大进口 777 亿美元，2021 年扩大进口 1223 亿美元。协议中特别提到，以上协议如果遇到不可抗力因素则可以拖延或磋商，2020 年的新冠肺炎疫情显然属于不可抗力，因此我国可以不兑现这一协议。但我国保持相向而行的态度，努力与美方合作。

6. 就业

2 月份数据显示我国失业率达到 6.2%，为历史最高水平，3 月份失业率降低至 5.9%。2020 年上半年，就业问题主要来自劳动密集型产业人员的就业，这取决于能否完全的复工复产。在财政政策和货币政策双轮驱动下，我国有效地推进复工复产，解决了这部分人员的就业问题。目前，就业压力则主要来自800多万大学生的就业。可行的解决办法是长期就业、柔性就业等。从需求角度讲，企业可以招实习生和临时工；从供给角度或从毕业生的角度讲，要降低预期，灵活就业；

（二）两会对疫情应对的政策安排

两会强调，第一，要调整预期，稳定信心。第二，强调"六稳""六保"。"六稳"是指稳就业、稳金融、稳外贸、稳外资、稳投资、稳预测。"六保"是指保居民就业、保基本民生、保市场主体、保粮食能源安全、保产业链供应链稳定、保基层运转。此外，两会传递出的重要的精神是要提升国家治理能力，这主要体现在保证基层的良好运转。第三，财政政策和货币政策双轮驱动应对疫情。货币政策旨在解决中小微企业贷款难、资金链容易破裂的问题。从3月份开始，中国人民银行已经多管齐下解决此问题，包括释放LPR潜力，即降低利率；落实好3000亿元专项再贷款；用好5000亿元的再贷款、再贴现额度和3500亿元政策性银行专项贷款。

财政政策在2020年显得尤为重要，财政政策涉及收入和支出两方面。收入的来源主要有预算内资金。2020年《政府工作报告》提出要把财政赤字率提高到3.6%以上，至少会达到3.76万亿。财政收入有20万亿元，预算内资金共计接近26万亿元。分别发行1万亿元抗击疫情特别国债和3.75万亿元地方专项债券。

支出方面，2020年《政府工作报告》特别提到了要将新增财政赤字规模1万亿元及抗击疫情特别国债1万亿元合计2万亿元财政支出全部转交地方，直达县级基层，惠企利民，切实保障基层的有效运转。为保就业、保民生、保市场主体，财政要继续支持减税降费2.5万亿元，延长中小企业贷款的付息期限。最后财政要扩大消费和投资。其中，扩大消费必须依靠发放消费券。扩大投资将聚焦在"两新一重"，其中"两新"分别指新型基础设施建设和新型城镇化。前者主要包括5G商用、AI、电动汽车及充电桩、新能源等。后者主要体现在改造城镇老旧小区近3.9万个。"一重"指交通、水利等重大工程建设。

三、疫情重袭下重构中国全球价值链地位

（一）全球化的基本趋势没有发生变化

尽管近年来，以特朗普为代表的贸易单边主义、保护主义抬头，但

并不会改变全球化的基本趋势，至多是使全球化出现波浪式的起伏，但最终仍将呈现出螺旋上升式的全球化趋势。背后的逻辑在于，目前全球化体现为生产的区域化和贸易的全球化，这是不会因为某些国家实行贸易保护主义而改变的。

（二）区域经济贸易合作正在加强

由于 2019 年美国阻挠 WTO 大法官的任命，WTO 现在已经名存实亡，全球多边贸易协调机制被弱化。但与此同时，区域经济贸易合作的作用正在加强。在北美体现为美国加拿大墨西哥自由贸易区，欧洲为欧盟，亚洲包括区域全面经济伙伴关系，以及日本主导的全面与进步跨太平洋伙伴关系协定。

（三）中国全球价值链的中心节点位置更加巩固

疫情冲击下，中国在全球价值链的中心节点地位将更加巩固，制造业不可能从中国回流到美国，不可能出现大规模撤资的情况。原因在于，制造业回流并不符合美国工商业企业的利益。企业的目标在于利润最大化，中国具有较低的劳动力成本、完整的工业体系、全产业链配套和规模巨大的国内市场，这使得制造业既不可能从中国转移回美国，也不可能转移到东南亚其他国家。

但由于中国在全球价值链上处于附加值较低的位置，因此下一步应当优先发展数字导向、知识密集的高端产业链，抓住 AI 和 5G 的战略机遇，实现弯道超车。

在 2020 年新冠肺炎疫情冲击之下，得益于我国的制度优势及横向到底、纵向到边的政策执行力，我国的疫情得到了快速有效的控制。在财政政策、货币政策、产业政策、就业政策、区域政策的协调配合下，我国有序推进复工复产，经济得以回暖。未来，我国应当继续坚持以开放促改革，以改革谋发展，落实好海南自由贸易港的各项政策，稳步推进金融开放。同时优先发展数字导向、知识密集型产业，并充分发挥电子商务在服务业恢复中的作用。

整理自余淼杰“中国与世界”专题讲座第 5 期演讲 2020 年 7 月 12 日

下半年中国经济如何在变局中开新局？

第二季度 GDP 增长 3.2%低于预期

根据国家统计局公布的数据，第二季度 GDP 同比增长 3.2%，这个增速比一般预期要低一点。之前认为如果第二季度财政政策和货币政策同时发力，GDP 可望实现 6%左右的增长。之所以出现偏差，主要有两个原因。第一，疫情在第二季度，尤其是 4 月份还有一定程度的存在，在 6 月份，北京疫情又有所反弹。所以，疫情未成为常态化的现象影响到中国经济进一步的恢复。第二，两会在 5 月份刚刚召开，会上制定的积极的财政政策和稳健的货币政策同时发力，需要一定时间。这两个因素就解释了为什么第二季度的增速只有 3.2%。

但是，要明确一点，尽管中国第二季度的增速只有 3.2%，但是在全球范围内是难能可贵的。美国第二季度 GDP 环比折合年率初值下降 32.9%，是自 1947 年以来跌幅最大的一次，远高于 IMF 6 月份所做的预测——发达国家经济体平均增速为–8%。美国现在的增速为–32.9%，是历史最高跌幅。如此，整个发达国家增速为负便不足为奇，而且跌幅肯定不止 8%。

假设发达国家，如八国集团成员经济增速平均下跌 10%，中国和发达国家的增速的差距其实比之前的预测更大。在往年，中国的经济增速为 6%左右，发达国家的经济增速是 1%或者 2%，差距只有 4%。而现在，差距到了 10%以上。这就说明中国的经济增长在全球的表现的确是一枝独秀。换言之，尽管上半年中国 GDP 增速同比下降 1.6%，但“两害相权取其轻”，中国在疫情严重的情况下能够有这样的表现还是难能可贵的。

中国经济明显已经触底，从各个指标都可以看出，在第一季度下跌 6.8%之后，第二季度已经触底开始反弹，这是毫无疑问、非常清晰的。

但是，世界经济或者以美国为代表的发达国家经济不见得已经触底。美国疫情依然在蔓延，新增确诊人数和死亡人数一直在攀升，并没有稳定的迹象。在这种情况下，对世界经济的形势不能做出乐观的判断。个人判断，发达国家的经济表现在第三季度会变得更差。

中国第三季度 GDP 增长或为 5%～6%

简单来讲，2020 年下半年我国实现 2020 年《政府工作报告》中的各项经济目标，是没有问题的。在 2020 年《政府工作报告》强调的指标中，稳就业被放在首位，上半年全国城镇新增就业人员为 564 万人，完成了全年目标的 62.7%，任务过半，这是一个很好的迹象；农业形势也较好，夏粮丰收，总产量上升近 1%；工业的生产恢复明显，第二季度 3 个月加上 7 月份，这连续 4 个月的采购经理指数（purchasing manager's index，PMI 指数）的荣枯线都高于 50%；规模以上企业的增加值在第二季度转为 4.4%，也是一个非常好的指标；同时，高新技术、装备制造业、运输、集成电路、工业机器人等，都实现了正向增长，这些都是比较乐观、积极的信号；从外贸的角度来看更加明显，IMF 原来估计全球各个经济体，特别是主要的贸易国经济体的贸易总额会下降 11%左右，但我国 2020 年上半年进出口只下降了 3%左右。换言之，我国保持着非常明显的外贸顺差，如果下半年维持与上半年相同的贸易情况，全年的贸易顺差就可以实现。

根据估算，要实现全年城镇新增就业 900 万人的目标，GDP 增速需保持在 3%～4%。笔者的观点非常明确，第三季度的经济增速肯定不止 3%，甚至可以达到 5%～6%。从各个行业都可以看出中国经济已经全面复苏，疫情对中国经济的负面冲击已经逐渐减退。

当然，要保证城镇就业增加 900 万人的目标得以顺利实现，最重要的一点就是积极的财政政策、稳健的货币政策及开放的国际经济贸易政策能够顺畅发力。目前，国务院常务会议、中共中央政治局常务委员会会议都是在确保各项政策进一步落地。所以，笔者对第三季度 GDP 增长 5%～6%是充满信心的。

房地产不是拉动本轮经济恢复的主力军

中共中央政治局会议非常明确地再一次强调“房子是用来住的、不是用来炒的”。所以，房地产在本轮经济的恢复中，并不会是拉动中国经济增长的主力军。当然，房地产也不会过度萎缩，它在本轮经济恢复中将发挥拉动经济的正向作用，但不会成为主力军。

有两个数据可以佐证上述观点：上半年房地产开发投资上升 1.9%，但同时商品房的销售额下降 5.4%。不管资金来源如何，房地产商依然在增加投资，但是市场对商品房的需求下降。需求之所以下降，是因为现在面临一定的经济压力和困难；供给之所以上升，是因为随着更多的年轻人进入市场，对房地产的刚需依然是存在的。

这两个数据表明的其实是今天和明天的房地产市场，明天的房地产市场依然有一定的需求，这个需求主要来自刚性需求。更多的年轻人开始参加工作，当然就有更多的对城镇化的要求。城镇化与工业化的互相作用，柔和推进对房地产的需求。商品房销售额下降主要是在“一线”城市，房地产市场因为经济变差，所以销售萎缩。

恢复发展服务业要充分发挥电商的作用

数据显示，第二季度服务业上升 2%，笔者认为第三季度服务业的表现肯定会比第二季度好。在上半年表现出彩的产业，如 IT 产业、金融业等，在下半年依然可以保持较好的增长，特别是软件信息传输，因为大家已经习惯了线上办公，线上办公可以带来更多便利，节省交通成本、交易成本、沟通成本，其优势已经显现出来。因此，下半年软件业毫无疑问会不断发展。餐饮、住宿也在逐步复苏，下半年批发零售也有望复苏，而且批发零售可以通过线上交易、电子商务来做得更好。下半年恢复发展服务业最重要的一个办法就是充分发挥电商的作用，做好线上交易与线下实体的对接。餐饮也可以通过外卖等方式获得发展。

那么，如何拉动消费呢？第一，通过发放消费券来鼓励普通居民扩大消费，这个方法已经被证明是可行有效的，的确在一定程度上激发了消费的欲望。当然，消费券的发放不是无源之水，无本之木，它需要政府的投资，扩大财政支出，而 2020 年的财政赤字其中有一部分就是用于民生方面。笔者认为定时、定点、定企业地发放消费券，来精准刺激消费是可行的。

下半年应该发挥好出口、投资的作用

下半年中国的出口会改善，因为美国、欧盟封国封城使它们对消费品的需求是非常明显的，但是因为没有办法生产，只能从中国进口，所以中国的出口会上升，因此对拉动经济会有所贡献。如果说过去“三驾马车”以消费为主，但在疫情这样一种情况下，下半年的出口贡献会加强，国内循环和国际循环可以协同发展。但在短期之内，国际大循环甚至在某种程度上对经济的贡献率会大于消费。当然，长远来看，我们必须依靠国内市场，因为中国竞争的比较优势也是在于巨大的国内市场。

下半年在经济发展过程中应该发挥好出口以及投资的作用。关于投资，现在积极的财政政策主要集中到“两新一重”——新型基础设施、新型城镇化及交通、水利等重大工程，尤其是水利工程对于2020年夏天的防洪更为重要。我们期望下半年投资对经济的贡献更为明显。

世界经济需下调预期

在疫情没有得到有效控制的情况下，世界经济必须下调预期。美国经济在第二季度下降32.9%，如此看来，其全年下降15%可能是一个事实。而美国经济占全球经济的1/4左右，更占到发达国家经济总量的一半左右。给定这样一种情况，笔者判断除中国外，全球经济2020年的增速肯定跌破10%，大概会下跌10%～15%。

至于是否会出现系统性金融风险，应该分市场来看。美国或者美元市场可能会出现系统性金融风险，实体经济衰退导致金融萎缩，同时因为金融的萎缩，甚至可能会出现新的更大的金融危机。但是，中国经济已经一枝独秀，开始复苏，发生金融风险的可能性非常小。

从全球范围来讲，量化宽松有可能是一个方案。但是，就美国现在的经济情况来看，简单的宽松货币政策并没有办法帮助美国改变颓势。所以，量化宽松政策并不是一个很好的对策。更好的对策应该是实施积极的财政政策。当然，积极的财政政策并不是每个国家都能够采用的一个方案，主要取决于有没有一个有为的政府，也取决于该国目前的赤字空间还有多大。

如果量化宽松的力度不大，下半年中国市场的流动性水平并不会过度扩大，因为稳健的货币政策已经非常明确，总量已经确定，下半年更重要的可能是调顺结构，而不是增加流量性的总量。调结构的关键在于让已经释放的流动性精准滴灌到最需要的中小微企业。如果结构不顺，总量再多也没有办法达到。更好地拉动中小微企业，应该根据不同地区、不同产业因地制宜地制定政策，不要一刀切，应该给地方政府更大的灵活性、自主权。

目前疫情给中国带来的机会大于挑战

目前，全球化出现了“回头”，但不代表逆全球化会成为主流趋势。全球化并没有终结，只是表现形式发生了变化，之前主要是多边合作、多边协商，当下受到疫情及美国贸易保护主义的影响，可能调整成为区域合作主导、优先的模式。这是因为全球化的两个基本核心特征——贸易的多边化和生产的地区化并没有改变。

疫情给中国带来了挑战，但目前机会大于挑战。上半年中国 GDP 总量大概是 46 万亿元，下降 1.6%，而美国下降 32.9%，那么中国经济总量赶上美国的时间会大大缩短。之前根据 2019 年的表现，我们认为中国经济总量会在 2026 年左右赶上美国，而如果按照目前的情形，这个时间可能会提前到来。

2019 年美国 GDP 总量是 20 万亿美元，中国是 14 万亿美元，中国的经济总量是美国经济总量的 65%。如果美国经济在第三季度、第四季度没有改善，全年 GDP 下降 20%～30%，中国全年 GDP 增长 2%，那么中国的经济总量在 2020 年或者 2021 年就能逼近美国。这是疫情带给整个世界的经济格局的一个巨大变化。

原载于 网易研究局 2020 年 8 月 2 日 作者 余淼杰

中国经济在中美大变局中开新局

今天的交流，我主要分享三点思考：第一，我们所面临的新挑战，到底哪些比较重要，哪些比较严峻；第二，中国经济如何在大变局中开新局，继续走好自己的路；第三，我对中美关系，特别是中美经济贸易关系的思考。

全球出现什么样的大变局

2020 年 7 月 30 日，中共中央政治局召开年中工作会议，这次会议上传递的信息很重要。会议明确指出，我们现在面临百年未有之大变局和百年一遇的疫情。

这两个因素带来什么样的新挑战？我觉得有三个方面：一是新的全球化。二是中美经济贸易摩擦的不确定性。中美贸易摩擦从 2018 年至今愈演愈烈，尽管 2020 年 1 月达成第一阶段协议，但是这半年来中美关系像自由落体一样下滑，未来中美经济贸易关系会好吗？三是中国在全球价值链的地位能不能得以巩固？

与此同时，IMF 对 2020 年全球经济的最新预测显示，世界产出估计会比 2019 年下降 4.9%，疫情对发达经济体的负面影响更大，预计会下降 8%，新兴市场和发展中国家会下降 3%。这些数据基本上都是负的，唯有中国 2020 年经济增速预测为 1%左右。世界贸易量方面，包括货物和服务，预计发达国家会下降 13%，新兴工业国家会下降 9%，全球平均下降 12%。中国上半年贸易量只下降了 3.2%，下降速度相对于世界平均水平来说也是比较低的。

IMF 这份预测，最初于 2020 年 1 月份发布，4 月份修订过一次，7 月份又修订了一次。之所以反复修订，说明全球经济难以预期，新冠肺炎疫情对全球经济的冲击越来越厉害。

中国 2020 年第一季度 GDP 下降 6.8%，也是 40 多年来前所未有的下滑，但是第二季度经济增速为 3.2%，目前看来经济呈 V 形复苏特征已经非常明显。其他国家可能也希望 2020 年第二季度后经济能呈 V 形发展，但是不见得有这样的机会，包括美国。

一、经济全球化开倒车

在这样的全球经济背景下，为什么会出现全球化是否终结的疑惑。需要强调的是，我们重点讨论经济全球化，而不是政治全球化或者其他。经济全球化最为重要的一个表现就是贸易全球化，当然，贸易全球化之后会引出金融、投资等领域的全球化。

提出全球化已经终结的人有如下理由。

第一，国际上逆全球化势力不断抬头，特别是特朗普上台之后，美国贸易单边主义、贸易霸凌主义盛行，不只是针对中国，也针对欧盟，甚至还针对其自身盟友，如前不久与加拿大打贸易战。特朗普的美国优先政策表现得淋漓尽致。

第二，中美贸易战准确地说从 2018 年 7 月份开始，打到 2019 年 11 月份仍未结束，只是按了暂停键。

第三，全球多边经济贸易协调机制被严重弱化，WTO 几近停摆。此前，当两个成员方对某件贸易事项有争端时，WTO 的争端解决委员会负责处理。该委员会承诺，除非特别复杂的情况，在 18 个月之内对争端双方谁对谁错做出裁决，并明确指出，如果一方被判决为无理征收关税，或者反征收关税不符合 WTO 的规定，另外一方可以合理、合法地予以反征收关税。现在的问题是，这一机制受到了很大挑战，因为争端解决委员会对一项争端做出判决至少需要 3 名法官，任何一起贸易争端案件，必须由 3 名上诉机构成员联合审理并做出裁决。2019 年 12 月 10 日之前，WTO 的争端解决委员会仅剩 3 位成员，包括来自印度的巴蒂亚（Bhatia）、来自美国的格雷厄姆（Graham），以及来自中国的赵宏，前两位的任期到 2019 年 12 月 11 日。这意味着争端解决委员会目前仅剩来自中国的赵宏，WTO 从 2019 年 12 月 11 日起最重要的功能已经瘫痪。美国一直在阻碍新法官的任命，它同意新法官任命的前提，是 WTO 必须按照它的规定重新改革。WTO 的作用也因此大不如前，这是一个客观事实。

第四，美国不断退群，包括退出国际核安全合作、世界卫生组织，这对美国的软实力其实是非常大的打击，但特朗普好像顾不了那么多。

第五，2020 年以来很多外资撤离中国，同时“产业转移论”盛行，由于中国的劳动力成本不断上涨，很多产业逐渐移到东南亚各国。

这些都是经济全球化过程中碰到的挑战，但并不意味着全球化的终结。作为经济全球化中的两大贸易主体，中美关系的未来走向，既是全球化面临的第二大挑战，也将对全球化发展产生重要影响。

二、中美贸易摩擦只是暂停

中国和美国是全球两大经济体，中美之间发生经济贸易摩擦，势必对经济全球化产生深刻影响。回顾中美经济贸易摩擦，一共经历了三轮五次加征关税。

第一轮是 2018 年 6 月 15 日通过、7 月 6 日实施的 500 亿美元清单，即对中国出口美国的 500 亿产品加征关税。中国对此采取的策略是同等力度、同等规模反制。同等力度是说美国加征 25%，中国同样加征 25%。同等规模是说中国同样分两次分别加征 340 亿美元和 160 亿美元。

第二轮美国继续加码，在第一轮 500 亿美元商品以外，对中国出口到美国的商品新增 2000 亿美元予以加征关税，并在 2018 年 9 月 24 日生效。中国基本上保持了同等力度、同等比例反制。同等比例的含义是，2000 亿美元商品占中国 5000 亿美元出口商品的 40%，中国进口规模为 1500 亿美元，其 40%即为 600 亿美元，所以第二轮中国对进口自美国的 600 亿美元商品加征关税。

第三轮是在 2019 年 9 月 1 日，美国对进口自中国的剩下 3000 亿美元产品征税并分两步走，先是 9 月 1 日对 1380 亿美元商品加征 15%的关税，然后准备在 12 月 15 日对剩下的 1620 亿美元商品关税增加 15%。由于在 12 月 13 日中美初步形成了第一阶段经济贸易协议，所以这一轮第二次关税并没有增收。

随后，中美达成第一阶段贸易协议，在 2020 年 1 月 15 日签订，2 月 14 日生效，内容包括以下几点。

第一，中美双方都同意在 12 月 15 日之后不再增加关税，但只是 12 月 15 日美国对中国 1620 亿美元、中国对美国 750 亿美元不征收关税，双方之前的高关税还在。

第二，中方同意自协议签订后的两年之内扩大对美进口不低于2000亿美元的产品，这2000亿美元是在2017年的基础上扩大的，因为2017年刚好是中美经济贸易进口和出口额达到高峰的时候。具体而言，2020年扩大进口777亿美元，2021年扩大进口1223亿美元。

要注意的是，中方兑现承诺有以下三种免责情形。

第一，如果中国想买，但是美国因为疫情、高附加值等因素，没有产品出口或者不愿意出口给中国，最终造成无法履行协议，则不怪中国。

第二，如果美国产品竞争力不强，中国企业包括民营企业、国有企业不愿意进口，也不能怪中国，因为中国政府没有义务要求企业必须购买，中国企业有选择的自由。

第三，如遇不可抗力，导致中国没有办法达成进口承诺，也不能怪中国。2020年的疫情就是一个不可抗力。尽管如此，我们还要积极主动地推动各种市场主体扩大进口美国产品。

需要强调的是，扩大进口不等于减少顺差，因为中国扩大进口美国2000亿美元产品，但如果美国从中国进口更多，比如扩大3000亿美元，则顺差还增加1000亿美元。所以中国只承诺扩大进口，不承诺减少贸易顺差。

扩大进口美国产品主要包括农产品、能源、制造品和服务四大类。

服务方面，包括加强知识产权保护涉及保护商业秘密、地理标识、商标和加强打击盗版。地理标志主要是指原产地方面的规定，比如从中国出口的某款产品必须注明原产地是中国，哪怕该产品是经由中国香港地区出口，并由此享受不同的关税待遇。服务方面还涉及技术转让、金融服务、货币和外汇、争端解决机制。金融服务是说中国应该扩大在银行、保险、证券信息评级等市场准入，从2020年4月1日开始，中国已经允许外资银行保险业的进入。货币和外汇则要求避免竞争性贬值，这一点对中国来讲并没有太大问题，因为长期来看人民币是处于一个升值而不是贬值的通道。

争端解决机制的英语原文为 agreement 而不是 mechanism，所以它本质上是一个双方达成一致的安排，不是命令与服从的机制，强调双方磋商，而且争端双方有对等的义务。

所以，中美第一阶段经济贸易协议从字面上看好像中国承诺多一点，其实中国也可以找美国执法方面的问题。

现在中美双方的关税水平，是美国产品进入中国要交 19.3%的关税，中国产品进入美国要交 21.1%的关税。相比 2018 年中美贸易战之前，因为同属 WTO，那时中国的产品出口到美国只需要交 3.1%的关税，美国产品到中国需要交 8%的关税。贸易摩擦之后，美国产品进入中国的市场关税相当于从 8%提高到 21%，上升了 13 个百分点，中国进口产品的关税从 3%提高到 19%，上升了 16 个百分点。

客观而言，美国相关研究机构对中国第一阶段经济贸易协议的落实情况表示认可，甚至包括之前非常鹰派的麦肯锡。即便遭遇疫情这样的不可抗力，中国可以不按照协议来执行，但中国还是认真地履行了协议，以示诚意。当然，现在两国经济不好，要达到之前的水平比较难。目前估算中国兑现了承诺的 45%，年底预计能完成 60%就不错了。

三、全面打压中国不断加码

以前我们说经济贸易是经济的“压舱石”，现在经济贸易可能压不了舱，但是，如果说中美关系是黑暗关系的话，那么经济贸易至少是中美黑暗关系中的一盏明灯，或者说是阻止中美关系进一步下滑的一个刹车器。

据不完全统计，从 2018 年至今，美国对中国的制裁或者打压已超过 22 项，因为还在更新。

从最早的 301 调查、337 调查，到美国 232 调查、“双反一保”的反倾销反补贴，以及各种加征关税、保护调查。美国还直接称中国是汇率操纵国，中国企业到美国投资会涉及国家安全调查，对美国高科技产品对华出口予以管制，不允许卖到中国并且施加经济制裁。

最近美国又干涉中国内政，包括中国香港、台湾地区，还有中国的新疆、西藏，出台了很多措施。驱逐中方主流的媒体，拒绝承认中国南海的主权。美国航母又进入东海。

在高科技产业，特别是通信产业，美国在推动和中国的加速脱钩。撤销中国电信在美国的牌照，两三个月前还点名中概股风险，致使中概股下跌。推动英国等盟友禁用华为。中国的抖音、微信等在美国遭封禁。

美国《反海外腐败法》不见得一定是针对中国，但里面有针对中国的内容。美国还以疫情暴发为由要求中国做出补偿。

最近，美国国务卿蓬佩奥甚至污蔑中国是帝国主义国家，7 月底又关闭了中国驻休斯敦总领馆，还在尼克松图书馆发表演说，完全否定过去 40 多年来的中美关系，表示对华接触是一次失败的战略。

这些都是中美关系不断恶化的表现。中美关系用“自由落体一般的滑落”这个表述并不过分。

以上所有事实都指向一个问题：经济全球化是不是已经终结了？

基于观察，我不认为经济全球化已经终结。

首先，经济全球化的核心是贸易全球化，目前贸易全球化并没有终结；经济全球化的两大核心特征，一个是生产地区化，一个是贸易全球化，也没有变。这两大核心特征简单来讲，就是产品在全球不同地方生产、包装，变成最终品之后卖到全球不同国家、地区，如 iPhone、波音 787，都是体现核心特征的典型案例。生产地区化、贸易全球化，应该是对经济全球化最本质也是最简练的概括。

其次，WTO 等多边贸易体制受到很大冲击是事实，但是出现了全球化合作的新形式，就是全球多边化让位于区域合作，地区经济贸易合作多边机制不断加强，并基本上形成“三足鼎立”态势，分别是以美国为首的美墨加三国协议、以德国为核心的欧盟区和以中日等国为主的东盟“10+6”。

东亚地区有两个贸易协议比较重要，一个是日本主导的 CPTPP，另外一个是中国积极参与并主推的 RCEP。

二者的区别主要有以下两点。

首先，国家构成不同。CPTPP 除了东亚国家以外，加拿大和智利、阿根廷等南美国家都在里面，美国原来也在里面，后来特朗普退出。RCEP 主要是 15 个国家，包括东盟以及中国、日本、韩国、澳大利亚、新西兰。RCEP 本来还包括印度，2019 年 12 月底 15 个国家都签署了阶段性协议，印度不愿意签，因为协议的一个核心内容是 RCEP 的成员之间 90%的产品都免征关税，印度担心外国的产品进来会冲垮本国产业。

其次，RCEP 对合作成员要求开放的程度低于 CPTPP。RECP 的主要规则包括 15 个国家可能时间上有早晚之分，但是最终都要实行 90%的货物贸易零关税；实施统一的原产地规则，允许在 RCEP 范围内计算产品的附加值；放宽服务贸易跨国投资准入，包括旅游、医疗、留学都是服务贸易的大项，如澳大利亚国立大学来中国建一个分校，以前是不允许的，现在允许了；增加了电子商务便利化的新规则，电子商务肯定是国际贸易新的重点，RCEP 会继续往前推进。

在 RCEP 合作成员中，东盟对中国经济的重要性越来越大。东盟分三个阶梯，第一梯队包括新加坡、文莱，属于富国；第二梯队是 4 个中等收入国家，分别是印度尼西亚、马来西亚、泰国、菲律宾；第三梯队是柬埔寨、越南、老挝、缅甸。早在 2010 年，东盟六国和中国就已经形成一个自由贸易区，关税降到 0，越南、柬埔寨、老挝、缅甸到 2015 年关税目标降为 0。中国现在最大的贸易伙伴并不是美国，也不是欧盟，而是东盟。在中美经济贸易摩擦加剧的情况下，东盟对中国的战略意义可能更大。

四、全球价值链面临重组风险

有人认为，现在中美交恶，全球各国基本都在站队，欧盟等西方国家不敢得罪美国，自然站在美国那边，那么，中国在全球价值链中的地位会不会因此被取代？

我的答案非常明确：不可能。

根据中国 2000 年加入 WTO 前的全球贸易拓扑图，其中圆圈越大代表这个国家在价值链中的地位越重要，如德国，毫无疑问在欧盟地区是最重要的一个节点，连接线越粗代表两个国家间的贸易流或贸易金额越大。中国没有加入 WTO 之前，全球贸易两大中心节点，一个是德国，一个是美国，如同全球贸易的“双子塔”。

到 2015 年，全球贸易关系跟现在差不多，是非常清晰的“三足鼎立”态势。欧盟仍然以德国为中心。北美依然以美国为中心，但是盟友只剩下两个，而且基本与其他地方隔裂开，或者贸易流太小没有画出来。中国成为另外一个中心，周围是南海地区国家。

我认为，“三足鼎立”态势在目前“去全球化”或者多边合作机制受到挑战的背景下会持续，最终会形成美国、德国、中国三个中心。从这个角度讲，中国在东亚地区的中心节点位置不但不会被取代，反而会加强，特别是我们现在跟东盟的联系会加强。

为什么说中国在全球价值链中心节点地位会更稳固呢？理由如下。

第一，中国已经深度融入全球价值链，贸易尤其是商品贸易、世界

500 强企业数量，以及资本、技术、人员、数据等经济指标，中国有很多在全球排名第一或第二。在目前的格局下，中国还有很大的提升空间，如企业发展方面，尽管中国拥有 110 多家世界 500 强企业，数量上占 1/5 强，但是营业收入只占了 500 强企业总营业收入的 18%。

第二，目前全产业链的比较优势客观上只有中国拥有。一般来说，一国能生产的产品品种越多，说明产业链越齐全。如果按照中国海关 8 位码的编码来计算，中国 2019 年有 87 932 种产品出口，如果按照美国更细的 10 位码编码来计算，中国出口的产品有 14 000 多种，绝无仅有，这就是中国全产业链的一个体现。

全产业链很重要，我经常举这个例子，比如中国人去非洲做生意，衣服、鞋、帽这类劳动密集型产品在非洲很好挣钱，因为这类产品进入消费环节后，并不需要原材料、复杂的中间品或者是资本品，但是像摩托车生意，可能挣钱就不那么容易，因为摩托车产品如果零部件坏了，非洲本土生产不出来，还得从中国进口，于是零部件的成本就会增加。中国全产业链的优势就在于，基本上各种产品都能在中国市场上找到，成本优势很明显。

第三，中国还有一个生产特点就是产业集聚。中国并不是每座城市都生产所有产品，而是会进行分工，并通过专业化生产把该产品领域做大。比如东莞做电子、汕头做文具、廊坊做家具、邢台做羊绒，由此构成有专业分工的产业地图。产业集聚链有利于专业化分工，专业分工也非常重要。

第四，中国能在全球价值链中心节点位置的另外一个核心因素是中国有巨大的市场，这是中国最大也最重要的竞争优势。中国现在 14 亿人口，4 亿中等收入群体，这个群体未来还会越来越大。

第五，我认为外资撤资不会成为一个潮流。当然，撤资要看具体产业，如果是研发产业，完全有可能撤回欧美，如果是劳动密集型产业，比如做衣服、鞋、雨伞，也有可能转移到东南亚去，但如果是资本密集型的产业，大规模撤到东南亚或者欧美就不可能，原因包括以下几点。

首先，劳动力成本因素。中国的劳动力成本平均为 750 美元/月，折合人民币大约为 5000 元/月，在美国这个数字是 4200 美元/月，中国约是美国的 1/5。

其次，交易成本因素。产品生产出来要销售，如果产地接近市场，运输成本就会下降，交易成本也因此会下降。中国作为最大的市场，产品要卖到中国，肯定在中国生产更好。

与此同时，中国的营商环境也在不断改善，国内不同省份和地区之间的贸易壁垒这几年也下降很快。

中国经济如何开新局?

我们首先来看上半年经济的表现，再说下半年经济，然后理解“双循环”的问题。

一、全年整体由差转好

上半年，中国经济尽管第一季度经济增速下降 6.8%，但第二季度很快恢复并增长 3.2%，上半年同比下降 1.6%，整体表现好于预期。对比 IMF 的最新预测数据，中国上半年经济恢复也比其他国家好得多。

我预计中国 2020 年经济增速会在 2%～2.5%。中国 2020 年的经济增速将主要取决于第三、第四季度的经济增长。如果这两个季度平均增速为 6%，意味着全年平均增速将在 2.2%左右。如果下半年平均增速略低于 6%，全年平均增速也会在 2%左右。

那么，下半年每个季度 6%的经济增速到底有没有可能？我们应该看到：

第一，工业恢复比较快、高端技术制造业上升也比较快。数据显示，企业年销售收入在 2000 万元的规模工业，2020 年 1～2 月下降 13.5%，但第二季度上涨 4.4%。

第二，一些产业逆势上涨，主要有高科技、装备制造、运输器械、集成电器，其中工业机器人增速比较明显。此外，信息传输、软件业和金融业等产业发展势头也较为良好。

第三，制造业采购经理人指数连续 5 个月高于 50%，7 月份甚至达到 51.1%，很难得。

第四，第三产业第一季度下降 1.6%，第二季度附加值已上升 1.9%。

与中国形成鲜明对比的是美国。2020 年第二季度美国经济环比下降了 30%以上，同比下降得更厉害，这也是美国 1947 年以来的最低水平。预计美国 2020 年全年经济肯定下降超过 10%，甚至达到 15%或者 20%。

2019年美国经济总量是21万亿美元，中国是14万亿美元，2020年如果中国经济没有下降、美国下降20%，中国经济总量将在两三年之内赶上美国。如果再加上人民币升值因素，速度会更快。

我们再从“三驾马车”的角度分析，在投资方面，中国固定资产投资分两部分，传统基建部分有所下降，但高科技投资在上升，主要是医用制造业和电子商务；在国际贸易方面，上半年其他国家都下降了12%～13%，中国下降了3.2%。上半年中国进出口贸易规模共14.2万亿元，其中出口7.7万亿元，保持了1.2万亿元的较大顺差。2019年中国贸易顺差高达2.9万亿元，我预计2020年也会有2.5万亿元左右。因为上半年已有1.2万亿元的贸易顺差，即便下半年一模一样，也有2.4万亿元，而我预计下半年情况更好。从出口主体看，民营企业会成为拉动出口的主力军，但附加值降幅最大。从出口产品看，最终消费品、集成电器、医疗器械出口会上升。从结构上来讲，东盟已经成为中国最大的贸易伙伴。另外，“一带一路”的外贸比例增加到三成，未来占比还会慢慢增加到六成。

二、国内大循环

2020年5月14日中共中央政治局常务委员会会议，第一次提出“双循环”这个词。原话是：“充分发挥我国超大规模市场优势和内需潜力，构建国内国际双循环相互促进的新发展格局。”[①]这说明中央第一次明确了我国超大规模市场优势，也是官方第一次认可这一提法。

7月21日习近平主持的企业家座谈会，再次提出“逐步形成以国内大循环为主体、国内国际双循环相互促进的新发展格局”[②]。

7月30日中共中央政治局会议再次强调并将“逐步”变成“加快”，说明基于国际情况尤其是对中美关系的判断，中央认为我们必须加快形成以国内大循环为主体的格局。[③]

① 新华社. 中共中央政治局常务委员会召开会议 习近平主持[EB/OL]. http://cpc.people.com.cn/n1/2020/0514/c64094-31709431.html[2021-01-27].

② 新华社. 习近平主持召开企业家座谈会并发表重要讲话[EB/OL]. http://www.gov.cn/xinwen/2020-07/21/content_5528789.htm?gov[2021-01-27].

③ 新华社. 习近平主持中共中央政治局会议 决定召开十九届五中全会 分析研究当前经济形势和经济工作[EB/OL]. http://www.gov.cn/xinwen/2020-07/30/content_5531313.htm[2021-01-27].

当然，国内大循环为主体不等于闭门造车。当一个经济体越大，外贸越重要，内贸也越重要。大国经济发展的初级阶段可以主要靠国际大循环，初级阶段之后国内市场就非常重要，但要想继续长期扩大进口，做好进口博览会是一个重要任务。

加快国内大循环具体要怎么做？政策目标的核心包含两个词，一个是“六稳”，一个是“六保”，二者密切相关。

“六稳”是稳就业、稳金融、稳外贸、稳外资、稳投资、稳预期，通过稳预期达到稳就业的终极目标，稳预期又具体以稳外贸、稳外资、稳投资、稳金融四种方式来实现。“六稳”政策其实明确了内、外循环之间的关系。

“六保”强调保居民就业、保基本民生、保市场主体、保粮食能源安全、保产业链供应链稳定、保基层运转。实现“六保”通过三个方式，即财政政策、货币政策、开放政策。三大政策中，当前以财政政策为主、货币政策为辅。因为通常而言，经济比较不景气主要靠积极的财政政策来拉动经济，相反，如果经济过热就主要靠从紧的货币政策来冷却，即收紧银根。

3 月份中央会议即提出“稳预期、扩总量、分类抓、重展期、创工具、抓落实”的工作思路，大半年来我们都是实施稳健的货币政策，这在某种角度就是宽松的货币政策，但是其重点不在于宽松，而是总量控制和工具创新。

工具创新强调灵活适度释放 LPR 的潜力。所谓 LPR，简单来讲是由中国人民银行授权全国银行间同业拆借中心计算并公布的基础性贷款参考利率，各金融机构主要参考它来进行贷款定价。银行有利率走廊或者利率通道调控，即通过变化存贷款利率进行调控，如果银行把贷款利率降低，企业借钱成本就下降了。此外，工具创新还包括做好各种专项再贷款工作，如中央银行用 3000 亿元来扶持中小微企业再贷款、再贴现，当然也包括减税降费、缓交社保、减免租金等方式。

房地产政策基本上比较稳定，即“房住不炒”，住房不再是短期刺激经济的手段。相关经济数据显示，上半年房地产开发投资上升，但是商品房价格还是下降的，这说明短期内商品房需求依然在下降，房价要升上去自然不太可能。房地产开发投资额上升是因为城市化的需要，长期来讲，对商品房肯定还有刚需，比如一年 700 万名大学生毕业，这批大学生要成家、要就业，特别是“一线”城市刚需非常明确。当然，非商品房的建设性投资也是有的。

总体上，最新经济政策首先在 3 月份“稳健的货币政策更加灵活适度”的基础上，增加“精准导向”的新要求。3 月份强调工具创新，主要有再贷款、再贴现等方式，现在新工具已经用了快半年，要看成效，所以加入精准导向要求，看到底做得怎么样。

其次，货币政策是保持货币供应量和社会融资规模合理增长，下半年人民币不会像美元那样过度放水，已明确只是合理增长，并不会实施大规模宽松的货币政策。换言之，人民币利率会比美元高，人民币相对于美元会升值而不是贬值。如果投资美元的话要非常小心，下半年美元应该会贬值，可能到美国大选之后会比较稳定，才可能反弹。此外，中国人民银行新增融资重点流向制造业、中小微企业，这也是目前为止一直强调的内容。只有保住作为市场主体的中小微企业和制造业，就业承诺才能比较好地兑现。

最后是财政政策。现行财政政策会更加主动积极，财政政策力度还会加大。财政政策说到底回答两个问题，第一，钱从哪里来？第二，钱用到什么地方去？

第一，钱从哪里来？简单来讲有三个来源：一是预算内资金。2019 年财政收入为 19.7 万亿元，2020 年估计差不多。除了财政收入以外，2020 年还安排了一些规模比较大的赤字财政，明显要占 GDP 的 3.6%以上，绝对额会达到 3.76 万亿元以上。国际经济学的经验认为，如果财政赤字超过 GDP 的 3%就不安全，3%以内比较稳健，但是也不是超过 3%就一定会出问题，美国 2019 年财政赤字是 4.6%，同样作为发展中国家的印度 2019 年财政赤字是 6.1%，相对而言，中国 2020 年 3.6%以上的财政赤字其实也不一定会出现问题。基于这些，2020 年预算内资金有将近 26 万亿元。二是国内贷款，包括增加 1 万亿元特别国债。三是自筹资金，其中地方专项债券从 2019 年的 2.15 万亿元提到 2020 年的 3.75 万亿元；政策性银行金融债为 1 万亿～1.6 万亿元。三项加起来就是 2020 年可用财政资金，共计 32 万亿元左右。

第二，钱用到什么地方去？也讲得很清楚。首先，新增的 2 万亿元全部转向地方县级基层，关键词在县级基层，目的是防止省级或市级“雁过拔毛”。这部分资金用于保就业、保民生、保企业、保市场主体，减税降费、减租、降息涉及的钱也都从这里出。其次，地方政府专项债券主要用于扩大消费和投资，也即“两新一重”，包括“新基建”、新型城镇化，还有交通、水利重大工程建设。通过“两新一重”来带动投资和消费的需求，推动城镇化和都市圈一体化发展。

三、“两新一重”与“三化融合”

如果从一个更加广阔的视角来看，“两新一重”跟“三化融合”紧密连在一起，“三化融合”就是所谓的城镇化、工业化、信息化。

城镇化体现在中国五大城市群，从美国国家航空航天局的灯光图来看，灯光越亮代表地区的经济发展得越好，北边是京津冀城市群，京津冀协同发展，只有北三县（即廊坊市的三河市、大厂回族自治县及香河县）还是没办法连成一条线；另外最亮的两个地方分别是长江三角洲城市群和粤港澳大湾区；最后剩下的两个地区做得还不太好，一个是成渝（成都、重庆）城市群，另一个是长江中游城市群，包括武汉、长沙、南昌。

中国的城镇化率 2019 年是 60.6%，美英国家的城镇化率都在 75%以上，有的甚至在 80%以上，所以我们还有一定距离，提高城镇化率也是未来工作重点之一。

对于“新基建”，是相对于传统基建而言。传统基建主要做存量，把路修起来是做一个存量，“新基建”主要是做流量，比如 5G、AI、新能源汽车。也可以说，传统基建和“新基建”，一个做规模，一个做结构。传统基建跟“新基建”的特征也不一样，“新基建”的重点是数字经济，数据特别重要。传统基建则认为“要想富先修路”，有路就能来人，产品也走得出去，这叫“供给决定需求”。“新基建”是在城市密集度高的地方建新的基础设施，准确来讲是“需求决定供给”。“新基建”和传统基建的市场主体也不一样，传统基建是政府主导，“新基建”当然政府也会参与，但多的是更鼓励企业积极参与，更强调商业应用。

其他潜在“新基建”产业，首先是“特高压”。例如，要发展京津冀到雄安这一块，还有武汉、成渝的城市群，“特高压”是一个发展重点。另外，充电桩绝对是一个好市场，现在除了新增 2000 万辆纯电动汽车的国家计划，未来 10 年还要新增 6000 万辆，而且要求 1∶1，即一部汽车配一个充电桩。目前的比例是 1∶3.4，10 年之后电动车将达到 8000 万辆，意味着充电桩缺口 6300 万个。最后是电力方面，主要是国家电网投资，这些都是经济建设的潜在产业。

四、“双循环”中的“外循环”

国内大循环要依靠财政政策和货币政策，外部循环则离不开对外开放政策。目前中国外部开放政策主要包含两点，一个是海南自由贸易港，一个是 RCEP。

截至 2020 年 8 月，我国有 18 个自由贸易试验区，除了西部的一部分省份外，只有吉林、山西、安徽、江西、湖南、贵州、北京这 7 个省份没有成立自由贸易试验区，这意味着 2020 年下半年或者 2021 年，上述 7 个省份中可能至少会有 3 个省份新增自由贸易试验区。北京比较特殊，河北自由贸易区包含大兴机场片区，大兴机场也有一部分在北京，但毕竟不够大。所以，北京也有可能发展一个自由贸易试验区。

海南自由贸易港 2020 年 6 月份出台《海南自由贸易港建设总体方案》，之前开放了几次都不是特别成功。最新方案提出 5 年之内实现早期收获，再过 10 年实现全面开放。短期内强调的内容包括以下几项。

第一，商品自由流动，即像其他自由贸易试验区一样“一线放开、二线管住”。所谓“一线放开”，指境外及区内的货物可以不受海关监管自由出入境，即自由贸易区（港）与境外实现货物、资金和人员等要素自由流动。“二线管住”是指从自由贸易区（港）出入国境内其他区域的货物，纳入全国海关通关一体化，实行常规监管，要征收相应的税收，并纳入贸易统计。

第二，要素自由流动，涉及人、财、物、资金、人员、运输等方面，尤其值得强调的是，数据作为一种新的要素也被纳入其中。短期内还有贸易自由化、投资便利化，以及放宽市场准入。长期来讲，涉及制度集成规则的创新、税收管理、社会治理、法治建设，还有风险管控。税收管理是对标香港，因为现在内地的个人所得税，累进税率最高可达到 45%。但是在海南最高也只有 15%。海南还学美国的绿卡管理办法，在海南累计居住满 183 天，就可享有不超过 15%的税收政策。这是海南自由贸易港的一个大手笔。

除了海南自由贸易港，稳外资和稳外贸方面还有很多具体内容，如 8 月 5 日国务院办公厅新出台的 15 条。简单概括，这 15 条外资外贸方面新的举措，其一是有关出口信用的内容；其二是有关加工贸易和劳动密集型产业转移的内容，像西部以及东北地区将加快、加大对劳动密集型产业的扶持；其三是贸易新形态，如电子商务肯定是未来发展方向；其四是外商投资优惠新举措，比如投资额达 1 亿美元以上给予优惠，如果自己做研发则会更加优惠。

中美关系新展望

中美关系一日三变，越变越差，个人对中美关系比较新的基本判断如下。

第一，中美的摩擦随着时间推移，会变得越来越频繁。我认为，未来中美不只是经济贸易摩擦，中美各种摩擦应该越来越厉害，至少不以我们的意志为转移。我们当然希望双方合作共赢，但美方出于自身利益考虑如此选择。

第二，商业利益与国家战略的平衡与选择。特朗普及其幕僚代表了美国一些人的利益，但对美国工商界而言，友好的中美关系更有利。比如苹果公司面临用户在微信和苹果产品之间二选一的话，肯定着急，因为中国用户可以不用苹果手机，但恐怕不能没有微信。所以，从商业利益的角度，美国工商界肯定希望美国跟中国关系更好。从国家战略来讲，无论是特朗普、拜登还是其他人上台，是不是一定让国家优先战略服从商业利益，还要打一个问号。如果美国国家优先战略比商业利益更为重要，当然情况不容乐观，但是中美经济贸易合作是阻止中美关系进一步恶化的中坚力量。

第三，中美关系未来会不会变成大规模热战？我认为应该不会。7 月 30 日的中共中央政治局会议也明确，和平与发展是这个时代的主题，此前会议都没有这么明确。虽然这不代表中美关系会变好，但是热战的可能性降得很低。

第四，未来中美摩擦会越来越厉害，中美关系最差的时候会是在中国经济总量超过美国经济总量之时。美国的心态可以理解，这是在和平年代被处于第二位的中国赶超，从而失去世界第一的宝座。

第五，中美关系越来越差，中国一味妥协退让其实是避免每件事都针锋相对，但应对还是很需要“有理、有利、有节”。如毛泽东所言，以斗争求和平则和平存，以妥协求和平则和平亡。更如苏洵在《六国论》

中写道："六国破灭，非兵不利，战不善，弊在赂秦。赂秦而力亏，破灭之道也。"

总之，对中美关系的最终判断，可以用这 12 个字准确地概括，即长期竞争、有限合作、力求共存。其中，长期竞争和有限合作是客观事实，力求共存是一个目标。

最后小结：首先，疫情重击之下，中国经济已经回暖，成为全球经济表现最好的国家。其次，经济全球化的特征和态势虽然发生了变化，但是基本方向和趋势并没有本质改变。再次，如果想要巩固中国在全球价值链的中心位置，一个核心方向是发展数字经济，即数字贸易导向。最后，要保持战略定力应对中美关系，即和平与发展依然是时代主流，这是一个定心丸。在此前提下，任何摩擦都可以云淡风轻，包括可能的擦枪走火。基于此，我们的布局才能比较容易。电影《至暗时刻》中丘吉尔说："没有最终的成功，也没有致命的失败，最可贵的是继续前进的勇气。"中国经济发展现在面临的情况当然充满挑战，但继续前进的勇气非常重要。

整理自余淼杰北京大学国家发展研究院 EMBA 论坛第 43 期演讲 2020 年 8 月 16 日

经济贸易合作仍是中美关系安全纽带

自中美关系正常化以来，经济贸易关系一直被称为中美关系的“压舱石”和“推进器”。然而，自2018年美国特朗普政府挑起中美贸易战始，中美正常经济贸易关系受到很大破坏，中美关系也如同自由落体一样下滑。疫情暴发后，美方更是不断推动所谓的“脱钩”，打压中国经济社会正常发展。在这种情况下，以往被称为中美关系“压舱石”的经济贸易关系现在是否还能发挥正面作用？或者说能发挥多大作用？

中美经济贸易关系无疑在经历着重大变化。据不完全统计，自特朗普上台以来，对中国进行的各项经济打压和遏制已超过22项，且还在不断更新，包括301调查、美国232调查、“双反一保”的反倾销反补贴、337调查、汇率操纵行为调查、投资安全管制、出口管制、经济制裁、强行推行高科技产业脱钩、疫情对华诉讼、撤销中国电信在美牌照、点名中概股风险、对《中华人民共和国香港特别行政区维护国家安全法》的干预、推动英国等盟友禁用华为、封禁中国的抖音等。这些打压涉及贸易、金融、投资、科技等各个领域。特朗普政府对与中国关系的定位也发生质变，认为自美国尼克松总统以来的50年“接触政策”失败，中国已经正式成为美国的“战略竞争对手”。尽管中方一直秉承开放合作的诚意，力求与美方合作共赢，但美方的一系列举动正在严重冲击双方经济贸易关系互利共赢的局面，可以预见未来两国的经济贸易摩擦不会减少。

当前中美关系空前紧张，经济贸易关系的恶化是中美关系全面恶化的一个方面。但是，笔者认为，越是在中美关系紧张的时刻，中美经济贸易合作对保证中美两国关系正常化、保证中美关系不出轨、不越红线就越重要。经济贸易合作依然是中美关系正常运转的“安全带”或者说纽带。这一点，在2020年年初两国顺利签订的第一阶段贸易协议的切实落实上就体现得很明显。

事实上，自中美经济贸易第一阶段协议签订后，中方积极主动履行经济贸易协议中的全部内容，包括主动扩大从美国的进口。按照协议规定，中国需在两年内从美国在 2017 年的基础上扩大进口 2000 亿美元。具体而言，2020 年扩大进口 777 亿美元，2021 年扩大进口 1223 亿美元。这些产品包括农产品、能源、制成品和服务购买。众所周知，在协议签订后不久，全球就发生了新冠肺炎疫情，中方其实可以因不可抗力暂停从美方的进口，但中方没有这样做，而是一诺千金，尽力推进经济贸易协议的各项措施落地，切实彰显了中方扩大开放的诚意，也一定程度上堵住了美方当局反华人士的嘴巴，对中美关系的恶化起到一定的扼制作用。

更为重要的是，2020 年以来，中国继续扩大深化对外开放，特别是在银行、保险、证券市场、信用评级等金融服务扩大外资准入，加强在原产地规定等地理标识、知识产权保护等方面与美欧各国的合作，设立海南自由贸易港等各方面切实推进全面开放新格局的构建。扩大开放让美欧企业更直接地体验到中国巨大国内市场规模的活力，中国成为美欧企业获利最大的海外市场。2019 年苹果手机在中国出货量超过 3200 万部，苹果应用程序商店网上应用商品在中国的市场规模为 2460 亿美元，占其全球销售额的 47%，中国国内市场的规模与潜力可见一斑。

此外，作为中美双边关系中最基本的要素，当前中美经济贸易方面的共同利益比其他领域体现得更加明显，尤其是对美国工商界而言，中美关系的恶化是他们不愿意看到也无法接受的。日前美中贸易全国委员会发布 2020 年中国商业环境调查报告，主要结论就是美中经济贸易关系在疫情和政治因素之下仍可期，基于对中国市场的“长期信心”，87% 的受访美国企业表示不打算将生产线搬离中国。报告还指出，“回归稳定、建设性的美中关系对美中贸委会和会员企业至关重要”。美中贸易全国委员会高级副会长雅各布·帕克（中文名彭捷宁）日前在华盛顿举行的一场发布会上还称，“如果在中国没有竞争力，你就无法在全球有竞争力”。针对美国政府对微信的禁令，苹果（Apple）、福特（Ford）、沃尔玛（WalMart）、迪士尼（Walt Disney）、宝洁（Procter&Gamble）、英特尔（Intel）、嘉吉（Cargill）、默克（Merck KGaA）、大都会人寿（MetLife）、高盛集团（Goldman Sachs）、摩根士丹利（Morgan Stanley）、美国联合包裹服务公司（United Parcel Service Inc）及其他公司联合反对，对封锁微信的后果表示担忧，认为禁止微信可能影响美国商界在中国的竞争力。由此可见，确保中美经济贸易合作正常化是符合美国工商业根本利益的。

从这个角度说，中美经济贸易合作不仅依然是中美关系正常运转的纽带，还可能是目前处在黑夜之中的中美关系的一盏明灯。丘吉尔在第二次世界大战中说：“没有最终的成功，也没有致命的失败，最可贵的是继续前进的勇气。”今天的中美关系又何尝不是如此？

原载于《环球时报》 2020 年 8 月 17 日 作者 余淼杰

自由贸易区“添丁”，中国加快构建全面开放新格局

日前，国务院印发《关于北京、湖南、安徽自由贸易试验区总体方案及浙江自由贸易试验区扩展区域方案的通知》。至此，7 年间，自由贸易区已覆盖全国 21 个省份。

2013 年以来，自由贸易试验区已经进入到第六批。到现在，自由贸易试验区布局已经逐步经历了由点到线、由线到面的非常鲜明的、不断开放的过程，也即是全面开放的过程。

2020 年 9 月 1 日，习近平在中央全面深化改革委员会第十五次会议上强调，“推动更深层次改革，实行更高水平开放，为构建新发展格局提供强大动力”。他强调，“要把构建新发展格局同实施国家区域协调发展战略、建设自由贸易试验区等衔接起来，在有条件的区域率先探索形成新发展格局，打造改革开放新高地”。①

跟“十四五”规划一脉相承

从习近平的上述重要讲话中，我们能更好地理解三大新增自由贸易试验区的意义——第六批自由贸易试验区的设立，跟“十四五”规划一脉相承，强调通过工业化、城镇化和农业化三化融合来切实落地都市圈一体化发展。体现在新一批自由贸易区上，主要强调重点发展京津冀城市群、长江三角洲城市群、长江中游城市群。可以看到，北京自由贸易

① 新华社. 习近平主持召开中央全面深化改革委员会第十五次会议强调：推动更深层次改革实行更高水平开放 为构建新发展格局提供强大动力[EB/OL]. http://www.gov.cn/xinwen/2020-09/01/content_5539118.htm[2021-01-27].

区获批后，和天津、河北形成一条自由贸易试验区带；安徽获批后自然地加入长江三角洲经济一体化；湖南的自由贸易试验区则有一个特殊作用 ——对接南部粤港澳大湾区，打造更紧密的中非经济合作。

具体来看，北京自由贸易区的亮点是服务贸易和数字经济。在全球化格局发生深刻变化的背景下，中国要继续加强作为亚太地区价值链中心节点位置的作用和功能。如何实现这一点，就是要打造一个知识密集数字导向的全球价值链，这是尤为重要的。北京有众多的总部企业、头部企业，把北京和其他自由贸易试验区加以区分，差异化发展，说明了中央对北京自由贸易区寄予厚望,也说明了北京自由贸易区的独特作用，能够更好地体现北京作为首善之都的特殊历史地位。

此外，北京自由贸易区战略定位包括助力建设具有全球影响力的科技创新中心，强调与北京市改革联动，各项改革试点任务具备条件的可在中关村国家自主创新示范区全面实施，并逐步在北京市推广试验。从某种角度上讲，北京自由贸易区可以跟 2013 年上海自由贸易试验区，以及 2020 年 6 月份提出的海南自由贸易港相提并论，因为它也有独特的方向。

北京自由贸易区获批后，京津冀协同发展尤为重要，尤其是差异化统一协调的工作。既要充分发挥北京作为首都、文化中心、头部经济、总部经济的特色，也要发挥河北作为北方制造业大省及河北保定白沟经济贸易区的作用。常说“南义乌北白沟”，白沟是重要商品集散地。如果能把京津冀自由贸易区打造成为类似于前店后厂的模式,不可谓不创新。前面是天津海港滨海新区，后面是河北制造区以及商贸区，而北京作为服务贸易以及文化中心，在里面起到引领的作用，三者可以相辅相成，共同发展。

自由贸易区还需下“深水”改革

中部地区的湖南对自由贸易区向往已久。湖南有一点优势很明显，即在中部省份中，湖南是有效连通长江经济带及粤港澳大湾区的重要纽带。客观讲，现在五大城市群中，长江中游城市群已经取得一定发展，但还有更大发展空间。湖南在之前的经济贸易发展中广泛地承接广东的“腾笼换鸟”，部分加工贸易企业从粤港澳大湾区转到粤北的韶关，再从粤北的韶关转到湖南南部，可以说是粤港澳大湾区经济带的溢出或者是外延。

另外，湖南也是长江经济带的重要地区，长沙是长江中游城市群三大中心城市之一，其经济发展在中部起到引领作用。此次，江西没有成为第六批自由贸易区，有一定遗憾。相对湖南来讲，江西在对接粤港澳大湾区方面还有提升空间。

安徽这次获批自由贸易试验区，对于其加入长江三角洲一体化具有三方面明显“加持”：第一，往北承接了产业转移和聚集；第二，在芜湖—马鞍山一线发挥沿江优势，可继续融入长江三角洲一体化；第三，安徽有中国科学技术大学的支撑，可以发挥科技中心独到的人才优势，为自由贸易区对长江经济一体化提供智力支持。有利于上海、江苏、浙江以及安徽差异发展，各自发挥比较优势。

从地理位置上看，第六批获批以后，胡焕庸线以东基本上所有的省份都有自由贸易区了，只剩下中部的江西、西部的贵州、北部的山西及东北的吉林，这四个省还没有自由贸易试验区。预计在“十四五”期间，第七批自由贸易区有望覆盖这四个地区。

所以，在笔者看来，在不远的将来，胡焕庸线以东所有省、直辖市都会设立自由贸易区，形成东、中、西部自由贸易区全覆盖，这对切实落地中国构建全面开放新格局是一个重要的举措。换言之，中国构建全面开放新格局的步伐正在加快，我们有望看到新发展局面在短期内形成。

过去数年，自由贸易区在原来的出口加工区的基础上，很好地做到了“一线放开、二线管住”，法无禁止即可为及准入前国民贸易负面清单，同时也很好地落实了贸易的自由化及投资的便利化，并实现政府的简政放权，改事前的审批为事中事后的备案，这都是实在的成果。

笔者预计，下一步开放还将涉足“深水区”，这主要体现在自由贸易区的设计方面。改革和开放是相互融通的过程，在改革中推开放，在开放中促改革，是相辅相成的作用。自由贸易区下一步需要下“深水”改革，有这么几点：第一是在服务贸易领域，需要进一步深入改革和发展；第二是金融方面的开放，必须继续地深入进行。

在中国提出构建“双循环”格局背景下，自由贸易区扩容自有其深意。在全球深刻变化，我们面临百年未有之大变局以及在百年一遇的疫情下，中国正通过不断扩大开放，构建推进全面开放的新格局，来切实推进贸易全球化。

原载于《每日经济新闻》2020 年 9 月 23 日 作者 余淼杰

二、热点访谈

（一）疫情下的中国宏观经济

中国经济会因新冠肺炎疫情而“伤筋动骨”吗？

新冠肺炎疫情肆虐中国，对中国经济影响有多大？有观点指出，如果疫情长时间持续，对中国经济将造成“伤筋动骨”的影响。香港中国通讯社记者访问的经济学者则认为，相信在政府的积极应对下，疫情给2020年中国经济带来的影响不大。

北京大学国家发展研究院余淼杰教授2月21日在接受香港中国通讯社采访时指出：“我基本认同，疫情会对第一季度中国经济造成一定负面影响，全年影响不大。参考当年‘非典’发生的那几个月，经济也遭受了负面影响，其后便快速反弹性上升，相信这次也会如此。因为大家这段时间宅在家中，所累积的工作积极性会释放出来，效率也将大大提高。”

新冠肺炎疫情对经济的影响与2003年“非典”相比如何？余淼杰指出：“若不考虑政府介入，此次疫情给经济带来的挑战比‘非典’时更加严峻。因为首先，2003年‘非典’时，全球经济、中国经济都处于上升通道；但近年部分国家推行贸易霸凌主义导致逆全球化势力抬头，加上2008年金融危机导致外需疲软，令中国经济处于下行压力较大的国际大环境中。其次，目前信息高度发达，令公众对疫情高度敏感，甚至出现不必要的过度恐慌，如果这种心态长期延续，将对生产造成一定负面影响。”

“不过，不能就此评估此次疫情对中国经济的负面影响一定大于‘非典’。”余淼杰进一步阐述道：“主要还要看中国政府如何应对，过去一个月中，中国政府非常积极、及时地出台了各项货币及财政政策，包括向企业减免租金、缓缴社保等，减缓了企业压力，帮助中小企业免于出现资金链断裂的情况，使中国经济得以较快恢复。如果政府继续采取正确举措，本年度中国经济遭受的总体负面影响不会高。”

原载于 香港中国通讯社 2020年2月21日 记者 张婕舒

财政政策和货币政策双轮驱动应对疫情影响

（新华社电）统筹推进新冠肺炎疫情防控和经济社会发展工作部署会议2月23日在北京召开。习近平出席会议并发表重要讲话。

习近平指出，“新冠肺炎疫情不可避免会对经济社会造成较大冲击。越是在这个时候，越要用全面、辩证、长远的眼光看待我国发展，越要增强信心、坚定信心。综合起来看，我国经济长期向好的基本面没有改变，疫情的冲击是短期的、总体上是可控的”。习近平就有序复工复产提出8点要求。其中，就宏观经济政策方面要求指出要：“加大宏观政策调节力度。积极的财政政策要更加积极有为，继续研究出台阶段性、有针对性的减税降费政策，帮助中小微企业渡过难关。稳健的货币政策要更加注重灵活适度，用好已有金融支持政策，适时出台新的政策措施。”①

解读：财政政策和货币政策是宏观调控体系的两大支柱。“财政政策更加积极有为，货币政策更加灵活适度”应如何理解？对疫情下保证我国经济社会的持续健康发展有何作用？

北京大学国家发展研究院余淼杰教授认为，要有效解除疫情对经济可能产生的负面影响，很重要的一点就是财政政策与货币政策要双轮驱动、相互结合。

他解释，一般来讲，经济过热的时候，用货币政策冷却经济效果较好；经济受到负面冲击，需要拉动经济的时候，财政政策比货币政策更加有力。

---

① 人民网. 习近平在统筹推进新冠肺炎疫情防控和经济社会发展工作部署会议上强调 毫不放松抓紧抓实抓细防控工作 统筹做好经济社会发展各项工作[EB/OL].http://cpc.people.com.cn/n1/2020/0224/c64094-31600537.html[2021-01-27].

目前，货币政策应对疫情的主要着力点在降低利率、减少房租、提供专项再贷款等方面，余淼杰说："这些措施能够有效降低企业压力，使其免于出现资金链断裂的情况，但如果要中小企业从疫情的冲击中恢复过来，仍然需要更加直接的财政政策。"

他表示，更加积极有为的财政政策一方面要扩大政府支出，另一方面仍然要减税。

减税的重点要么向生产端倾斜，要么向收入端或消费端倾斜。余淼杰认为，现在不是老百姓收入不足，不愿意去买，而是企业无法生产，因此目前的减税应该向生产端倾斜。他同时强调，从长期来看，降低个人所得税，向收入端或消费端倾斜的改革方向是正确的。

在此基础上，要拉动经济从疫情的负面打击中快速恢复过来，保证上半年受到的影响较小，仍然要依靠政府投资。"要重点出台地方专项债券，地方在可能的情况下用投资来拉动，就是'铁公鸡'。"

余淼杰表示，尽管人们会对"铁公鸡"有很多顾虑和担心，可能导致产能过剩、低效率等，"但在特殊时刻，我们必须要采取特殊行动，这时候投资基础设施是有利于拉动中国经济的"。

例如，这次疫情中就暴露出了公共卫生领域的投入不足、相关基础设施存在短板等问题。余淼杰认为，加大医院的建设投资是应有之意，是一定要有的，要放在首位，而且非常重要。

增加政府支出与财政赤字率息息相关，余淼杰认为，2020 年可以相应扩大财政赤字，"去年财政赤字是 2.6%～3%，今年不妨扩大一点，到4%也没有关系"。

长期以来，一直有财政赤字率不能突破 3%的观点，对此，余淼杰表示，"目前还没有理论能够支撑财政赤字率超过 3%会对一个国家的经济带来负面影响这种说法"。

他举例，印度 2019 年的财政赤字率是 6.1%，美国是 4.6%，可以看出，不管是发展中国家还是发达国家，它们的财政赤字都很大，这种情况下我们可以相应扩大财政赤字，通过财政政策拉动中国经济增长。

原载于《新京报》 2020 年 2 月 23 日 记者 姜慧梓

疫情给全球经济带来下行压力

IMF 总裁格奥尔基耶娃日前发表署名文章指，新冠肺炎疫情是全球经济现时面对的最大不明朗问题，可能打击原本已经脆弱的经济体系。

究竟此次疫情对全球经济影响会有多大？

北京大学国家发展研究院余淼杰教授向香港中国通讯社指出：“受疫情影响，全球经济不可避免地面临下行压力。主要体现在，近期有一些国家特别是发达国家，对来自中国的出口品进行出口禁运，这势必导致这些国家国内物价上涨，对其第二季度 CPI 将造成影响。”

余淼杰还指出：“假设疫情长时间持续，将影响到全球供应链，进而影响各国经济。因为中国是世界工厂，全球经济化已将各国经济紧密相连，一荣俱荣，一损俱损。”

原载于 香港中国通讯社 2020 年 2 月 23 日 记者 张婕舒

疫情放缓全球经济，但不会导致大规模衰退

新冠肺炎疫情目前已扩散至全球60多个国家，疫情发生以来从1月20日至2月27日的38天内，全球股市市值总额已蒸发了6万亿美元。有人担心疫情的扩散可能会引发全球经济衰退。对此，中国经济学者分析，疫情一定会令2020年全球经济增长放慢，但不至于引发类似2008年全球金融危机，这得益于中国对世界经济的拉动作用。

目前，新冠肺炎疫情在中国有所缓解，但是世界其他地方却越发严峻。澳大利亚、泰国、日本等国都出现了新的死亡病例。韩国已成为继中国之后新的重灾区，总计已有4000多宗确诊病例；意大利确诊人数激增至50%，接近1700例，中东、北美等地区也都开始出现疫情扩散现象。

北京大学国家发展研究院余淼杰教授3月2日接受香港中国通讯社采访时指出："疫情一定会导致2020年全球经济增长放慢，但起码从目前看来，疫情不会引发全球经济衰退，不足以带来类似2008年全球金融危机那样的经济萧条。"

余淼杰阐释道："因为全球的制造业核心在中国，中国是拉动世界经济增长的火车头。第一季度中国经济虽然受到负面影响，但从第二季度开始，随着复工率逐渐提升，中国的工业特别是制造业渐入佳境，相信中国产能可以得到恢复，出口也会持续。全球经济受到的负面影响不大，主要是因为中国的拉动作用。"

余淼杰续指："美国的情况则刚好相反，美国联邦储备系统（简称美联储）意识到问题的严重性，降低了利率。但与中国降低利率防止中小企业断贷不同，欧美产业结构不同，没有太多中小企业，降低利率对其

经济并没有太大影响。加上欧美也不是主要生产大国，所以这对恢复其经济和生产的作用不大。”

余淼杰还称：“有报道指，美国副总统彭斯日前要求该国卫生部门官员及学者就疫情统一口径，未来发布任何声明前都需得到白宫批准。因为如果透明度不高，会引发百姓恐慌，导致股市下跌，而股市下跌会进一步导致恐慌流传。因而，相信美国接下来不管是实体经济还是虚拟经济，都会受到相当大的冲击。”

谈及对不同行业的影响，余淼杰说：“全球受影响最明显的毫无疑问是服务贸易业，其中最严重的是旅游业，2020 年全球旅游业势必遭到重创。其次，欧美日韩等主要经济体的运输业、餐饮业、酒店业等，也会遭到很大负面冲击。”

中国进出口方面，余淼杰指出：“第一季度由于各国限制中国产品出口，加上中国自身生产量也相对降低，出口势必受影响。但中国的进口不会受到影响，因为目前即将入关的货物基本是 1 个月前就开始海运的，当时国际上疫情并没有广泛扩散。因而，中国出口短期内将受到负面冲击，并将在第二季度出现反弹，进口则不受影响。”

原载于 香港中国通讯社 2020 年 3 月 2 日 记者 张婕舒

国家电网的开工复工将产生“大轮”驱动效应

新冠肺炎疫情对经济的影响仍未完全消退，作为中央企业的“顶梁柱”，国家电网在抓好疫情防控的同时还要抓好复工复产，更好地服务经济社会发展。近日，北京大学国家发展研究院余淼杰教授在接受记者专访时表示，国家电网的复工复产举措，像齿轮当中的“大轮”带动“小轮”转，对推动中国经济的发展乃至世界产业链的健康运转都至关重要。

截至 2 月底，国家电网近 1900 项总投资超千亿元的电力基础设施工程开工复工。国家电网一手抓坚决有力防控，一手抓科学有序复工，这在余淼杰看来，是国家电网对党中央、国务院决策部署的坚决落实，作为特大型中央企业发挥了很好的表率、排头兵作用，值得被高度肯定。

数额高达 1000 亿元的电力基础设施工程开工复工，是在当前中国制造业 PMI 指数回落的背景下为经济回暖注入的一剂“强心剂”。余淼杰说，根据国家统计局公布的 PMI 指数数据，受新冠肺炎疫情冲击，近期 PMI 指数仅为 35.7%，远远低于 50%的荣枯线。这是大中型企业复工复产比率不高所致，电力基础设施工程率先开工复工有助于提升全国的 PMI 指数，助力制造业“回暖”。

余淼杰说：“如果大量的制造业企业持续不开工，PMI 指数就会急剧下降。国家电网高达 1000 亿元的电力基础设施投资开复工，将充分拉动各行业尤其是制造业的开复工，有助于经济‘重新启动’，重回正常轨道。”

余淼杰认为，从大的方面讲，电力基础设施工程的巨额投资，也是我国以积极的财政政策来推动经济发展的一个重要抓手。面对疫情影响，中央推动积极的财政政策和稳健的货币政策来促进经济增长。而积极财政政策的抓手，一个是减税降费，降电价举措就是其中的一个环节；另一个是政府直接投资，国家电网作为特大型中央企业，加大电网基础设施投资，正是推动政府直接投资落地的重要环节或举措，将进一步提振信心、拉动经济增长。

余淼杰说：“如果把经济运行比作一台机械设备，那么电网投资是大齿轮，装备制造业是小齿轮，原材料和中间品供应商则是更小的齿轮，大齿轮转动起来，带动着小齿轮跟着转，小齿轮再带动着更小的齿轮联动，这样整台机器就运转起来了。”即可以从产业链上下游分配关系，来理解“大轮”带动“小轮”转。

作为“小齿轮”的中小企业，是我国经济版图中十分重要的组成部分。余淼杰说，目前，我国中小企业具有“五六七八九”的典型特征——贡献了 50%以上的税收，60%以上的 GDP，70%以上的技术创新，80%以上的城镇劳动就业，90%以上的企业数量，是国民经济和社会发展的生力军，对于做好“六稳”工作具有重要意义。“所以国家电网投资千亿元，更大的意义在于让无数的小齿轮转动起来。”

余淼杰还说，国家电网的开工复工对于促进中小企业就业有着联动关系。国家电网上下游供应商——装备制造商、原材料供应商、中间品供给商，大部分都是中小企业，这些中小企业与就业息息相关，占了 80%以上的城镇劳动就业。只有中小企业大批量复工，才对蓝领工人有巨大的用工需求，才会让进城务工人员返回工作岗位，而他们的衣食住行，又带动了物流业、服务业等第三产业的就业，拉动就业的良性循环就此建立。

除了国家电网本身的开工复工外，余淼杰认为，国家电网提供的安全可靠电力供应对于促进各行各业的开工复工都十分重要。

余淼杰解释说，在全球产业布局中，中国从海外进口原材料，经过生产、加工、装配、运输，将产品销售到世界各地。因此，中国的制造业在全球产业链中是一个关键环节，作用不可替代。而制造业离不开资本、劳动力、能源等各种生产要素，电力作为能源要素中最为重要的环节，对于生产起到重要因素支撑的作用。“如果要素支撑不到位，世界供应链就会断裂。”

原载于《国家电网报》 2020 年 3 月 10 日 记者 王大鹏

促消费出新招：倡导干部带头消费、发放亿元消费券

为促进消费，湖南省长沙市于 2020 年 3 月 14 日出台政策，购买 49 种车型的汽车可享 9.7 折，最高补贴 3000 元。此前一日，江苏省南京市发布消息称，将发放超 3 亿元消费券。

3 月 13 日，国家发改委等多部门日前联合印发的《关于促进消费扩容提质加快形成强大国内市场的实施意见》提出进一步改善消费环境，发挥消费基础性作用的一系列意见。

南方都市报记者注意到，近日各地对发挥消费基础性作用高度重视，南京、宁波、广州等地纷纷出台各种利好举措，如倡导干部带头消费、发放亿元消费券等。

多位专家向南方都市报记者表示，激活整体市场还需要过程，目前消费恢复从刚需领域开始，一些生活品质性需求消费延期的可能性仍比较大。有专家认为，市场在 20 多天后会有很大恢复，届时可能就不需要再用临时性的政策刺激消费了。

倡导干部带头消费

疫情期间，餐饮等服务行业受到极大影响。为推动消费市场复苏，多地发布倡议书，号召领导干部带头消费，助力消费增长。

2 月 24 日，海南省儋州市下发《关于干部职工带头消费支持中小企业渡过难关的倡议书》，倡导领导干部带头消费，相关人员每人每月都要在本市内消费。3 月 1 日，儋州市委书记、市长等带头到当地商场购物消费。

3 月 10 日，南京市秦淮区下发一份倡议书，倡议区机关干部带头消

费支持企业共渡难关。倡议书中指出，区领导本周要消费不低于 100 元。南方都市报记者了解到，3 月 11 日晚间，南京市秦淮区委书记、区长等前往南京新街口的商场购物，并在餐饮店堂食品尝特色小吃。

3 月 12 日，安徽省商务厅发出文件，倡议处级以上领导干部带头进行餐饮消费，全厅干部职工积极参与，以实际行动体现特殊时期对餐饮业的支持，一律个人付费。

3 月 13 日，浙江省宁波市鄞州区下发通知，同样倡议机关干部带头消费，支持区内商贸、餐饮等企业共渡难关。

北京大学国家发展研究院余淼杰教授向南方都市报记者分析，领导干部带头消费的出发点是好的，但实际效果有待观察。拉动经济需要有较大的上游产业或通过购买力强的群体持续带动消费。

针对餐饮业受到的影响，余淼杰建议，与以往大众追求多样化的餐饮不同，当前应以制定安全、健康、可控的标准化产品来满足复工阶层最基本的需求为主，如套餐服务等，通过量的提升来带动消费。还可以结合“互联网+”技术让消费者看到后厨制作过程，与外卖行业、快递行业紧密结合进行推广。

发放亿元消费券

“超 3 亿元消费券！发！”3 月 13 日晚间，江苏省南京市发布消息称，近日统筹资金向市民和困难群体发放消费券，总额度为 3.18 亿元，分为 7 类消费券，面值按每份 100 元或每份 50 元设定。

余淼杰向南方都市报记者表示，南京对困难群体发消费券，是对特定人群进行精准帮扶来提升当地的消费水平，这对减少疫情对当地经济的负面影响有一定的积极作用。

余淼杰认为，政府应该甄别人群，对低收入或贫困学生进行帮扶，还可以界定不同的企业，对特定的文体企业、涉及“宅”家经济的企业进行补贴。

原载于《南方都市报》 2020 年 3 月 14 日 记者 张雅婷

新冠肺炎疫情恐引发全球失业潮

新冠肺炎疫情对全球经济的冲击日益明显，联合国下属的国际劳工组织近日预计，全球失业人数可能新增接近2500万人，严重程度或超过金融海啸。有经济学者预计，疫情将导致全球约 1000 万人口临时性失业，尤其是在服务业。

国际劳工组织估计，疫情可能导致全球 530 万～2470 万人失去工作，这是按照 2019 年年底全球 1.88 亿失业人数作为推算基准的。这一数字高于 2008 年、2009 年全球金融危机时的 2200 万人。该组织表示，如果各国政府不迅速采取行动，疫情可能引发一场全球经济危机，摧毁 2500 万个工作职位，呼吁各国要采取大规模及协调一致的紧急措施。

就业率下滑也意味着劳工收入将大幅减少。国际劳工组织预计，全球民众的收入会在 2020 年年底前蒸发 8600 亿至 3.4 万亿美元。这也会导致消费减少，进一步冲击经济。

此外，路透社日前对 41 位经济学家进行调查，其中 31 人都表示全球经济扩张已经结束，进入衰退期。摩根大通、美国银行、高盛集团的经济研究人员也都做出类似判断。

疫情会引发全球失业潮吗？北京大学国家发展研究院余淼杰教授 3 月 20 日接受香港中国通讯社记者采访时分析指："新冠肺炎疫情肯定会在海外造成大量失业，这和各国的经济结构与社会体制密切相关。因为欧美、日韩等发达国家的服务业基本都占国民经济 70%～80%的比重，此次防疫需要不同形式的隔离，对服务会造成本质性的广泛打击。餐饮业、酒店业、运输业、旅游业都直线下降，甚至'归零'，这些行业都将减少雇工。"

余淼杰续指："由于欧美的社会体制与中国有很大不同，无法像中国一样采取封城等有效阻止人员跨地区流动的举措，也无法对患者进行广泛、有效的治疗。因而，估计欧美各国疫情对经济的损害程度要远高于中国。”

根据这些因素，余淼杰预计，疫情将导致全球约 1000 万的人口临时性失业。

美国财政部部长姆努钦 17 日警告，疫情可能造成美国失业率飙升至 20%，也就是 3200 多万人失业，此次情况比 2008 年金融危机时更严重。

余淼杰则认为：“疫情对失业率的影响将比较大，但应该不至于像 2008 年金融危机时那么严重。”

余淼杰阐释道：“疫情对经济冲击是否会超过 2008 年金融危机，需要看疫情负面信息对金融市场的冲击有多大。疫情可能会产生蝴蝶效应，如目前已经看到数次美股熔断。但若市场上出现利好消息，如新冠肺炎疫苗成功研制等，就可以减少负面影响。”

余淼杰接着说：“短期内，疫情对经济的负面打击主要来自供应面、需求面，这两方面的齐齐萎缩，将导致通货紧缩。如果通货紧缩在多个工业国家发生，除中国以外，全球其他主要经济体都将发生经济衰退现象。若要走出全球经济衰退，发动机依然在中国，因为中国已开始真正复工复产，产能将很快上升，对全球经济的火车头拉动作用会更加明显。”

原载于 香港中国通讯社 2020 年 3 月 20 日 记者 张婕舒

重启时刻，复工≠复产

“最长的春节”之后，“复工重启”俨然需要一点时间。

——“有那么几秒，忘了办公室座机号码”“清早出门，一时竟不知道防晒和隔离先用哪个”，重启需要抵御惯性。

停摆月余，生产与消费压缩至“必需”。对于城市与产业而言，从休眠到复苏，无疑也需要“重启时间”。

随着疫情防控形势好转，2020 年 2 月中旬后，各地积极推进有序复工复产。据各省市公开数据，全国规模以上工业企业复工率超 95%；据中国国际金融股份有限公司公布的全国开工指数，全国复工率从 2 月 21 日的 52.6%增至 3 月 11 日的 77.3%。然而，疫情的持续性影响短期内仍难以消弭，经济活动常态化尚需时日。

借此，《中国青年》采访北京大学国家发展研究院余淼杰教授，解读从休眠到复苏的“重启时刻”。

停摆：连锁反应

《中国青年》：近日，餐饮、文化旅游等行业的停工困境屡见诸报端。无法“复工复产”，对哪些行业产生的冲击更显著？

余淼杰：在三大产业中，应该说新冠肺炎疫情对第一产业产生的负面影响最小，第二产业比较大，第三产业最大。

疫情暴发的时间是在春节及其后，许多农民工无法返程，如果他们帮助务农，相当于为第一产业提供了额外的劳动力。但疫情对牛、羊、猪、禽等肉类的供应会产生一定的负面影响，家禽类尤甚，主要是因为饲料无法保证供应。2020 年第一季度，牛、羊、猪、禽等肉类的总供应量会小于 2000 万吨。总体而言，2020 年第一季度的第一产业会与 2019

年同期持平，或略有下降。

疫情对第二产业的影响，我的判断是比较大。跟往年对比，也有春节假期的原因，但疫情导致 2020 年 2 月份整月停产，企业短期内会受到比较大的负面影响。而且对一些提供零部件和中间品的中小企业而言，它们的停产停工会造成产业链的临时断裂。其实数据已经出来，2 月份的 PMI 指数（荣枯线为 50%）是 35.7%，1 月份、2 月份的外贸数字也佐证了这一点。

相对影响最大的是第三产业，如运输业、旅游业，包括餐饮业、酒店业，在春节旺季完全停摆。服务业中只有一个产业还保持着正常运转，那就是快递业。考虑到第三产业占中国国民生产总值的一半以上，疫情对第一季度的第三产业而言，应该说是一个非常大的打击，这是一个事实。

《中国青年》：因疫情停工停产，于经济增长、就业、外贸，有怎样的连锁反应？

余淼杰：首先，对经济增长的影响，我的判断是 2020 年总的经济增长可能在 5%左右。2020 年 1 月是 6%的增长，2 月经济增长其实将近于 0，3 月逐渐复工可能好一些。自 4 月起，如果疫情受到了良好控制，每个月保持 6%的经济增速。换言之，2020 年有 10 个月保持在 6%，全年经济增速则是 5%左右。

其次，据城镇登记失业率的数据指标，目前的就业问题都是结构性的失业或者结构性的待业，短期内不会对就业产生明显影响。但与此同时，中小企业占了我国每年新增就业的 80%，如果受到冲击，将会导致资金链断裂，工厂无法迅速、充分地复产，就意味着对就业产生影响，且这个影响是结构性的，也就是说对蓝领工人的负面影响更大。

对外贸而言，海关数据显示，2 月份我国进口不受影响，只下降了 2%左右；出口下降了 19%左右。我国进口的运输方式是海运，运输需 1 个月左右的时间，所以 2 月份的进口受影响较小。

而第一季度的出口受到影响，是因为有些国家对中国的出口产品进行临时性限制，如加强卫生检疫的管控等，且有国家对中国的动物进口进行了明显限制，这都导致了出口的下降。

但在第二季度情况会出现变化。目前，新冠肺炎疫情蔓延到全球，意味着自第二季度起，欧美各国对中国产品的需求将会上升，即有利于中国产品出口。我的判断是，2020 年中国总的贸易顺差还能够保持在 2000 亿美元以上（2019 年约为 3000 亿美元），总量仍会是不小的。

《中国青年》：疫情在全球扩散，有新闻报道汽车行业、电子计算机行业已经出现零部件供应告急的情况，疫情对全球产业链有怎样的影响？是否有产业链、供应链外移的风险？

余淼杰：短期内，新冠肺炎疫情对全球的价值链及产业链将产生负面影响。中国位于全球价值链和产业链的中间地段，且这一“中间地段”是不可替代的。因为中国这一“世界工厂”的临时停工停产，导致全球的生产受到较大的负面冲击。

中国的减产会导致对上游原材料及中间品的需求下降，意味着中国将减少从韩国、日本及东盟国家的进口。第一季度美国对中国的产品进行了限制，从这个角度来讲，对下游的厂家、消费者也产生了负面影响。

中期影响来看，从第二季度起，中国出口到美国的产品会增加。换言之，中国的贸易顺差会扩大。同时也要注意，在第二阶段，因为疫情对日本、韩国的影响越来越严重，日韩又是中国原材料和中间品（特别是核心的、高附加值的中间品）的主要供给国家，因此中国制造的原材料和中间品的来源会比较紧张。当然，第二季度之后，长期来看，疫情对全球价值链的负面影响应该说将不会存在。

我认为不存在“产业链外移”的风险。首先，中国之所以在国际贸易上有着巨大的比较优势，不只是或不再是因为劳动力成本较低，而是因为有一个全产业链的配套，这个优势是独有的。其次，中国的巨大生产规模和体量不是其他国家，特别是东南亚国家所能取代的。

重启：减少等待

《中国青年》：复工等于复产吗？从产能停摆到复苏需要多久时间？

余淼杰：复工可以帮助复产，但复工不能够简单地等同于复产。

首先，如果相应的上游原材料、中间产品没有配备齐全的话，尽管工人到达，产能并没有办法得到完全的恢复。其次，我们知道外地工人需隔离 14 天，就是说还需要两周时间等待完全的复工到位，有一定的滞后性。事实上，生产不仅取决于劳力的投入，还有中间品、能源等各方面的配套，这是一个系统的工程。如果要做个预计的话，从停摆到完全恢复，我认为需要一个月的时间。

《中国青年》：日前，浙江、广州、北京等地纷纷推出“包机抢人”“复工复产专线”，您怎样看待这些举措？

余淼杰：我觉得都是非常好的举措，这些举措大大降低了从复工到复产之间的等待时间，或者说从产能停摆到完全恢复的过渡时间。

率先复工的地区大多是对劳工需求量特别大、对蓝领工人需求比较迫切的东部省市。这也反映出了我国劳动力，特别是蓝领劳动力，相对来讲比较紧张的态势。同时，这些地区的政府、企业面对负面冲击时，反应比较快，出台相应配套措施，市场也比较成熟。总之，其他地区在力所能及的情况下，应该向这些地区学习。

《中国青年》：人们说，危机蕴藏机遇，近日热议的在线教育、网游、生鲜电商等领域将是被“重启”的“风口”吗？

余淼杰：数字经济，包括在线教育、网游、生鲜电商等，我觉得都有可能是重启经济的“风口”，成为拉动经济增长的机遇。比如在线教育，在疫情中受到的负面影响最低；我们也可以看到，电商、“电商+物流”的产业模式不但没有在疫情中受到负面影响，反而表现得可圈可点。这些都可能成为恢复经济增长的原动力或“火车头”。

《中国青年》：复工后，一些年轻人可能面临被裁员、降薪，“在职贫困”，应该以什么样的心态面对行业前景和职业规划？

余淼杰：可能会出现这种情况。首先，这是一种结构性的就业摩擦。受到疫情冲击后，不同产业产生的反应不同，也就是说，不是一个总体性的问题。

其次，我觉得面对未来，最大的确定就是不确定性，年轻人需调整心态。无论身处何种行业，充分掌握一技之长，调整心态，面对不确定的世界。

最重要的自我提升建议还是“不可替代性”，否则即便没有疫情突发，也可能在经济下行阶段、产业面临压力时首当其冲。年轻人的职业规划应提升个人附加值，向不易被替代的产业或职业转移。

《中国青年》：于防疫与复工的平衡问题，关键性的措施是什么？

余淼杰：目前已出台多项政策保证复工复产，于经济社会复苏而言，关键性的措施首先是有序推进复工复产，减少从复工到复产之间的摩擦性等待、结构性等待。

其次，政府应采用积极的财政政策、货币政策，以及外贸政策、国际贸易政策、国际金融政策，来调整应对疫情的冲击，防止经济因疫情陷入衰退、停滞等不良现象。

在防疫与复工的动态平衡问题上，我认为应考虑不同的产业、不同的行业的异质性。比如第三产业目前还不宜快速复工，特别是旅游业、餐饮业、酒店业等涉及人群聚集的产业。但对第二产业来讲，强调有序的、错开高峰的复工则是非常重要的。应因地制宜、因行业制宜。

原载于《中国青年》 2020 年第 6 期 记者 韩东伊

“特高压”列入“新基建”——小轮带动大轮

“特高压”输电被称为“电力高速公路”。从 2009 年中国建成第一条“特高压”输电线路算起，“特高压”在我国已运行十余年。

2020 年 3 月 4 日，中央提出加快新型基础设施建设，随后在央视新闻的解读中，“特高压”同 5G 网络、AI、工业物联网等列入“新基建”。这一消息在能源圈引起热议。

近日，国家电网关于“特高压”的一系列动作和表态又引起了业内的高度关注。

然而，时至今日，关于“特高压”输电尤其是交流“特高压”一直争议不断。

仓促上马有争议

截至 2019 年年底，国家电网已建成 22 个“特高压”工程，累计投资超过 4300 亿元；在建 6 个“特高压”工程。国家电网称，“特高压”在保障电力供应、促进清洁能源发展、改善环境、提升电网安全水平等方面发挥了重要作用。

自“特高压”被列入“新基建”后，国家电网专门成立了“新基建”工作领导小组，并于 4 月 2 日召开了第一次会议，提出确保 2020 年内建成 4 项工程，推进已纳入国家规划的“特高压”工程尽快核准。4 月 11 日，国家电网还与天津签署战略合作协议，并把推动“特高压”配套电源加快建设作为重要内容之一。

北京大学国家发展研究院余淼杰教授在接受《中国科学报》采访时

认为，“特高压”被列入“新基建”有一定的合理性。他表示，“特高压”作为一种尚未被充分挖掘的基建领域，仍有可发挥的空间。“不仅可以满足社会对电力日益增长的需求，还可以作为生产要素来推动其他资源更好地整合，从而发挥‘小轮带动大轮’的作用。”在余淼杰看来，尽管“特高压”投入成本较高，但其主要投融资渠道来自国家财政，最终会明显降低电价，从而间接地为中小企业减税降费，提升企业的利润率。

原载于《中国科学报》 2020 年 4 月 16 日 记者 秦志伟

美日鼓励企业撤离中国，但企业无撤走动力

美日企业将会大规模撤离中国吗？中国美国商会于 2020 年 4 月 17 日发布调查报告称，尽管新冠肺炎疫情的影响尚未完全结束，但是绝大部分在华的美国企业暂无转移生产线或取消在华采购项目的计划。北京大学国家发展研究院余淼杰教授同日对香港中国通讯社记者表示，美日企业没有真正动力撤离中国。

新冠肺炎疫情冲击经济，日本政府于 2020 年 4 月 9 日宣布，将投入 22 亿美元支持日本企业搬回日本，或转向东南亚等亚洲其他地区。特朗普首席经济顾问库德洛（Larry Kudlow）9 日也在接受采访时呼吁：美国政府应为想离开中国的美国企业支付所有搬迁费，“希望更多美国公司回到美国”。

作为世界第一大经济体和第三大经济体，美日两国官方层面鼓励企业撤离中国的消息，连日来成为舆论关注焦点。许多媒体将之解读为“美日要在经济层面联手反华”，并将之视为美国与中国经济脱钩、制衡中国的又一佐证。

对此，中国商务部新闻发言人高峰 4 月 16 日说，中国没有也不会出现大规模外资撤离情况。

另据路透社报道，中国美国商会、上海美国商会及普华永道中国于 4 月 17 日发布 3 月进行的联合调查显示，68%的受访者预计，中国业务将在 3 个月内恢复正常，96%的受访者预计，3～6 个月可恢复常态。中国美国商会会长毕艾伦（Alan Beebe）强调：“与国际的一些说法形成对比，我们从中国获得的数据表示，我们的大多数会员短期内不会打包走人。”

北京大学国家发展研究院余淼杰教授 4 月 17 日在接受香港中国通讯社记者采访时同样认为，美日企业不会大批从中国撤出，“企业会从自身利益最大化角度考虑，它们没有真正动力搬回本国，尤其是美国，这是由全球价值链分工决定的”。

余淼杰阐述道：“这是因为，第一，美国的制造业成本非常高，该产业根本不具备比较优势，相信撤回本国后这些企业也无法长期生存；第二，中国不仅人工成本相对较低，而且有全产业链的配套，若企业撤走，它们还必须从中国进口产业链不同部件，成本不降反升；第三，中国政府正进行高强度、大规模的减税降费，大力改善营商环境，将更增对外资企业的吸引力；第四，中国正逐步深入进行复工复产，经济活动要素流动和配置也将更为合理，也会降低外资企业的顾虑。因而，大部分外资企业会考虑继续留在中国。”

美日两国政府为何会在此时鼓励撤资？余淼杰认为：“美日此举不排除有政治考虑，不过相信更多是出于经济考虑。因为目前美日和其他发达经济体都面临经济萧条的危险，加上它们正采取封国封城措施，因而都想减少对国际市场的依赖，最大化地避免本国经济利益损失，这导致逆全球化势头再次抬头。难以从这一事件就推断美日是联手反华，相信它们都是独自从自身经济利益最大化角度考虑的。”

有分析指，美日鼓励撤离的原因不尽相同，日本主要是为了恢复中断的供应链，保护日本企业免受疫情等不确定性的冲击，也并未指明是从中国撤离。而美国的政治因素更甚，2008 年金融危机后，美国国内贫富差距进一步扩大，制造业空心化，中产阶级收入增长乏力，民粹思潮开始泛起，因而总统特朗普从竞选起，就将制造业回流作为重要政纲。2018 年发动中美贸易战开始，美国一直着手产业链回流事宜，因而此次呼吁并非心血来潮。

疫情过后，各国是否会更倾向自给自足的经济模式？余淼杰认为：“对于卫生医疗产业，相信各国短期仍会依赖外国，长期则将倾向自给自足。而由于各国封城，服务贸易大规模下降，这会令这些发达国家在短期内更依赖新兴工业市场国家的制造业，对中国的消费品依赖反而会更高。这从刚出炉的 3 月中国外贸数据中也可以体现。”

原载于 香港中国通讯社 2020 年 4 月 17 日 记者 张婕舒

后疫情时代中国经济将逆向前行

近期，2020 年第一季度宏观经济数据出炉，随着疫情逐步受控，3 月宏观经济数据已明显改善。后疫情时代，中国经济走势如何？2020 年是否将设定全年 GDP 目标？多位宏观经济专家认为，后疫情时代，中国经济长期向好基本面不变，并将在全球经济衰退中逆向前行。

初步核算，2020 年第一季度 GDP 为 206 504 亿元，按可比价格计算，同比下降 6.8%。在第一季度 GDP 下降 6.8%的情况下，2020 年是否还将设定全年 GDP 目标，国家统计局新闻发言人毛胜勇表示，以往的 GDP 目标会在全国两会上的 2020 年《政府工作报告》中公布，由于 2020 年两会推迟，GDP 目标是否设定尚无定论。

在北京大学国家发展研究院余淼杰教授看来，IMF 对全球经济增长的判断基本是准确的，但对中国的预测过于悲观，没有认识到中国复工复产的速度，以及中国经济以目前的体量和规模，对全球经济的正面带动作用。

余淼杰判断，2020 年中国经济增速大概率会为 3%～3.5%。他说："第一季度中国 GDP 下降 6.8%，如果后 3 个季度都保持 7%的速度，就能达到全年 3.5%的增长；如果后 3 个季度都保持 6.3%的增长，全年能达到 3%的增长。在积极的财政政策和宽松货币政策的双轮驱动下，中国 2020 年取得 3%～3.5%的增速是完全可能的。"

余淼杰认为，中国经济总体向上长期向好的态势不会因为疫情冲击而发生根本改变。相反，在后疫情时代，中国经济在全球的重要性会进一步提升。"如果 2020 年中国增长 3%～3.5%，美国下降 6%～8%，那么中国 GDP 总量会在 2020 年年底 2021 年年初达到美国 GDP 总量的 75%以上。中国经济在全球衰退中会逆向前行，比较优势在疫情过后会更加明显，成为拉动世界经济增长的火车头。"

在走出最艰难时刻，经济开始回暖复苏的当下，中国不仅有望成为拉动世界经济走出衰退的“火车头”，还给世界各国防控疫情、稳定经济大盘提供了借鉴经验。余淼杰总结：“一是要采取强有力的防控措施，把疫情对经济的负面影响降到最低；二是要采取必要的财政政策和货币政策对企业进行纾困；三是在稳就业的基础上，稳定外资外贸金融投资等领域的市场预期。”

原载于《北京日报》 2020 年 4 月 25 日 记者 赵雨涵

特朗普为何不敢打“中国美债”牌?

美国白宫近期频繁响起因新冠肺炎疫情对华索赔的声浪。美国有媒体近日报道指，华府高官正考虑取消中国所持美债，不过其后政府高官迅速现身辟谣。学者分析指，美方急于辟谣，是因为一旦对美债下手，将对美元国际地位造成毁灭性损害，对美国而言得不偿失。

据悉，美国国务院正考虑报复中国的不同方案。《华盛顿邮报》2020年4月30日报道指，华府高官正在考虑取消中国所持美债，即准备通过“债务违约”,用中国所持有的万亿美元美国国债来抵消所谓“疫情赔偿”。消息一出，舆论哗然。

不过，美国总统特朗普及幕僚很快现身否认。特朗普在上周的记者会上被问及该问题时曾说:“无须走到取消偿还美债这一步，这样做可能会损害美元的神圣性。”

特朗普首席经济顾问库德洛4月30日便立即回应指，该报道“绝对且彻底地不真实”,“美国债务的充分可信度和金融信用是神圣不可侵犯的”。5月4日，库德洛再度澄清，华府没考虑取消承担中国所持的美债责任。美国白宫经济顾问委员会主席哈塞特(Kevin Hassett)也表示，上述报道完全是无稽之谈。

免除美债并非近日才出现的呼声，早在3月，美国共和党众议员吉姆·班克斯(Jim Banks)就曾公开提议，应让中国免除很大一部分美债。

美国为何传出取消美债的消息，又急于辟谣?北京大学国家发展研究院余淼杰教授5月6日在接受香港中国通讯社记者采访时指出:“部分美国官员提出这样的无理要求，体现了其以本国利益为先、以邻为壑的不负责任态度。高官很快辟谣，一方面反映出美国政府内部的撕裂，另一方面也说明了美国对美元国际地位的重视。”

如果美国真向美债下手，会产生什么影响?余淼杰指出:“这势必影响到美元信用，对于美元的国际地位造成毁灭性损害。而且这不光是对中国而言，日本、德国等国都持有大量美债，如果美国对所借美债抵赖不还，将引发世界金融市场的混乱。美国大部分官员也充分认识到这点，因而急于辟谣，也是从保障美国自身经济利益出发。”

有分析指，美国辟谣是“无利不起早”，因为违约成本高于违约收益。一旦美债违约，尽管中国会遭到损失，同时美国的信用扫地，肯定会引起国际上抛售美债的避险行为，可能瞬间引发全球金融海啸，这直接关系到美元作为全球储备货币的地位，并可能促成人民币国际货币地位的崛起。一旦美元失去全球霸主地位，对美国的损失将是致命的。

中国为何要持有大量美债？余淼杰解释道:“这是由于此前国际财富投资渠道相对较单一，而美国经济比较稳定，美元信誉也相对较好。因而中国持有大量美元，方便进行海外投资，但这也令中国受到美国的部分制约，因为一旦美国采取无限量化宽松货币政策，中国持有的美债价值就会迅速缩水。因此，目前中国已逐步在配置海外资产、国际投资方面转向多元化，尽管美债仍是非常重要的选项，但比重会逐步下降。”

原载于 香港中国通讯社 2020 年 5 月 6 日 记者 张婕舒

中央七提专项债，2.29 万亿如何拉动经济增长？

近日，国务院常务会议提出，在年初已发行地方政府专项债 1.29 万亿元基础上，再提前下达 1 万亿元专项债新增限额，力争 5 月底发行完毕。

作为对冲疫情影响，做好“六稳”“六保”的重要手段，地方政府专项债近几个月被频繁提及。目前，国家已提前下达三批，共 2.29 万亿元新增专项债额度，超过 2019 年全年。截至 4 月底，各地已发行 11 522 亿元专项债，完成中央提前下达额度（22 900 亿元）的 50.3%，发债量较 2019 年同期增长 41.9%。

规模一再扩大、发行进度提前、用途更加多元，不断“加码”的专项债，将如何拉动中国经济增长？

疫情以来中央七提专项债

新冠肺炎疫情对中国经济社会发展带来的冲击前所未有，第一季度 GDP 同比下降 6.8%。4 月 17 日中共中央政治局会议指出，要以更大的宏观政策力度对冲疫情影响。

会议称，积极的财政政策要更加积极有为，“提高赤字率，发行抗击疫情特别国债，增加地方政府专项债券”，提高资金使用效率，真正发挥稳定经济的关键作用。

这也被认为是对冲疫情影响的三个重要财政工具，其幅度与规模都要等到 5 月底召开的全国两会揭晓。

目前，专项债显露出的信息较为清晰，疫情以来，中央至少先后 7 次提及专项债。

根据新预算法规定，地方债分为一般债和专项债两种。一般债纳入公共财政预算，用于弥补赤字；专项债则纳入政府性基金预算，主要是为公益性项目建设筹集资金。

2020 年 2 月 23 日召开的统筹推进新冠肺炎疫情防控和经济社会发展工作部署会议上，“专项债”被首次提及。这场会议被认为是新冠肺炎疫情防控的重要节点，工作重点从疫情防控进入疫情防控与经济社会统筹发展的新阶段。

会议对新阶段工作进行了部署，提出加大宏观政策逆周期调节力度，对冲疫情影响，防止经济运行滑出合理区间，防止短期冲击演变成趋势性变化。其中就提到“扩大地方政府专项债券发行规模，优化预算内投资结构”。

基调已定，随后的中共中央政治局会议、国务院常务会议多次对专项债的规模和用途做出部署。

其中，3 月 27 日召开的中共中央政治局会议明确，抓紧研究提出积极应对的一揽子宏观政策措施涉及适当提高财政赤字率、发行特别国债、增加地方政府专项债券规模等。

随后，3 月 31 日的国务院常务会议提出，要进一步增加地方政府专项债规模；4 月 14 日国务院常务会议再“加码”，要求抓紧按程序再提前下达一定规模的专项债，并指出，推进城镇老旧小区改造，地方政府专项债要给予倾斜；5 月 6 日，最近一次国务院常务会议明确，该批专项债规模在 1 万亿元，力争 5 月底发行完毕。

5 月或迎单月发债高峰

新一批 1 万亿元新增专项债额度已是 2020 年提前下达的第三批。2019 年 11 月底和 2020 年 1 月 20 日，财政部已分两批提前下达 2020 年新增专项债券 1 万亿元和 2900 亿元。三批专项债额度累计达 2.29 万亿元，已超过 2019 年全年的 2.15 万亿元。

业内普遍预测，2020 年专项债规模将超过 3 万亿元。

规模扩大的同时，发行也在提速。截至 4 月底，2020 年专项债券已发行 11 522 亿元，完成中央提前下达额度（22 900 亿元）的 50.3%。2019 年同期，专项债券发行 8117 亿元，完成全年额度的 37%。同期对比来看，2020 年专项债发债量同比增长 41.9%，且进度明显提前。

目前，财政部披露了 2020 年前 3 个月各地专项债发债情况。分地区看，第一季度，广东省专项债发债规模“领跑”全国，为 1359 亿元；山东、四川、河南、福建和北京紧随其后，均不少于 600 亿元，分别为 928 亿元、689 亿元、645 亿元、636 亿元和 600 亿元。

截至 4 月 15 日，北京、天津、辽宁、安徽、福建、江西、山东、广东、四川、贵州、云南、西藏、甘肃等 13 个省（自治区、直辖市）和宁波、深圳两个计划单列市已全部完成提前下达新增地方政府债务限额发行工作。

按照工作部署，第三批 1 万亿元新增专项债额度已于 4 月底提前下达，力争 5 月底发行完毕。也就是说，5 月或将迎来一轮单月发债高峰。

不断“加码”的专项债，对拉动经济增长作用有多大？

北京大学国家发展研究院余淼杰教授解释，拉动经济从疫情的负面打击中快速恢复过来，要依靠政府投资，重点出台专项债，用于基础设施建设。他认为，2020 年专项债的规模应该在 3 万亿元左右，这是一个比较保守的数字，对经济的拉升作用大概为 3%。

余淼杰表示，按照发行 3 万亿元专项债、赤字率 3.5%、发行一定规模抗击疫情特别国债及政府收入计算，2020 年政府支出应该在 30 万亿元左右。“专项债占到其中的 1/10，目前预计全年投资增长对经济的拉动作用大约为 30%，简单计算，专项债对经济的拉升应该在 3%左右。”

老旧小区改造、“新基建”提速

政府通过借债筹措到的资金将投向哪些领域？按照国务院常务会议要求，地方政府专项债要按照“资金跟着项目走”原则，对重点项目多、风险水平低、有效投资拉动作用大的地区给予倾斜，加快重大项目和重大民生工程建设。

前两批 1.29 万亿元专项债聚焦七大投资领域，即交通基础设施、能源项目、农林水利、生态环保项目、民生服务、冷链物流设施、市政和产业园区基础设施等。

扩大有效投资补短板成为新一批地方政府专项债的主要任务

4月14日召开的国务院常务会议提出，地方政府专项债要在推进城镇老旧小区改造上给予倾斜，2020年各地计划改造城镇老旧小区近3.9万个，涉及居民近700万户，比2019年增加一倍，重点是2000年年底前建成的住宅区。

5月6日的国务院常务会议强调，围绕疫情暴露出来的薄弱环节和经济社会发展短板领域，用好已下达的中央预算内投资和地方政府专项债，尽快形成实物工作量。

在中国人民政治协商会议全国委员会常务委员会委员、中国税务学会副会长张连起看来，用好已经下达的中央预算内投资和专项债，提高基础设施投资增速，是政府弥补有效需求不足、GDP实现3%以上增长的主要手段。

至于能否实现3.2%，甚至更高的增速，取决于资本形成增速能否大幅度提高，而资本形成增速又取决于制造业、房地产和基础设施等领域投资的增速。在这三个领域中，只有基础设施投资增速直接取决于政府的财政扩张力度和项目储备，中央预算内投资和专项债是发行重要手段。

棚改专项债会否“重启”

值得注意的是，2020年的专项债可能投向此前被“叫停”的棚改领域。近期有消息称，棚改专项债或将恢复发行，多地发改委和财政部门表示，已经接到通知，开始梳理棚改专项债项目清单。

棚改专项债自“问世”以来，发展一波三折。

2018年4月，作为继土地储备、政府收费公路专项债之后第三个全国性的中国版“市政收益债”品种，棚改专项债开始试点发行。官方称，此举是为规范棚户区改造融资行为，坚决遏制地方政府隐性债务增量，规范地方政府举债行为，有效防范化解地方政府债务风险。

不过，棚改专项债发行时间不长即被“叫停”。

2019年9月4日，国务院常务会议要求，2020年提前下达的专项债资金不得用于土地储备和房地产相关领域、置换债务及可完全商业化运作的产业项目。各地当年8月陆续启动的2020年地方政府债券申报准备工作，也因这道“禁令”而相应做出调整。

在新冠肺炎疫情冲击下，棚改专项债被重提。据媒体报道，监管部门要求棚改专项债仅支持已开工项目，且不得用于货币化安置项目。

如何理解棚改专项债或将重启？余淼杰介绍，2020 年是棚改收官年，作为一项重要的民生工程，棚户区改造既可以补短板，又可以惠民生，对改善贫困地区收入有很大作用，这也是“十三五”乃至“十四五”规划的一个重要内容。

目前，棚改专项债恢复发行的规模和时间仍未明确。按照 2019 年 9 月 4 日国务院常务会议要求，棚改专项债的“叫停”范围仅针对 2020 年提前下达的专项债额度，也就是说，除 2.29 万亿元提前下达额度，后续专项债中，有部分将投向棚改领域。

如何避免重走“4 万亿”老路

加大政策支持力度，在实施过程中如何避免重走“4 万亿”刺激老路，避免“短刺激”留下中长期后遗症？

余淼杰认为，扩大专项债规模，加大政府投资的一个目的在于“引导”，引导社会资本增加有效投资，投向关键领域以补短板，尽快形成工作量。

“在 2020 年这种特殊情况下，政府跟市场更加是一个相辅相成、相互补充的关系，政府不能也不会替代市场，而是创造环境，调动民间投资积极性。”

余淼杰强调，在目前状况下，要保证中国经济稳定增长，必须靠有效的市场、有为的政府和有机的社会三方发力。

日前，财政部表示，将加快地方政府专项债券的发行和使用，全力保障地方债券平稳顺利发行，发挥地方债券对“六稳”“六保”的关键作用，促进积极的财政政策更加积极有为，努力实现全年经济社会发展目标任务。

原载于《新京报》2020 年 5 月 11 日 记者 姜慧梓

中国经济仍具长期竞争优势

中国经济的中长期比较优势不因疫情的冲击而减弱，相反会得以强化。中国经济长期发展的竞争优势有四点：一是规模巨大的国内统一大市场。4 亿中等收入群体和 14 亿人口所创造的庞大需求成为保证中国经济发展的原动力。二是中国有 8 亿白领、蓝领各阶层工人相结合的劳动大军。三是中国有种类齐全、门类完整的全产业链和各地区的多产业集聚；工业化、信息化和城镇化三化融合将成为进一步推动中国经济发展的发动机。四是中国鲜明的“制度红利”。在充分发挥市场对资源配置决定性作用基础上，通过“有为”的政府，各项政策的贯彻得以“纵向到底、横向到边”；同时通过脱贫攻坚战，减少收入分配差异，实现“公平”和“效率”两者兼得。

原载于《经济日报》2020 年 5 月 11 日 作者 余淼杰

“十三五”如何“收官”，“十四五”如何“起舞”？

“十三舞那是什么舞？第 13 个五年计划……”2015 年，一首《十三五之歌》火遍世界。转眼 5 年过去，“十三五”已到收官之年，“那是什么舞”的完整答案也将揭晓。

在即将到来的全国两会上，如何确保被疫情打乱“舞步”的“十三五”规划圆满收官，料成代表委员建言献策的重点。而“十四五”如何接续“起舞”，也将成为各方关注焦点。

从目前的完成度看，“十三五”规划整体进展顺利，大部分任务已提前完成或达到预期进度，如城镇化率已达 60.6%、易地扶贫搬迁建设基本完成、165 项重大工程项目扎实推进等。

但“十三五”规划仍有“硬骨头”要啃，也有“硬仗”要打，毫无疑问，确保实现决胜全面建成小康社会、决战脱贫攻坚目标任务是其中的重头戏。

“‘十三五’期间中国取得了显著的脱贫成绩，但面对‘最后一公里’的攻坚战依旧有艰巨任务，如何克服疫情对脱贫工作的影响，巩固之前取得的脱贫成果，加强脱贫攻坚工作的力度等会是今年两会代表委员们的热点话题。”中国人民大学重阳金融研究院助理院长贾晋京如是说。

因为新冠肺炎疫情来袭，中国经济一度按下“暂停键”，给与经济民生相关目标的实现平添了许多挑战。

北京大学国家发展研究院余淼杰教授在接受中国新闻社记者采访时称，若不是疫情影响，完成目标很容易，而从长远看，2020 年两会应更加关注将中国经济从疫情影响下拉回正轨，以及挖掘经济发展的深层原动力。

以目标数据为参考，但绝不唯数据论，从“六稳”到“六保”，并重创新与绿色，中国官方愈加注重发展的质量，并将恢复经济放在重要位置。

余淼杰进一步称，中国经济增长目标要着眼长远，而当下政策也将加码发力，结合目前挑战的紧迫性，预计赤字率水平、消费券的发放、帮扶中小企业政策、加大“新基建”投资、发行特别国债、财政政策一揽子组合等将成为2020年两会的重点讨论内容。

与此同时，为确保“十三五”这支舞能完美“谢幕”，强化创新引领作用，推动产业迈向中高端水平；推进新型城镇化和农业现代化，促进城乡区域协调发展；推动形成绿色生产生活方式，加快改善生态环境；深化改革开放，构建发展新体制；持续增进民生福祉，使全体人民共享发展成果等亦会是2020年两会的热点议题。

两个五年规划将在2020年两会“相遇”，“十三五”收尾意味着“十四五”即将“起舞”。

一般而言，逢五和十的年份，各种关于下一个五年规划的讨论都会密集展开。因此，为编制“十四五”规划建真言、谋良策自然也会成为2020年两会浓墨重彩的一笔。

一方面要与“十三五”相衔，另一方面要消除疫情阴影抢回良好开局，“十四五”如何“起舞”显得尤为关键。

余淼杰希望2020年两会对于“十四五”规划的讨论可集中在如下方面：强调要素的市场化配置，构建国内开放的统一大市场；进一步推动减税降费和改善营商环境，深化“放管服”改革，更好地促进贸易自由化和投资便利化；实现工业化、信息化、城镇化的三化融合，深化新旧动能转换；践行区域协调发展，推进五大城市群建设；加大对科教文卫的投入，使人民生活幸福感继续攀升等。

不谋万世者，不能谋一时，不谋全局者，不能谋一域。每一个五年规划的起承转合，都是大国发展蓝图的前后衔接，中国必将为“十三五”精心收尾，为“十四五”细致谋划。

原载于 中国新闻网 2020年5月17日 作者 夏宾

外资企业疫境扩大投资 中国经济韧性显现

肆虐全球的疫情，让“外资撤离中国”的论调再次响起。但近段时间，罗森、沃尔玛、埃克森美孚等跨国公司却加快了在中国的投资布局。外资企业的“用脚投票”表明了继续看好中国市场的信心。北京学者对香港《文汇报》指出，在当前国际经济形势严峻的背景下，中国经济在疫情中展现出的韧性，会成为未来吸引外资的更大动力。

新冠肺炎疫情之下，美日等国放出让企业撤离中国市场的论调。与此同时，有个别国家试图“挖墙脚”，与千余家美国企业接触，吸引它们前往投资建厂，并许诺不少激励措施。这引发了各界对中国市场的担忧。

外商“用脚投票”加码布局中国

个别国家政府的想法可能只是一厢情愿，市场的反应显然更有说服力。近段时间来，外商来华投资意愿依旧强烈，新项目加快落地。例如，4 月 22 日，埃克森美孚广东惠州乙烯项目正式开工，这一总额达 100 亿美元的投资，是美国企业在华独资建设的首个重大石化项目；日本丰田计划与中国第一汽车集团有限公司合作，在天津投资兴建电动车工厂；沃尔玛旗下山姆会员商店宣布将在上海开设旗舰店；星巴克将在江苏昆山投资 1.29 亿美元建造绿色环保的咖啡烘焙工厂，等等。

“制造业没办法从中国回流到欧美发达国家,核心原因就是企业不会同意，这不符合制造企业利润最大化的诉求。”北京大学国家发展研究院余淼杰教授对香港《文汇报》表示。

来自商会机构的调查显示，外国投资者信心正逐步增强。华南美国商会疫情影响报告显示，75%的受访企业表示，无论疫情影响如何，不会改变在华再投资计划。

在中国美国商会近日发布的《美国企业在中国》白皮书也显示，尽管受到新冠肺炎疫情影响，多数美国企业依然看好中国市场，认为中国国内消费和日益增长的中等收入群体是最大的发展机遇，不但没有离开的打算，反而还计划扩大对华投资。

营商环境改善 外资质量提升

“与国际上的一些论调不同，大多数商会成员表示不会离开中国。”中国美国商会总裁毕艾伦日前表示，很少有公司将“转移业务或外包纳入考虑”，尤其在评估近期国际经济形势后，企业必须权衡撤离中国市场所需的成本和时间。

疫情对全球价值链重构会产生怎样的影响？余淼杰分析，疫情对中国经济而言是危中有机。尽管国内外形势复杂严峻，但中国“世界工厂”的地位不会被动摇，反而会得到加强。

中国助全球走出低谷

余淼杰认为，疫情不仅不会导致中国产业链外移，反而可看到全球对中国的依赖会更为明显。全球会逐渐形成一个以中国为中心的价值链，在这次疫情中，欧美国家为了快速走出经济低谷，唯一有效的办法就是依赖国际市场，通过融入以中国为主导的全球产业链价值链中提振经济。

余淼杰指出，尽管这次疫情，美国等西方国家甩锅、不负责任的言论越来越多，但总体来看，通过世界卫生组织及中国等国的努力，大多数国家友好合作，共度时艰促进合作互赢的趋势更加明显。

余淼杰称，相较于 1929 年的经济大萧条，世界经济在这次疫情的冲击下，表现出的韧性更强。疫情之后，WTO 等国际多边机构的作用会逐步下降，但是如东盟“10+6”、TTIP 等自由贸易区的合作形式会变得越来越重要。

“后疫情时代，中国经济拥有他国无法比拟的四大发展原动力。”余淼杰指出，首先，中国拥有巨大市场规模优势，14 亿人口的巨大市场潜力及超 4 亿中等收入人口的消费实力；其次，中国拥有产业齐备的优势，从大型重工业到轻型的劳动密集型产业；第三，中国拥有劳工红利的优势，8 亿白领和蓝领相结合的劳动力。此外，中国独特的制度优势，能够让上述优势发挥更大的作用。

原载于 香港《文汇报》2020 年 5 月 21 日 记者 周琳

中国 2020 年 GDP 目标将揭晓，专家建议设弹性区间

在全国两会人大会议开幕式上，2020 年《政府工作报告》中提出的当年 GDP 增长目标往往成为关注焦点。2020 年受新冠肺炎疫情影响，两会推迟召开，在第一季度 GDP 下降 6.8%的情况下，2020 年是否设定 GDP 目标，增长目标设多高？都成为经济学界热议话题。多位宏观经济专家认为，后疫情时代，中国经济长期向好基本面不变，鉴于全球经济恢复的复杂状况，2020 年可设定相对弹性的 GDP 目标。

可设置 3%左右弹性 GDP 目标区间

在北京大学国家发展研究院余淼杰教授看来，2020 年的 GDP 目标可能会以比较弹性、灵活的方式来设定。“比如表述为我国 2020 年在新冠疫情冲击的背景下，会努力保持一个中高增速的 GDP 增速。”余淼杰分析，如果将中高增速定量化，增速约为 3%。

刘元春则认为，在目前情况下，2020 年不应过分强调 GDP 增长，目标不宜过高，要设定一个可行的增速。

疫情不改中国经济长期向好基本面

若能够保持 3%左右 GDP 增长，则意味着什么？余淼杰告诉记者：“我们可以看到，疫情已在全球蔓延，美国、欧元区、英国、日本、加拿大等全球规模较大的主要经济体 2020 年经济增速可能都将为负。如果中国保持经济 3%左右的经济增速，就表明中国依然是拉动全球经济增长的火车头。”

原载于《北京日报》2020 年 5 月 21 日 记者 赵语涵

加强审核中概股是逼中资企业离开美国市场？

美国国会参议院当地时间 20 日一致通过《外国公司问责法案》，要求在美上市的外国公司加强信息披露，否则禁止其在美上市。参议员指，该措施主要针对中国公司。金融学者指出，中资企业将成最大受害者，迫于两国法律要求冲突，或只能离开美国市场。

2019 年美国对华开打贸易战之时，就已有消息指，美国有意逼在美上市的中资企业退市，并收紧其上市要求。此次的议案由共和党参议员肯尼迪（John Kennedy）和民主党参议员范霍伦（Chris Van Hollen）提出，议案还须在众议院通过，并由总统签字，才可成为法律。上述两名参议员批评中国公司长期无视美国的报告标准，误导投资者。

该议案提出，如果在美国上市的外国公司连续 3 年未能遵守美国公众公司会计监督委员会（Public Company Accounting Oversight Board，PCAOB）的审计，将禁止其在美上市，即被强制除牌。

议案还要求上市公司披露它们与本国政府的关系。如果该公司雇用了不受美国监管的会计公司，导致美国审查机构无法审计其财务报告，法规要求该公司须证明其不受外国政府控制或持有股权。

这一消息令中概股受压下跌，其中阿里巴巴网络技术有限公司（简称阿里巴巴集团）美股当天一度下跌 3%，百度、拼多多分别跌 1.12% 和 3.47%。

北京大学国家发展研究院余淼杰教授 5 月 21 日在接受香港中国通讯社记者采访时分析指："不管是即将赴美首次公开募股（initial public offering，IPO）的中资企业，还是已成功在美上市的中资企业，该法案都会明显带来负面影响，中资企业将是最大的受害者。"

余淼杰阐述道:“尽管表面上,PCAOB 要求加强外资公司的会计审查,是其权力。但这会导致许多外国公司,尤其是中资企业,在面临本国和美国的会计审查规定冲突时,感到无所适从。”

余淼杰说:“例如对中国企业来说,假设法案最终生效,将必须接受 PCAOB 对会计底稿的审查。而这与中国证券监督管理委员会(简称中国证监会)规定企业在境外发行债券或上市时,必须做好相关保密工作,存在冲突。”

因而,余淼杰认同,该法案若生效,很明显将迫使一部分中资企业离开美国市场。“这相当于为中资企业设定了限制,长期会令想赴美上市的中资企业面临两难抉择,或导致其放弃美国市场,转而在中国内地或香港上市。”

该法案是否为美国对华升级金融战的讯号?余淼杰认为:“不足以据此认定美国将升级对华金融战。但客观上,中资企业确实会是最大受害者。一是因为中资企业赴美上市数量相对较多,二是中国国内证券法和这一新法案有所冲突。”

余淼杰强调:“如果美国想保持其国际金融地位,继续成为众多投资者向往的上市地,应加强与各国在会计标准方面的沟通、合作。”

根据标普全球市场财智的数据,1997 年以来,中国企业通过美国 IPO 筹集了超过 660 亿美元。据统计,2019 年就有 29 家中国公司在美国 IPO。除中指控股不涉及融资(互联网直接公开发行上市)外,其他 28 家公司共筹集到 30.61 亿美元。

原载于 香港中国通讯社 2020 年 5 月 21 日 记者 张婕舒

强政策、保市场、稳收入、提消费，助力经济复苏

面对疫情蔓延对全球经济的重创，中国经济除了要长期面临内部结构性问题外，还要应对严峻的外部环境冲击。

在做好稳就业、稳金融、稳外贸、稳外资、稳投资、稳预期“六稳”，以及保居民就业、保基本民生、保市场主体、保粮食能源安全、保产业链供应链稳定、保基层运转等“六保”的工作重心下，2020 年中国经济在强有力的宏观调控政策下将如何迎接挑战？

针对 2020 年不设 GDP 目标、宏观经济走势、“新基建”、脱贫攻坚、逆全球化挑战等问题，《商学院》记者采访了北京大学国家发展研究院余淼杰教授。

不“保数字”后，3%是基准点，仍具备 5%增长潜力

受疫情影响，第一季度 GDP 同比下降 6.8%。若按照 2020 年全面建成小康社会的目标，其核心指标是在 2010 年基础上 GDP 翻一番，这意味着 2020 年 GDP 增速要达到 5.5%以上，而后 3 个季度 GDP 累计同比需达到 8.9%，目标压力较大。

在疫情等内外诸多因素下，2020 年《政府工作报告》首次没有提出具体的全年经济增速目标，要集中抓好“六稳”“六保”。

余淼杰指出，不设具体 GDP 增速目标主要考量是为了避免因保数字而促增长，强调要在增长中优化结构。同时，全球经济面临很大的不确定性，不设定僵硬的 GDP 发展目标，更有利于国民经济各部门协调发展。

虽然没有具体的增长目标，面对第一季度的大幅下滑，余淼杰仍认

为，目前国家通过采用积极的财政政策和灵活适度的货币政策，以及加大促进全面开放的“组合拳”，后 3 个季度 GDP 增速有望达到 7%左右，那么 2020 年全年经济增速将在 3%以上。

同时，不排除第二、第三、第四季度分别达到 8%、9%和 10%的可能性，特别是第四季度，国外圣诞节、感恩节等节日对中国消费品的需求增加，有助于拉动出口，国内“双 11”“双 12”等购物节和其他传统节日等，也会激发消费潜力，使 GDP 增速加快。

在余淼杰看来，中国经济能够实现 3%增长是基准点，同时依然具备 5%的增长潜力。不过，这也取决于各项政策发力效果。

余淼杰表示：“21 世纪 20 年代，中国经济 GDP 不会出现负增长，而是继续保持中速乃至中高速发展。在没有类似疫情这种特殊不可抗力因素下，可以顺利实现 3%～4%的年经济增长率，加以比较积极的政策刺激，也有望达到 5%的经济增速。”

关于后疫情时代，要实现经济复苏有哪些关键词，余淼杰认为，第一是财政发力；第二是充分货币，水大鱼大；第三是减税降费，拉动消费。简单总结应是，强政策、保市场、稳收入、提消费。

“新基建”和消费拉动内需，积极财政政策助力脱贫攻坚战

4 月 17 日，中共中央政治局召开会议，会议明确 2020 年国内政策将继续加码内需方向，重点是“新基建”和消费。

“新基建”作为拉动中国经济的新动能被重视并非短期刺激。余淼杰指出，根据国家战略发展，要推进全面深化改革，需要实现工业化、城镇化、信息化“三化”。而“新基建”就是为工业化和信息化提供基础，“两化”融合，才能实现中国制造向中国智造的发展。

对投资者而言，符合国家长期发展战略是判断产业前景的重要依据，否则只是短期投资，很难持续。

而在刺激内需消费市场方面，从历史看，国家宏观调控政策已经从 2009 年的“以房地产为支柱”到“房住不炒”，从“家电下乡”到发放消费券。

五一过后，据商务部初步统计，在疫情发生以来，有 28 个省市 170 多个地市统筹地方政府和社会资金，累计发放消费券达到 190 多亿元。

关于以消费券形式对复苏消费市场起到的作用，余淼杰指出，相对于发放现金，消费券作为拉动国内短期消费的方法更加科学。

余淼杰说："如果只是简单地发放现金，贫困地区、农村地区的老百姓很可能就把钱存起来，并不会直接转化为消费，这样拉动经济的目标无法实现。通过专注特定产业、特定地区、特定期限发放消费券，可以在短期内精准发力，有效转化。"

关于2020年的脱贫攻坚战，目前任务接近完成，进度符合预期。但从决定性成就到全面胜利，面临的困难和挑战依然艰巨。同时，疫情为脱贫攻坚目标任务增加了难度。

截至2月底，全国还有52个贫困县未摘帽、2707个贫困村未出列、建档立卡贫困人口未全部脱贫。随着各地实施挂牌督战，这些难啃的"硬骨头"最终有望会摘帽。脱贫摘帽不是终点，在推进与乡村振兴有效衔接方面，依然充满挑战。

余淼杰认为，完成脱贫攻坚任务要靠精准扶贫的政策扶持，这离不开资金投入。2020年国家采取了积极的财政政策，在地方专项债中增加了3.75万亿元，重点支持既促消费惠民生又调结构增后劲的"两新一重"建设，同时，还特别强调从中央向地方各级政府建立特殊转移支付机制，这些都有利于帮助贫困地区。

余淼杰说道："要长期实现真正脱贫，必须根据地区特色，因地制宜地发展优势产业，增强造血功能，促进本地经济发展。"

全球化总态势不变，中国产业链有其韧性

虽然中国经济的复苏对全球供应链起到了一定的支持作用，但是一些国家试图与中国经济"脱钩"的声音仍然不断，而印度等国也试图借机扩大自身在全球供应链中发挥的作用，以吸引更多全球化企业。

疫情是否加剧"逆全球化"趋势？中国作为全球化的获益者拥有世界上最完善的工业供应链生态，能否很好应对这一冲击？

针对上诉问题，余淼杰认为，疫情与中美贸易摩擦叠加，对全球供应链和产业链造成一定负面冲击，同时，在美国等国家的阻挠下，WTO等多边贸易协调机构将面临更大的工作压力，逆全球化势力有所抬头，但是，这不足以改变全球化总态势。

余淼杰解释：“全球化作为大趋势依然存在，只是表现特征不同，比如现在正从全球多边协作变为地区多边合作，而多个地区经济贸易一体化也是全球化的表现。”

余淼杰指出，中国“世界工厂”的地位并不会因疫情而受到负面冲击，其核心地位反而会得到加强。因为中国本身有强大的市场规模优势，同时具备完整的工业体系。目前的负面冲击无法促使产业链从中国转移出去。

余淼杰认为，外贸出口企业短期内面临比较大的挑战，这主要是因为外国对中国的中间品、资本品的需求短期内下降，但危中有机。因为随着疫情的冲击，国外对来自中国的消费品需求会增加，出口依然有潜力。

余淼杰建议，出口企业首先要做好多元化安排，不应把目的地限定于发达国家，也需要囊括“金砖五国”等新兴工业国家。其次，积极通过电子商务平台，从线下转到线上。最后，培植核心竞争力。

余淼杰说：“尽管中国具备全产业链的比较优势，但是对于单体企业，应该居安思危，甚至是‘居危思危’，积极创新，缩短拳头和战线，专注做好最具核心竞争力的拳头产品，提高利润空间，保证核心竞争力。”“只有这样才能在更加复杂的全球化 4.0 阶段逆流而上。”

原载于《商学院》2020 年 5 月 25 日 记者 陈茜

中国经济或在全球衰退中赶超

受新冠肺炎疫情影响，不少经济实体尤其是中小企业遭到不小冲击。为此，2020年《政府工作报告》含金量不小，在疫情后经济恢复方面，拿出了很多“特殊时期的特殊举措”。

两会前夕，中央发布了《中共中央　国务院关于新时代加快完善社会主义市场经济体制的意见》(以下称《意见》)，指出了现阶段我国社会主义市场经济还存在的一些问题，指明了今后发展的方向。

在两会这个重要节点，两份重磅文件透露出我国经济发展的哪些细微变化与深意？就此，北京大学国家发展研究院余淼杰教授接受了《新京报》“正在直播”视频连线专访。

预计2020年全年经济增速可达3%

《新京报》：2020年《政府工作报告》没有提出经济增速具体目标，您如何判断2020年的形势？

余淼杰：有一句话叫“治大国如烹小鲜”，政府制定工作报告非常谨慎，因为2020年面临很大的不确定性。没有制定具体数字，也是为了避免追求数字好看，凡事要按照客观规律，关键把“六保”“六稳”做好。

我认为，2020年的经济增速最少可以达到3%。我们选择了积极的财政政策和灵活的货币政策这种“双松”的政策来刺激经济，同时实施更加开放的国际政策，所以2020年的第二、第三、第四季度经济保持适当增速没有问题。我认为，后3个季度平均增速可以达到6.5%。

如果要设立一个区间，我认为2020年全年增速为3%～5.3%。第四季度增速会比第二、第三季度高一些，因为第四季度集中了西方很多重要的节日，美欧疫情严峻，即使下半年疫情缓解，开复工率还是会受到影响，它们从中国进口消费品有增无减。

消费品不下降，资本品、中间品的出口会下降，那么贸易总额可能会下降一成到一成半，但贸易顺差不会减少，GDP 增速看的是贸易顺差，不是贸易总额。

同时，2020 年政府财政收入 20 万亿元，3.76 万亿元的财政赤字，再加上 3.75 万亿元的地方专项债以及 1 万亿元的特别国债，共计近 30 万亿元投入支持复工复产，如果各方面政策落实得好，那么实现 5.3%的增速不是不可能。

《新京报》：2020 年《政府工作报告》提出，1 万亿元新增财政赤字、1 万亿元抗击疫情特别国债直达市县基层，您如何看待这个发债规模和转移机制？

余淼杰：2 万亿元直达基层，同时中央、部委机关缩减开支支持地方，这些钱用于抗击疫情和保民生，用途是非常明确的。

中国 2000 多个县级区划是经济运行最重要的一个细胞。如果这个钱没有直达基层，层层截留一点，那到基层的钱就会越来越少。现在提出直达基层，也体现了我们的制度优越性。

《新京报》：您如何看待“赤字货币化”的争论？

余淼杰：赤字货币化，简单说就是中央要增加至少 1 万亿元的财政赤字，那么由谁来买单呢？有两种落地的方式：一种是作为国债，老百姓去买国债，一手交钱、一手交券，不会引发通货膨胀；另一种是中央银行买单，开动印钞机给政府 1 万亿元，这就相当于间接发生通货膨胀。

我认为，用发行国债的方式更加科学、更加稳妥。赤字货币化的头，不能开。

不过，做一个假设，如果真的实施赤字货币化，1 万亿元的规模也不会带来明显的通货膨胀。

我们 2020 年反而应该担心通货紧缩。现在中国经济面临很大压力。如果出现需求和供给不足，就会导致价格下跌。那么，与 2019 年平均水平相比，就会出现通货紧缩。目前来看，不论是财政政策还是货币政策都是在注入流动性，保证经济适度运转，主体有钱，避免通货紧缩。

《新京报》：您认为疫情后中小企业应如何纾困？如何把目前的短期举措与民营经济长期向好发展更好衔接？

余淼杰：中小企业是这次疫情受冲击最大的群体，它们占据我国经济相当大的一部分。国家保市场主体，背后的逻辑是，如能够保住市场主体，就保住了就业，老百姓的收入就会稳定。

2020年《政府工作报告》提出加大宏观政策实施力度，2020年全年给企业新增减负2.5万亿元。中央银行此前降低了LPR，我认为，第二季度后期或者下半年，还可能会降低存款准备金率，还款期限也延长了。这样，企业贷款的难度和成本也相应降低。2020年《政府工作报告》还提出降低企业经营成本，如电费、网费等，这些都是很明确的支持。

要谋当下，也要谋全局。市场在资源配置中起决定性作用，因此，我们的短期举措与长期发展一定是紧密结合的，衔接的关键就是要做好短期，一是做好2020年，二是做好“十四五”规划，这样长期才能更好地发展。

稳外资一定要抓住龙头企业

《新京报》：疫情给外贸带来冲击，您认为接下来中国稳外资、稳外贸的关键在哪里？

余淼杰：我们现在面临的最大确定性就是不确定性。在不确定性面前，人们最缺少的是信心，所以国家要做好稳定性工作，做我们2019年形成的工作。

稳外资要抓住龙头企业，老大不走其他人就不见得会走，就算走也不影响大局。抓住龙头企业，上下游产业链的配套主要是国内的中小企业，也就保住了它们。

当然，我们还要给外资信心，让它们真正感受到在中国做生意是一视同仁的，对国资、民资和外资要“三资”公平对待。

稳外贸方面，一定要推行更大的开放，降低关税，取消部分非关税壁垒，减少负面清单，推进政府放管服等。同时要创新，不只关注线下的商品贸易，也要做好适应线上的贸易，电子商务、数字贸易未来会越来越重要。企业以前不懂，没关系要赶快学，要转型，2020年的广交会线上举办就是契机。

还要注意不要把鸡蛋放在一个篮子里，出口方向上不要老盯着美国和欧盟。新兴工业国家，特别是东盟、金砖国家都有很大的市场。当然，出口转内销也是很重要的一部分。

对中国的出口企业来讲，不要只是寄希望于国家出台政策，国家政策当然很重要，但国家政策是对所有企业的，具体到自己，还是真的要自己找出路。

《新京报》：有观点认为，外资在中国享受了“超国民待遇”，对此您怎么看？

余淼杰：从改革开放到2013年，我们对外资企业提供了“超国民待遇”，比国内的企业还好。但是从2013年开始，我们取消了很多相关的规定，坚持内外资一样，公平对待。

尽管疫情对中国的外资外贸带来冲击，但我们仍然应该继续坚持这一点。没必要给它们“超国民待遇”，只要做到公平的“国民待遇”就行了。

《新京报》：您如何看待一些国家放出的供应链产业链回迁言论？

余淼杰：一些国家说要把产业链迁回本国，即使落实也只是短期现象，从中长期来看不可能发生。撤出中国不符合美欧工商界的利益。

美欧工商界最看重中国的什么呢？首先，中国是一个巨大的市场；其次，中国的综合成本比美欧低，包括劳动力成本、物流成本等。当然，中国还拥有完整的配套产业。

劳动力成本和全产业链配套，这两点就决定了，后疫情时代，中国作为全球的“世界工厂”，作为全球的产业价值链的中心，这个地位不会变，甚至可能被增强。

但这不代表我们可以高枕无忧，还是要积极发力稳外资、稳外贸。疫情之下，企业在用好国家政策的同时，还要自力更生。

《新京报》：当前，全球贸易保护主义和单边主义盛行，您认为中国应该如何应对？

余淼杰：我们应该继续推行贸易全球化，推行自由贸易组织。从一个大历史的角度看，自由贸易是贸易强国之剑，工业革命之后的几百年，一个国家的国力上升时，通常采取自由贸易，愿意把产品卖到国外去；相反，贸易保护是贸易弱国之盾，一个国家在衰退或者走向衰退的时候，就会倾向于贸易保护。

从全球经济贸易来看，WTO这类机构的势力和威望逐渐下降，但这不代表全球化趋势发生了根本性的改变，贸易全球化和生产地区化，这两个根本特征没有改变。

发生改变的只有形式，原来的贸易全球化更多依赖多边协调机制，如今更多依赖地区合作机制，地区经济贸易合作变得更加重要，如我国的东盟“10+6”、“一带一路”，美日的泛太平洋战略经济伙伴关系协议，欧盟的协议等。

电力、油气等行业引入非公有制不会带来负面效果

《新京报》:《意见》提出要稳步推进自然垄断行业改革，您认为在破除行政性垄断和自然垄断方面应该注意什么？

余淼杰：首先要明确的是，对关系到国计民生的重要领域和国家经济命脉的产业要由国家来主导，这是毫不含糊的。世界上的任何一个国家都是这么做的。

在这个基础上，电力、油气这类有竞争性的行业，依据各国经验或者我们的改革开放经验来看，引进非公有制经济并不会带来负面效果。相反，还能使产业更具竞争性，带动利润提升。所以，我们应该加快实现竞争环节的市场化，这是一个重点。

破除垄断要注意处理好国有企业和民营企业之间的关系，一个原则就是“三公”，即公开、公正、公平，在这个前提下来推进。

在土地、资金、人才等要素获取上要注意“三公”；在准入环节之前有一个“非公经济 36 条”，但实际上仍然存在“玻璃门”“旋转门”现象，必须要打破；政府采购、招标等要保证在“三公”的基础上进行。

《新京报》：您认为支持非公有制经济进入电力、油气等领域，会对我国社会主义市场经济带来哪些影响？

余淼杰：从总量上来讲，民营经济在社会经济中的比重会越来越大，国有经济的总体规模下降。这对国有企业也不见得是坏事，国有企业的目标是做优、做大、做强，该有的必须有，也必须做。

国有企业和民营企业之间并不是互相取代的关系，而要通过这两种市场主体的合力，把经济蛋糕做大。蛋糕做大了，不管是国有企业，还是民营企业，都会从中获取更大的利益。

《新京报》:《意见》提出“稳妥推进房地产税立法”。2018 年至今，从“稳妥”到“稳步”，再到“稳妥”，您觉得应该如何理解措辞的变化？房地产税立法还有哪些掣肘？

余淼杰：一字之差反映了政策考量的变化，说明政府对房地产税立法的慎重。立法是一个非常复杂的过程，细节决定成败。整体看，房地产税是一个方向，但是在细节和具体方向上还需要不断推敲。

房地产税确实存在一些争议，之前在上海、重庆进行了一些试点工作，有赞成的声音，也有人反对。

赞成者认为，对第二套房或者更多的房子征税，相当于增加房产持有者的成本，有利于真正落实“住房不炒”，能够缓解高房价现象。反对者认为，最后可能还是“羊毛出在羊身上”，如果立法不够科学，或者具体细节没有做好，很可能反而推高拿地价格。

还有一个问题，在分税制中，房地产税是属于地方政府的税收，这会不会跟土地、财政产生紧密的联系，会不会推高地方的债务，也是在商榷的问题。

《新京报》:《意见》提到，要增加劳动者，特别是“一线”劳动者的报酬，提高劳动报酬在初次分配中的比重。您如何看待这样的趋势，觉得哪些行业未来可能会受到比较明显的影响？

余淼杰：社会主义市场经济体制最大的一个特征就是能够比较好地解决好公平和效率的问题。效率是“把蛋糕做大”，做大之后怎样有效地分配，减少收入差距，这就涉及公平。我国是通过初次分配、二次分配来实现公平的。

提高劳动者报酬有两个方法，一个是通过财政转移支付，即二次分配。现在提出在初次分配中就要提高劳动报酬，这是另一个更加直接的方式。

我认为，按照现在这个趋势，知识密集型产业的劳动者，如白领的收入会有明显提升。

中国成为全球最大经济体是毫无疑问的

《新京报》: 2020 年《政府工作报告》和《意见》都提到自由贸易区建设，明确将在中西部地区增设自由贸易试验区，为什么选择中西部地区？我国自由贸易区的布局是怎样的？

余淼杰：我国 2013 年在上海设立第一个自由贸易试验区，截至 2020 年 5 月，自由贸易区数量已达 18 个。从地图上看，呈现从东向西逐步推进的趋势，并且逐渐成熟。

目前，东部几乎所有省份都有了自由贸易区，中部省份还有四五个没有，西部也有很多省份没有自由贸易试验区。按照大趋势，“十四五”期间，中部的四五个空白区域将会设立自由贸易试验区，未来西部很多省份也会有。

《新京报》:如何理解“赋予自由贸易试验区更大的改革开放自主权”，会体现在哪些方面？

余淼杰：这要从要素的角度看。首先是土地要素，可能给自由贸易区更大的土地使用自由裁量权，自由贸易区使用的土地原来都有自己的用途，现在可能要改换跑道，如从制造业改成服务业，那么土地使用的规划也要变，应该赋予自由贸易试验区这样的权利。

其次是资本要素，不仅要引进来也要走出去，不只工业走出去，证券股票这些资本也应该走出去，这样才能不断推进资本项目的自由化和开放，但这需要逐步推进。

当然，还有很多具体的事情，各地情况也不同。要在全国一盘棋的基础上因地制宜，保税仓储业务等都是自由贸易试验区在改革过程中可以探索的事情。

《新京报》:您提出“中国经济可能在衰退中实现赶超”,依据是什么？

余淼杰：我对中国经济的长期发展是充满信心的，认清大的形势非常重要。

为什么说中国经济有吸引力，因为中国是一个 14 亿人的巨大市场，其中有 4 亿的中等收入群体，有巨大的潜在消费力。

同时，中国有全产业链的工业体系，产业集聚明显。假如没有全球化，不是哪个国家都能长期在自己的工业运行中发展下去的，中国是一个。

此外，中国有 8 亿劳动者，其中包括每年 800 多万的应届毕业生，我们还提供在岗培训。因此，尽管现在中国的劳动力成本不是最便宜的，但整体的劳工素质在提高。

当然，还有制度优势。我认为，中国经济在 21 世纪的 20 年代逐渐成长，成为全球最大的经济体是毫无疑问的。

《新京报》：有人认为您对中国经济的预判过于乐观，您有何回应？

余淼杰：疫情对中国经济一定有负面冲击，但冲击是全球性的。对比来看，国内最难的时候已经过去了，从中国在全球价值链中的地位和在全球经济中的体量来看，疫情对中国是机遇大于挑战。

现在的关键是要看复工复产的情况怎么样。IMF 预测全球经济面临 3%的衰退，我认为这个预测非常合理，我甚至认为，像欧盟、美国等 2020 年经济衰退会达到 5%以上。

按这样计算，如果中国经济能保证 3%～4%的增速，到 2021 年年初，中国的经济总量将是美国的 75%以上。在一个和平的环境下，这会是一个不可逆转的趋势。

原载于《新京报》2020 年 5 月 26 日 记者 姜慧梓

成渝双城经济圈让西部经济接轨世界

“巴蜀一家亲，川渝一盘棋。”2020年3月17日，推动成渝地区双城经济圈建设四川重庆党政联席会议第一次会议以视频会议形式召开。这是成渝地区双城经济圈提出以来，川渝两地召开的第一次党政联席会议，意味着成渝产业联动的高效集聚“双城记”即将上演。

2020年1月3日，中国共产党中央财经委员会第六次会议明确提出，推动成渝地区双城经济圈建设，在西部形成高质量发展的重要增长极。推进成渝地区统筹发展，促进产业、人口及各类生产要素合理流动和高效集聚，使成渝地区成为具有全国影响力的重要经济中心、科技创新中心、改革开放新高地、高品质生活宜居地，助推高质量发展。

成都与重庆相距300多千米，经济与文化发展紧密联系、共生共荣。数据显示，2018年，四川省和重庆市的地区生产总值合计超过6万亿元。成渝城市群人口和经济总量都分别占川渝两地总和的90%左右。2014年，成渝地区生产总值占全国的5.49%，而2018年这一比例已提升至6.6%左右。

中国区域发展规划向来重视区域经济发展所释放的蓬勃动力。中央此前多次出台相关规划，2011年，国务院批复国家发改委印发《成渝经济区区域规划》；2016年，国家发改委、住房和城乡建设部联合印发的《成渝城市群发展规划》指出，到2020年，成渝城市群要基本建成经济充满活力、生活品质优良、生态环境优美的国家级城市群，到2030年，成渝城市群完成由国家级城市群向世界级城市群的历史性跨越。

此外，成渝地区也正在通过中欧班列等运输方式，向欧洲等国家提供贸易保障，缩短与国外市场的距离。截至2019年年末，重庆、成都全年开行中欧班列均超过1500列，合计超过全国中欧班列总量的1/3，以川渝两地为起点的中欧班列影响力逐年增强。地处“一带一路”与长江经济带交汇点的成渝地区，从相对封闭的内陆深处，跃升到了对外开放的前沿，开启了中国对外开放的“内陆时代”。

从成渝经济区到成渝城市群，再到成渝地区双城经济圈，成渝地区在全国区域发展中的战略地位不断上升。

2020 年 4 月 16 日，封面新闻记者对话北京大学国家发展研究院余淼杰教授，他表示成渝地区双城经济圈，作为长江上游的经济圈，是深入中国腹地的一个经济板块，是内陆开放的典型代表，支撑着中国内陆地区参与国际贸易合作，从而打造新的经济增长点。

成渝经济圈不是两个孤立的城市点

封面新闻：成渝双城经济圈建设已经吹响号角，您认为应该如何打造和布局？

余淼杰：成渝城市群中的每个城市都有各自的特点，成都是省会城市，重庆是直辖市，在城市群就好像在西部经济中有两颗明珠，非常耀眼。如果我们看一下晚上的灯光图的话，可以发现西部的城市中，成都和重庆这两个点相对较亮。

这给我们一个启示，首先是成渝的城市群，不仅在“唱双城记”，而且还要在发展两个城市的中间地带，以成都和重庆作为两个点，以此为中心由点到线、有线到面地逐步向外辐射，这样才能够形成一个城市群，而不是一个个孤立的城市点。

目前成渝都市圈处于要解决城市群内部发展不平衡和不充分问题的阶段，在发展战略上，既要抓两头又要带中间，在做大做强重庆、成都大城市的同时，还需要若干个“城市点”来支撑，以点串线、以线带面，推动实现区域协调发展。下一步的工作要多座城市联动，经济一体化发展，从而形成新的经济增长点。

封面新闻：成渝双城经济圈建设给西部经济，甚至中国经济将带来哪些助力？

余淼杰：以成都、重庆为核心的成渝地区，拥有逾 1 亿人口和近 7 万亿元经济总量，近年经济增速位居全国前列，已具备成为经济圈和增长极，推动西部地区高质量发展的基础。成渝双城经济圈未来将辐射到云南、西藏等地，西南经济的发展也有利于帮助我国进一步地打赢脱贫攻坚战。

不仅是工业化、信息化、城镇化，还有经济贸易一体化，成渝双城经济圈联动的是“一带一路”的国家和地区，重庆作为长江上游的一个优质港口，成都拥有“双机场”的优势，这些对于拉动我国的行业发展、经济发展都起到至关重要的作用，也是我们所讲的强调的“四化融合”。

“成都是店，重庆是厂”合作共生

封面新闻：成都和重庆的发展，您认为如何使城市协同互补，发挥各自优势？

余淼杰：这两座城市是一个很好的搭配，因为它们是一个互补的关系。如果我们要借鉴一下其他地区的发展情况，如粤港澳大湾区，从某种角度上来讲是“前店后厂”，两者是优势互补、互惠互利的关系，成渝地区双城经济圈建设也可以借鉴这种模式，即“成都是店，重庆是厂”的发展模式。

另外，目前数字经济已经成为成渝两地的优势产业。两江新区多家重点数字经济企业已经在成都地区进行了布局。成渝双城经济圈着力加强与成都在大数据、AI、物联网、云计算等领域的互联互通，共享各项政策资源和平台资源，促进两地间的协同创新。

封面新闻：在未来，成渝经济圈如何更好地对接“一带一路”、长江经济带发展？

余淼杰：发展成渝经济圈对“一带一路”的东南亚国家等地区经济的发展也是很重要。受到疫情的影响，由于融入“一带一路”贸易的互联互通，国家贸易没有下降的，反而缓和上升。从 2019 年开始，东盟作用越来越大，毫无疑问，2020 年东盟会取代美国成为经济最大的贸易伙伴，所以这样的话，对于成渝的发展将会产生积极影响。

另外，成渝地区地处“一带一路”和长江经济带联结点，具有区位优势。中欧班列、西部陆海新通道、长江黄金水道等四通八达的国际物流通道，非常有利于拓展海外市场，开展跨国贸易。

合作空间远大于竞争利益

封面新闻：推动成渝地区双城经济圈建设重大决策，又一次把成都和重庆推到合作共赢的新起点。有评论人士指出，成都与重庆既存在竞争也有合作，您如何看待？

余淼杰：我认为，它们更多的是一个合作的关系，可以通过要素的合理流动来形成更好的合作关系。从这两座城市各自发展的比较优势来看，很明显不一样。基于重庆目前的比较优势，其主要的发展方向是高端制造业方面，而成都主要的发展方向是第三产业。重庆打造长江上游地区的金融中心、商贸物流中心、科教文化中心和综合交通枢纽，并沿长江向东西延伸，沿嘉陵江向北延伸，更加集中于发展高端的制造业。成都则主要向服务贸易、服务业、旅游业方面发展。

封面新闻：目前，您认为成渝双城经济圈建设面临的最迫切的挑战是什么？

余淼杰：目前最大的挑战的话，从客观上来讲，成都和重庆还是比较独立的两座城市，它们之间的这些相互的沟通或者说相互合作，还停留在比较初级的一个层面。目前还没有深刻地挖掘到彼此的一个合作优势，甚至从某种角度上来讲，认为还存在一种竞争，但这种理念是不对的。

两座城市合作的空间远大于它们竞争的理念，因为它们的产业布局完全不一样，定位也不一样，各自有自己优势。所以目前的难度在要素配置上，二者的产业布局是独立的，所以还必须往前进一步地推进。

另外，从目前发展看，成渝地区经济聚集度较高，但经济发展水平不高。工业结构以劳动密集型产业、传统产业为主，能源原材料工业占据较大比重，技术密集型产业、高技术产业比重较低，产品技术含量和附加值不高，研发投入水平不高，科技创新对经济发展的贡献度低，需要加大力度进行创新研发。

2025 年成渝经济圈或将成熟发展

封面新闻：成渝两地在共同推动内陆对外开放中，如何实现协同发展，形成经济增长极？

余淼杰：基础设施互联互通，要形成陆、海、空立体交通网络，把整个成渝经济圈包括两座核心城市及中小城市的交通都有效地连接起来，促进人流、商流和物流的畅通。在产业协同发展方面，成都和重庆都有各自的优势产业，接下来要进行产业分工，带动覆盖周边城市，在全国或全球范围内形成影响力。

两座城市未来还有一系列重大项目的布局和要素配置，都会形成很好的硬件支撑。另外，两座城市未来可以在对外交流上有更多共同的话题，在吸引国际产业转移、国内企业创新布局和新市场的开拓方面形成合力。

封面新闻：长江三角洲城市群、京津冀城市群、粤港澳大湾区等城市群，经历了一段时间后经济体量发展壮大，在您看来成渝经济圈何时能发展成熟？

余淼杰：我们强调要通过地区经济的发展培养新的增长极、推进自由贸易港等，特别是要推动有多种形式的自由贸易试验区的发展，这些都是我国构建全面开放新地区的一个重要的基础。

我认为，如果按照正常推进的话，2025 年，成渝城市群有望成为像长江三角洲经济一体化、粤港澳大湾区那样真正的城市群，我国西部经济的活力也将会大放光彩。

原载于 封面新闻 2020 年 5 月 29 日 记者 粟裕

2020年《政府工作报告》里走出的高频词——“两新一重”如何精准发力

2020年7月13日，中共中央政治局常委、国务院总理李克强主持召开经济形势专家和企业家座谈会，分析研究当前经济运行情况，听取对下一步经济工作的意见建议。会议再次提及“两新一重”，提出发挥政府投资作用，带动社会力量投入，推进“两新一重”等项目建设，以有效投资拉动相关产业发展和增加就业。

记者注意到，近来，“两新一重”频频受到舆论关注。2020年5月，“两新一重”作为新词出现在2020年《政府工作报告》中。报告提出，扩大有效投资，重点支持既促消费惠民生又调结构增后劲的“两新一重”建设。

“两新一重”指新型基础设施建设、新型城镇化建设和交通、水利等重大工程建设。具体包括发展新一代信息网络、拓展5G商用、建设充电桩、推广新能源汽车、激发新消费需求、助力产业升级；大力提升县城公共设施和服务能力，以适应农民日益增加的到县城就业安家需求；新开工改造城镇老旧小区，支持加装电梯，发展用餐、保洁等多样社区服务。增加国家铁路建设资本金1000亿元。

目前政府已出台针对性政策措施重点支持“两新一重”。例如，2020年安排地方政府专项债券3.75万亿元，比2019年增加1.6万亿元；新开工改造城镇老旧小区近3.9万个，支持管网改造、加装电梯等；截至2020年7月，172项重大水利工程也已经累计开工146项，在建投资规模超过1万亿元。

各地、各项目也在加快建设节奏。新型基础设施建设方面，福建公布了2020年数字经济重点项目，其中数字新型基础设施建设项目52个，总投资 729 亿元；上海发布新型基础设施建设行动方案，首批重大项目 3 年投资 2700 亿元。新型城镇化建设方面，北京市明确 2020 年内开工老旧小区综合整治项目 80 个，完成老旧小区综合整治项目 50 个，完成固定资产投资 12.8 亿元。重大工程建设方面，引江济淮、西江大藤峡水利枢纽、淮河出山店水库等一批标志性的工程陆续开工建设，南水北调东中线一期工程等 32 项工程已相继建成。

解读：“两新一重”能为中国经济带来哪些积极变化？

从中央部署到多地开花发力“两新一重”，能为特殊之年的中国经济带来哪些积极变化？

北京大学国家发展研究院余淼杰教授认为，判断下半年中国经济增长，“三驾马车”中，消费的贡献率将会下降；出口呈现持平或缓慢增长态势，拉升作用不强。“因此，在这样的情况下，如果要保证全年有一个较温和的经济增长，必须依靠有效投资。”

余淼杰以充电桩为例，按照要求，未来新能源车跟充电桩的比例应该达到 1∶1，而目前我国的车桩比仅为 3.4∶1，也就是说每 3.4 辆车才有 1 个充电桩，随着未来我国新能源车数量的不断增加，充电桩有巨大的提升空间来带动相关产业发展。

再以城镇老旧小区改造为例，住房和城乡建设部数据显示，2019 年全国共有老旧小区近 16 万个，涉及居民超过 4200 万户，建筑面积约 40 亿平方米，能拉动 5 万亿元投资。按此计算，2020 年新开工改造城镇老旧小区有近 3.9 万个，涉及居民近 700 万户，预计拉动 2020 年投资 1.2 万亿元左右。

与此同时，在拉动直接投资之外，“两新一重”也将发挥乘数效应，对内需产生带动作用。

例如，昨天的座谈会提到的“增加就业”，余淼杰举例，城镇老旧小区改造对建筑，以及上下游相关产业都会产生明显拉升作用，为这些产业提供就业机会。

需要注意的是，AI 等新型基础设施建设行业可能面临就业的两极分化。余淼杰认为，高技术等技术密集型岗位和最基本的劳动密集型岗位都不会被取代，反而是中间部分的需求会降低，就业呈现沙漏状。

因此，需要对中间部分群体加强培训，使其尽快提升为技术密集型的白领工人。

原载于《新京报》2020年7月14日 记者 姜慧梓

下半年经济会否持续复苏？六大关键词预判中国经济下半场

备受关注的中国经济“半年报”7月16日揭晓，国务院新闻办公室就2020年上半年国民经济运行情况举行发布会。初步核算，上半年GDP为456 614亿元，按可比价格计算，同比下降1.6%。其中，第一季度同比下降6.8%，第二季度同比增长3.2%。

除GDP外，上半年CPI同比增长3.8%；社会消费品零售总额同比下降11.4%；居民人均可支配收入同比实际下降1.3%；固定资产投资同比下降3.1%；进出口总值同比下降3.2%；6月，全国城镇调查失业率为5.7%，比5月下降0.2个百分点。

GDP：第二季度经济“由负转正”，传递哪些信号？

结合上半年情况，北京大学国家发展研究院教授余淼杰认为，按照上半年GDP同比下降1.6%计算，第三、第四季度要保持7%的增速，全年才可能实现3%以上的增长。

分析上半年经济增速不如预期的原因，余淼杰认为，从“三驾马车”来看，出口的表现基本符合预期，但消费的拉动还不够，同时，有效投资还没有完全到位。

不过，第二季度GDP“由负转正”，由第一季度6.8%的负增长转为正增长3.2%，也传达出了一些积极信号。

从中国在全球价值链中的地位和在全球经济中的体量来看，余淼杰认为，疫情对中国是机遇大于挑战的。“中国经济在21世纪的20年代逐渐成长，成为全球最大的经济体是毫无疑问的”，他认为，在和平环境下，这会是一个不可逆转的趋势。

外贸：进出口回暖，下半年外贸走势如何预判？

据海关统计，2020 年上半年，我国货物贸易进出口总值为 14.24 万亿元，同比下降 3.2%，降幅较前 5 个月收窄 1.7 个百分点。其中，出口 7.71 万亿元，下降 3%；进口 6.53 万亿元，下降 3.3%。

从走势上看，6 月进出口同比增长 5.1%，出口自 4 月起连续 3 个月保持同比正增长；进口在 4 月、5 月两位数降幅后，也于 6 月“转负为正”，增长 6.2%。6 月单月，进出口双双出现正增长。

对于下半年外贸的走势，余淼杰认为，全球疫情使得海外对中国的资本品和中间品需求疲软，但居民受到疫情长期负面影响，对消费品的需求可能会上升。因此，下半年会呈现消费品出口上升，资本品和中间品出口同比持平或下降的态势。总体来看，下半年出口可能与 2019 年同期持平或缓慢增长。

下阶段稳外贸举措方面，中国人民大学副校长刘元春表示，需要帮助外贸企业开拓新的市场渠道，推动外贸转内销，扶持外贸企业转型，恢复生产正常运行，保证供应链和产业链的稳定，特别是外贸行业中的中小企业，生产遇到阻碍，上游供货紧张，下游销路受到影响，会影响到成千上万人的就业和民生，“帮助中小外贸企业突破困境，是各地政府非常紧迫的课题”。

投资：“两新一重”能否托举中国经济疫后复苏？

上半年，全国固定资产投资（不含农户）为 281 603 亿元，同比下降 3.1%，降幅比 1～5 月收窄 3.2 个百分点。

2019 年全年，全国固定资产投资同比增长 5.4%，受年初暴发的新冠肺炎疫情影响，2020 年 1～2 月全国固定资产投资增速跌至–24.5%，此后呈现稳步回升态势。

分析“三驾马车”对下半年经济增长的贡献，余淼杰认为，消费贡献率将会下降，出口呈现持平或缓慢增长态势，拉升作用不强。在这样的情况下，要保证 2020 年全年有一个较温和的经济增长，必须依靠有效投资。

其中，“两新一重”成为 2020 年扩大有效投资的重点。2020 年 5 月底，“两新一重”作为一个新词，出现在 2020 年《政府工作报告》中。

报告提出，扩大有效投资，重点支持既促消费惠民生又调结构增后劲的“两新一重”建设。

“两新一重”指新型基础设施建设、新型城镇化建设和交通、水利等重大工程建设。目前，政府已出台针对性政策重点支持“两新一重”。例如，安排地方政府专项债券 3.75 万亿元，比 2019 年增加 1.6 万亿元；新开工改造城镇老旧小区近 3.9 万个，支持管网改造、加装电梯等；截至 2020 年 7 月 172 项重大水利工程已累计开工 146 项，在建投资规模超过 1 万亿元。

“两新一重”能为中国经济带来哪些积极变化？7 月 13 日召开的经济形势专家和企业家座谈会上，“两新一重”的作用被明确为“带动相关产业发展”和“增加就业”。

余淼杰以充电桩为例，按照要求，未来新能源车跟充电桩的比例应该达到 1∶1，而目前我国的车桩比仅为 3.4∶1，也就是说每 3.4 辆车才有 1 个充电桩，随着未来我国新能源车数量的不断增加，充电桩有巨大的提升空间来带动相关产业发展。

再以城镇老旧小区改造为例，住房和城乡建设部数据显示，2019 年全国共有老旧小区近 16 万个，涉及居民超过 4200 万户，建筑面积约 40 亿平方米，能拉动 5 万亿元投资。按此计算，2020 年新开工改造城镇老旧小区有近 3.9 万个，涉及居民近 700 万户，预计拉动 2020 年投资 1.2 万亿元左右。

在拉动直接投资之外，“两新一重”也将发挥乘数效应，增加就业。余淼杰介绍，城镇老旧小区改造对建筑以及上下游相关产业都会产生明显拉升作用，为这些产业提供就业机会。

原载于《新京报》2020 年 7 月 14 日 记者 姜慧梓

解读国务院常务会议丨力保市场主体全力稳住外贸外资基本盘

稳外贸、稳外资是落实党中央、国务院“六稳”工作部署的重要环节。近日召开的国务院常务会议，部署进一步扩大开放稳外贸、稳外资。

北京大学国家发展研究院余淼杰教授对《中国经济时报》记者表示，当前，在全球范围内新冠肺炎疫情仍在继续蔓延，逆全球化的思潮不断出现，在此背景下，此次常务会议继续强调我国要扩大对外开放，继续通过开放来促改革，再次彰显我国对外开放的诚意。

余淼杰表示：“可以说此次一系列扩大对外开放，稳外贸、稳外资的举措也是落地国内大循环和国际国内双循环相互促进的举措。”

稳外贸核心是保市场主体

“此次会议提出的稳外贸举措与‘六稳’和‘六保’中保市场主体密切相关。”张威认为，不管是推广“信保+担保”，为外贸企业融资提供增信支持，还是鼓励中西部、东北地区承接劳动密集型外贸产业等，都是在抗击疫情取得一定进展的背景下，政府通过有效手段，助力外贸企业适应当前形势，促进出口订单的稳定，帮助企业渡过难关的举措。

余淼杰认为，此次会议提出继续“腾笼换鸟”，东部沿海地区主要是着力在高新产业及数字经济。劳动密集型产业逐步向中西部内陆省份进行梯度转移，这一政策也是延续了我国近年来对外开放以及对内经济结构调整的总体策略，保证了政策的连续性。

深化服务贸易创新发展试点

“此次国务院常务会议的亮点在于强调服务贸易的新作用。”余淼杰认为，会议还决定深化服务贸易创新发展试点。结合区域发展战略，将服务贸易创新发展试点扩大到全国 21 个省份的部分地区，围绕拓宽开放领域、提升便利水平进行改革探索，包括发展跨境商业医疗保险、推进中外合作办学、扩大技术进出口经营者资格范围、在常态化防控下加强旅游和体育国际合作等，促进更高水平对外开放。

余淼杰认为，受新冠肺炎疫情的影响，上半年服务贸易受到较大的负面冲击，目前中国的疫情已经可控，在这种情况下，通过大力发展服务贸易，可以进一步释放外贸拉动经济的潜力。电子商务等新贸易形态，有助于促进贸易总量的扩大，推动经济发展，同时继续做好旅游、运输、医疗、留学等方面的工作，服务贸易的推进也是保证我国外贸总额再上新台阶的重要举措。

合力推动国际国内大循环

余淼杰认为，下一步，在稳外贸、稳外资方面，要切实落实好中美第一阶段的贸易协议，尽管现在美方不断推行倒行逆施的政策，但是，中国以不变应万变，通过不断扩大开放，让美国的工商界切实感受到中国市场的潜力和吸引力，同时也让美国工商界感受到中国政府扩大开放的信心与决心，有助于促进中美两国经济及社会稳定。

此外，余淼杰认为，要想真正做好“内循环”和“外循环”，在“外循环”方面，一定要把工作重点放在中国与东盟的经济贸易关系推进，切实推进 RCEP 的建设上，同时，不断推动中国与 64 个“一带一路”沿线国家和地区更进一步深入的经济贸易合作往来。

另外，要切实做好产业链重构，注重数字导向，用数字贸易、数字金融、数字经济来推动中国经济向更新的层次发展。大力发展电子商务，创建各种网上平台，通过线上推动、线上贸易来带动线下贸易，同时做好出口转内销的工作，不同的产业给予不同的政策支持来推动出口转内销的顺利落地。

原载于《中国经济时报》2020 年 7 月 31 日 记者 陈婧

坚定信心 打好持久战

2020年7月30日，习近平主持召开中共中央政治局会议，分析研究当前经济形势，部署下一段的经济工作。会议指出，当前经济形势仍然复杂严峻，不稳定性不确定性较大，我们遇到的很多问题是中长期的，必须从持久战的角度加以认识。

对此，北京大学国家发展研究院余淼杰教授在接受焦点访谈采访时指出："第一，全球化出现新的形态，全球价值链的重构是我们长期要做的工作；第二，中美关系的构建是我们需要着力解决好的重要问题；第三，就当下而言，打好疫情防控攻坚战也非常重要。上述三方面都表明我们要做持久战的准备。"

中共中央政治局会议指出要加快形成以国内大循环为主体，国内国际"双循环"相互促进的新发展格局。在宏观调控方面，会议提出要完善宏观调控跨周期设计和调节，强调跨周期释放出鲜明的政策信号，既要考虑短期的经济波动，又要审视未来的经济周期走向。

就下半年的经济工作，会议指出要确保宏观政策落地见效，财政政策要更加积极有为、注重实效，货币政策要更加灵活适度、精准导向，宏观经济政策要加强协调配合，促进财政政策、货币政策同就业、产业、区域等政策形成集成效应。对此，余淼杰教授表示："强调落地就是要保证'两新一重'（新型基础设施建设、新型城镇化建设和交通、水利等重大工程建设）落地。就货币政策而言，本次会议没有再像以往一样强调货币政策的工具，而是强调要精准发力，将关注点转向效力。"

同时，会议指出要牢牢抓住扩大内需这一方向。余淼杰教授表示："从短期来看，政府特别是地方政府通过发放消费券来拉动消费是可行的。从长期来看，应该不断通过减降税费来促进老百姓可支配收入的稳定增长，如果老百姓的可支配收入上升了，那么中国的消费就会成为有源之水，有本之木。”

疫情对全球产业链产生了冲击，这对中国企业既是挑战，又是机遇。针对这一问题，中共中央政治局会议指出，要增强产业链供应链的稳定性和竞争力，更加注重补短板和锻长板。对此，余淼杰教授表示：“第一，要做好全产业链的配套；第二，部分企业，特别是上游企业，要做好出口转内销的工作；第三，要切实做好科技创新和产业生产的对接。”

焦点访谈 2020 年 8 月 3 日

立足当下 谋划长远

2020年既是脱贫攻坚年，又是全面建成小康社会的收官之年，也是第十三个五年规划的最后一年，在这样一个特殊的年份，我们遭遇了非常复杂的国际国内形势。接下来中国经济要怎样发展？

7月30日，习近平主持召开中共中央政治局会议，分析研究当前经济形势，部署下半年经济工作，同时会议决定2020年10月在北京召开党的十九届五中全会，研究关于制定国民经济和社会发展第十四个五年规划和二〇三五年远景目标的建议。那么，即将开启的“十四五”对我国经济社会发展将有怎样的规则？又对国家治理体系和治理能力提出了怎样的要求？

“十四五”时期是在我国全面建成小康社会基础上开启全面建设社会主义现代化国家的新征程的第一个五年，同时在实现第一个百年奋斗目标后，我国将向第二个百年目标继续迈进，因而意义十分重大。

对此，北京大学国家发展研究院余淼杰教授在接受焦点访谈节目采访时表示：“‘十四五’规划对我国的中长期发展，乃至百年目标的实现、中华民族的伟大复兴，起到一个承上启下的作用。”

对未来发展目标的准确定位，取决于对当下发展态势的清醒认识。中共中央政治局会议用三个仍然对当前和今后一段时间的形势做出了判断。会议指出，我国发展仍然处于战略机遇期，和平与发展仍然是当今时代的主题，发展不平衡不充分问题仍然突出。无论是发展的优势和条件，还是面临的结构性问题，党中央都有着清醒的认识。

对此，余淼杰教授谈道：“如果和平与发展仍然是时代的主题，那么矛盾和冲突就是局部的现象，我国就应该集中精力办好自己的事情。从中国的角度出发，老百姓对美好生活的追求依然是主流。换言之，我们的主要矛盾没有发生变化。”

在全球新冠肺炎疫情尚未得到有效遏制，外部环境持续变化之时，中国经济展现出特有的韧性和活力。除了一系列经济指标在继续回暖外，改革开放也在持续释放活力，推动着中国经济继续沿着高质量发展之路不断前行。

在迎来自由贸易港建设开局之年的海南，从货物出入境管理，到离岛免税购物，一系列改革开放新措施密集落地。短短两个月，全省新增登记注册主体2.28万户，同比增长62%。在山东青岛新能源汽车推广活动现场，一周以来，已接待群众30 000人次，达成购车意向2700多台。

随着"十四五"规划的到来，中国的发展有了更清晰的时间表和路线图，党的领导成为关键一环。中共中央政治局会议强调，推动"十四五"时期经济发展必须坚持和完善党领导社会发展的体制机制，为实现高质量发展提供根本保证。

余淼杰教授表示："党的领导是我国中长期高速发展的一个成功的保证，是不可替代的，也是中国制度优势的明显体现。在这一次抗击疫情就得到了明显的体现，中国抗击疫情之所以能够取得这样的成功，取决于党坚强有力的领导，各项政策能够快速地、充分地得到落实。"

对于推动"十四五"时期经济社会发展，中共中央政治局会议还提出，必须把新发展理念贯穿发展全过程和各领域，实现高质量、更有效率、更加公平、更可持续、更为安全的发展。必须加强前瞻性思考、全局性谋划、战略性布局、整体性推进，实现发展规模、速度、质量、结构、效益、安全相统一。

余教授表示："新发展理念强调一点，我们不只是为了求经济的增速，不是片面地追求经济的增长，而是强调经济的发展。这表明不只是强调高的GDP，而是强调人与自然的和谐、对环境的保护。既通过经济手段把蛋糕做大实现效率，同时通过二次分配把蛋糕分好，做好公平和效率的有效统一。"

焦点访谈 2020年8月4日

直面考验，稳步壮大竞争优势

光明智库：新冠肺炎疫情暴发以来，我国外贸总体情况如何？

余淼杰：上半年我国外贸之所以成绩较好，得益于稳外贸、稳外资、稳投资工作有序推行。从结构来看，在国外为防控疫情而停产停工的状态下，国内的手机、笔记本电脑等消费产品出口量不断增多；鞋、帽等劳动密集型产品在下半年出口中也将有较好表现。从全球价值链来看，疫情后，中国在全球价值链，尤其是东亚生产网络的核心节点地位有望得到进一步巩固。

光明智库：企业应如何用好国家出台的普惠性政策，走上自力更生的发展之路？

余淼杰：外贸企业要把力量集中在具有竞争优势的产品上，以此获得更大收益；要更好地利用国家普惠性政策，及时做好申报，利用好贸易避险政策。中小企业要确保资金流特别是现金流充足，实现出口目的地多元化、产品专业化，并积极开拓国内市场，纯加工贸易企业要逐步向"加工贸易和一般贸易，国际贸易和国内贸易相结合"的方向转型。

光明智库：我国加快复产复工，对稳定全球供应链有何意义？这给我国产业结构优化升级带来哪些启发？

余淼杰：疫情对全球贸易产生了两个影响，即供应不足和需求不足。如果供应不足与需求不足同时发生，将可能导致经济衰退。

疫情期间，我国复工复产及时有力，对帮助全球经济脱虚入实起到了重要作用。同时，我国出台很多措施促进外资稳定，相信国外企业会发现中国仍是理想的贸易投资地。我国稳定的社会环境、配套的全产业链、相对较高的劳动力质量是不可替代的优势。

原载于《光明日报》2020 年 8 月 13 日 记者 李晓 王斯敏

最新经济数据显示，经济呈全面复苏向好态势

新冠肺炎疫情的影响尚未消退，国际局势、国内洪涝灾害带来新的不确定性。在复杂局面下，2020 年 7 月，国民经济继续稳定恢复，主要经济指标持续改善，稳定了各方对于经济回稳的预期和信心。

7 月数据有哪些主要亮点？数据背后所反映出的经济发展趋势和问题是什么？下半年经济发展态势如何？围绕以上问题，《中国经济时报》记者特邀相关专家分析这份最新经济成绩单。

工业生产和国内外销售持续向好

7 月份，工业生产中，装备制造业和高技术制造业增长较快；现代服务业增势较好；商品零售额月度同比增速由负转正；高技术产业和社会领域投资较快增长；贸易主体活力增强；就业形势总体稳定；居民消费价格基本平稳。以上 7 组主要数据显示，经济发展呈现稳中回暖的趋势。

北京大学国家发展研究院余淼杰教授对《中国经济时报》记者表示，7 月经济延续呈向稳向好的发展态势。其中，制造业复苏成为拉动经济发展的主动力，在第二产业中，制造业增速快于其他产业，成为 7 月数据的突出亮点之一。

同时，7 月中国制造业 PMI 指数达到 51.1%，比 6 月上升 0.2 个百分点，已经连续 5 个月在荣枯线以上。余淼杰表示，这反映出我国制造业已经逐步摆脱了疫情的负面影响，由第一季度增速下降，转为第二季度平稳缓慢上升，到第三季度有望较快拉动经济发展，回稳态势可期。

外贸和服务业恢复态势亮眼

外贸发展成绩更是出乎意料。余淼杰表示，7 月出口在增加，贸易顺差也在增加。上半年我国贸易顺差是 1.2 万亿元，7 月要比 6 月还快，这意味着下半年贸易顺差会比上半年大。下半年，中国的出口一定会向好发展。2020 年总的贸易顺差有望和去年持平，在全球各国贸易急剧下降的背景下，中国外贸表现一枝独秀。

余淼杰判断说："2020 年全年贸易顺差大概率在 2.5 万亿元以上。以国内大循环为主体、国内国际双循环相互促进来拉动中国经济稳定发展，是完全可行的战略部署。"

余淼杰认为，服务业表现最为突出的两方面，一是龙头产业信息传输、软件和信息技术服务业；二是金融业，延续了上半年的良好态势，拉动了服务业的上升。

结合一系列主要经济指标分析，余淼杰对下半年中国经济态势表示乐观。余淼杰判断说："下半年中国经济态势有望好于上半年，甚至超过第二季度的 3.2%，第三、第四季度有可能实现 5%～6%的增速，2020 年全年或将达到 2%～2.5%的增速。"

原载于《中国经济时报》2020 年 8 月 17 日 记者 陈婧

美国不可能放弃中国市场

在中美关系的关键时刻，2020 年 8 月 25 日上午，中共中央政治局委员、国务院副总理、中美全面经济对话中方牵头人刘鹤应约与美国贸易代表莱特希泽、财政部部长姆努钦通话。双方就加强两国宏观经济政策协调、中美第一阶段经济贸易协议落实等问题进行了具有建设性的对话。双方同意创造条件和氛围，继续推动中美第一阶段经济贸易协议落实。这距离中美两国经济贸易磋商牵头人上一次通话已过去了 110 天。美国贸易代表办公室在美国当地时间 24 日发表声明指出，美中双方均认为在落实协议方面取得进展，并承诺采取必要措施确保协议成功。

2020 年 5 月 8 日，刘鹤应约与莱特希泽、姆努钦通话。双方表示应加强宏观经济和公共卫生合作，努力为中美第一阶段经济贸易协议的落实创造有利氛围和条件，且取得了积极成效。双方同意保持沟通协调。在此后三个多月的时间内，中美两国关系出现了一些裂痕，美国在经济贸易、科技等领域不断打压中国企业，中美关系越发敏感复杂的当下，中国正在以最大的克制寻求与美国沟通的渠道。

“北京大学国家发展研究院余淼杰教授对《大公报》记者表示：当前中美关系如同自由落体般的恶化，但经济贸易合作，尤其是第一阶段协议的落实是有利改善和缓冲的，这次对话无疑是积极的。”

中美第一阶段经济贸易协议执行情况

2020 年 1 月 15 日，中美第一阶段经济贸易协议正式签署，协议执行已超过 6 个月。截至目前，中国已经向美国购入了大豆、牛肉、玉米等产品，购买规模也屡创新高。原定于 8 月 15 日举行的中美第一阶段贸易协议的评估会议推迟后，引发外界广泛关注，外界认为这次会议延后和当前中美关系紧张有密切的关系。

但实际上，从白宫近期发表的各种讲话中可以看出，中美贸易协议评估会议延期，并不意味着两国的贸易协议存在实质性的问题。近期，白宫贸易顾问纳瓦罗表示，美方对双方贸易协议的执行进展很满意，新一轮的磋商计划暂定将在美国大选后进行。针对近期备受关注的中美脱钩问题，余淼杰认为，这取决于美方如何平衡和取舍特殊利益集团与工商群体间的利益，“如果美国政府优先考虑了工商群体的利益，是不可能放弃一个广大的中国市场的”。

原载于《大公报》2020 年 8 月 26 日 记者 周琳

中国又一项全球第一！这个数据有你的功劳

国际市场研究机构益普索近日公布的一项调查结果显示，全球消费者信心指数在 2020 年 6 月触底后出现反弹。在参与调查的 24 国中，中国消费者信心指数为 72.9，排名第一。

意料之中的全球第一

“意料之中”，谈及中国在此次指数中的排名，北京大学国家发展研究院余淼杰教授对中国新闻社国是直通车说。究其原因，他认为，主要在于中国率先走出新冠肺炎疫情阴霾，第二季度之后，基本实现完全复工复产。

消费者信心指数是反映消费者信心强弱的重要指标，综合反映并量化消费者对当前经济形势评价和对经济前景、收入水平、收入预期，以及消费心态的主观感受。通常，该指数被视为预测经济走势和消费趋向的一个先行指标。

余淼杰表示：“中国经济复苏态势在全球各国经济中可以说是一枝独秀。这与此前 IMF 预测中国或将是 2020 年唯一一个实现正增长的主要经济体吻合。”

投资和消费呈螺旋式上升

后疫情时代，经济社会逐步回归正常。地摊经济、小店经济、夜市经济等都为疫情后的城镇带来烟火气。

中国消费复苏主要体现在市场销售回暖，7 月社会消费品零售总额达到了 32 000 亿元。余淼杰认为，尽管与 2019 年同期同比下降了 1.1% 左右，但是较 6 月环比上升 0.85%。疫情背景下，这一数据实属难得，是消费者信心恢复的体现。

具体而言，7 月城镇消费品零售额占比接近 90%。值得注意的是，商品零售额增速在年内首次出现由负到正的转变。同时，饮料、粮油食品类、日用品类、通信器材、化妆品增长态势明确，线上销售呈持续向好态势。

余淼杰认为，投资环境改善与消费提升相辅相成，呈螺旋式上升。投资环境的改善会促进企业加大投资，其对中间品的需求和销售会上升。生产更多的产品，在国内大循环和国内国际“双循环”的政策下，会推动国内消费进一步提升，可以说，投资的改善拉动了消费的提升，消费的提升也为投资带来了动力。

出实招，促消费，潜力进一步释放

目前消费需求并未完全释放，还有哪些方面可进一步挖掘？

有恒产者有恒心。余淼杰指出，最重要的是继续落实减税降费政策，切实提升国内居民的可支配收入，进而提升居民持久性收入。持久性收入上升，老百姓的消费需求自然就会持续上升。同时，未来提升消费应因城施策。短期而言，在城市可继续通过发放消费券的方式刺激消费，在农村继续实施家电下乡等补贴政策来拉动消费。

原载于 中国新闻社·国是直通车 2020 年 8 月 23 日 记者 陈晓慈

财新中国服务业 PMI 指数重回扩张区间

2020 年 9 月 3 日，财新网公布 8 月中国通用服务业经营活动指数（服务业 PMI 指数）录得 54，较 7 月回落 0.1 个百分点，连续 4 个月处于扩张区间。经济学者认为，综合制造业和服务业指数均显示中国经济已经探底回升，但海外疫情仍然影响外需，因此必须扩大内需拉动经济、保就业。

8 月服务业新订单指数、综合新订单指数、服务业企业乐观度均有小幅回落，但是各分项指数仍处于扩张区间。

值得注意的是，8 月服务业企业结束了连续 6 个月的用工收缩态势，就业指数重回扩张区间。不过，制造业企业对增加用工仍持谨慎态度，8 月就业指数连续 8 个月处于收缩区间，但降幅轻微。综合看，两大行业企业总体用工规模在 2020 年以来首次录得扩张。

由于制造业的增幅大于服务业 PMI 降幅，8 月财新中国综合 PMI 指数上升 0.6 个百分点至 55.1，为 2011 年 1 月以来次高，仅低于 2020 年 6 月。北京大学国家发展研究院余淼杰教授对香港中国通讯社记者表示，PMI 指数数据连续 5 个月站上荣枯线，这是经济不断扩展的主要指标，也反映了规模以上工业全面复工复产带来的效应。

余淼杰认为，在海外疫情严峻的情况下，中国经济仍然需要“双循环”拉动经济的发展，即“外循环”和“内循环”，其中又以扩大内需为主。在各项政策中，余淼杰强调，减税降费既可增加居民可支配收入，从而促进居民消费，同时也能降低企业成本，为保就业奠定坚实的基础。

原载于 香港中国通讯社 2020 年 9 月 3 日 记者 陈卓仪

（二）对外全面开放

贸易高质量发展需要高水平开放

2020年是全面建成小康社会和“十三五”规划的收官之年，也是新的五年规划谋划之年。关键时期，四川经济何去何从？保持“六稳”，挑战与机遇何在？今日起，《四川日报》推出6期《2020“六稳”访谈录》，在专家学者、决策方、市场参与者的研究分析中，洞见趋势，拨开迷雾。

大视野，透过内外因素看趋势

谈态势——相比2019年，2020年缓中趋稳的态势将进一步确立

记者：从全国来看，GDP增速自2007年达到14.2%的高点之后，便一路下行，截至2019年已持续了12年。四川经济触顶的时间相对全国滞后3年，但总体趋势一致。2020年，您认为中国经济的总体态势将是怎样？

余淼杰：我认为，伴随中美第一阶段贸易协议的达成，相比2019年，2020年的中国经济目前没有更多负面信息，宏观经济形势可能要好一些。

记者：在增、降、稳三个字中，您会选择哪个字来预测2020年的经济走势？

余淼杰：我认同缓中趋稳的判断。从增速来看，中国经济2020年的经济增速会比2019年有所下降，会在6%左右，但下降的幅度在收窄，缓中趋稳的态势在确立。有一点需要强调的是，数据走低和经济下行，不能直接画等号。我预测，2019年中国经济总量有望达到100万亿元。

记者：中国经济目前处于本轮经济周期的什么位置？

余淼杰：过去 10 年，中国经济增速远高于全球经济平均增速，甚至是同等规模经济体增速的 2 倍，这是一个了不起的成就。就阶段来看，中国经济目前应该处于一个长周期的中间阶段，但未来不排除可能会遭遇更严峻的挑战。

谈挑战——地方积极性还没有被完全调动起来，市场信心恢复还有待时日

记者：在您看来，目前经济发展中还有哪些亟待重视的问题？下一步，在哪些方面需要加大力度进行改进？

余淼杰：说到挑战，不容否认的是，市场信心恢复还有待时日，尤其是民营经济的发展难言乐观。当前，伴随新的《中华人民共和国外商投资法》的颁布实施，外商投资环境进一步优化，但必须要注意的是，外资企业、国有企业和民营企业三大主体必须站在同一起跑线上。创造公平的市场环境，进一步激发民营企业的投资信心，包括四川在内的绝大部分地区依然适用。

就四川来讲，最大的挑战在于，除成都之外，很多市的开放程度还有待进一步提高，营商环境还有待进一步改进。

谈机遇——既有看不到的力量，也有显性的动力

记者：积极的因素何在？尤其有没有一些普通人看不到的“被遮盖的机遇”？

余淼杰：相比那些看不到的力量，很多动力是显性的。从过去一年来看，中国经济高质量发展的态势逐步显现，主要表现为三个方面：一是区域协调发展越做越好，粤港澳、长江三角洲、京津冀地区协同发展不断推进，城镇化、工业化和信息化三化融合的态势愈加明显；二是需求结构不断改善，服务消费较快增长，高技术产品不断增加；三是产业结构逐步优化，服务业占比不断提升，装备制造业发展比较快，这些有利因素将在新的一年继续支撑中国经济平稳向好发展。

记者：作为西部地区，四川发展阶段总体滞后于东部。在当前的形势下，四川面临哪些机遇？

余淼杰：对于四川来讲，最大的制约在开放，最大的空间也在开放。四川省委提出要构建立体全面开放格局，这一点非常重要，注定将为四川未来发展注入强大动力。

记者：怎么构建？

余淼杰：四川不沿海不沿边，要改变劣势，需主动对接国家战略，加快“一带一路”融入长江经济带，把四川的发展融入全国经济的大盘中去。前几天，中央刚刚明确，要建设成渝地区双城经济圈，这意味着两地的发展上升为国家战略，这将为四川发展注入强大动力。

记者：有没有一些具体的建议？

余淼杰：可以考虑利用天府国际机场和双流国际机场的优势，申请设立四川自由贸易空港，扩大开放的优势。加上中欧班列和泸州港的优势，共同构建水、陆、空立体综合交通运输体系，助力构建立体全面开放新格局。

原载于《川观新闻》2020 年 1 月 5 日 记者 梁现瑞 李欣忆

2020 年稳外贸怎么干

尽管面临国内外风险挑战明显上升的复杂局面，2019 年，我国外贸依然交出了亮眼的成绩单。

据了解，2019 年前 11 个月，中国货物贸易进出口总值为 28.5 万亿元，实现稳中提质，国际市场布局、商品结构持续优化，利用外资保持稳中有进态势，高新技术产业比重进一步提高，自由贸易试验区和自由贸易港建设积极推进。同时，在过去一年里，我国吸引外资也保持稳定增长。2019 年 1～11 月，全国新设立外商投资企业 36 747 家，实际使用外资 8459.4 亿元，同比增长 6%。

增强贸易创新能力　优化贸易结构

风险和挑战犹存。新的一年，面对更大的经济贸易不确定性，以及我国劳动力成本不断上涨等国内外压力，如何推动我国外贸高质量发展备受关注。

北京大学国家发展研究院余淼杰教授对《中国经济时报》记者表示，推动外贸高质量发展主要靠创新，做好创新的首要前提是夯实产业基础，培育我国具有竞争力的出口产品。“只有产业基础足够强，才能做到高质量发展。”

此外，余淼杰认为，必须将贸易与 AI、5G 技术紧密结合，通过互联网、物联网、AI、区块链与贸易的有机融合，来增强贸易的创新能力。

同时，在提升产品质量方面，余淼杰认为，除了要加强产品质量的管理外，还要通过加入更多的国际先进标准，进一步完善认证制度来提高产品质量。同时，还要注意做拳头产品，培育高质量品牌，走附加值提升的路线。

在优化贸易结构方面，余淼杰认为，首先，要深耕欧美日等相对成熟的发达国家的国际市场，同时也要发展以金砖五国为代表的、有较大增长空间的新兴工业国家市场。其次，要优化经营主体。以龙头企业牵头，更好地融入全球供应链、产业链及价值链中，同时推动国有企业和民营企业共同发展。此外，优化贸易方式，现阶段应该加大一般贸易的比重，加工贸易应该由原来简单的劳动密集型产品转向机电产品、机器制造、汽车设备等高科技的资本密集型产品。

推动服务贸易高质量发展

目前，服务贸易正逐渐成为国际竞争的新前沿和我国稳外贸的新亮点。1 月 6 日，商务部在北京组织召开国务院服务贸易发展部际联席会议联络员会议，部署了进一步推动服务贸易高质量发展的重点工作。

余淼杰对本报记者表示，做好服务贸易，特别要推动数字化的贸易，提升贸易的数字化水平，形成以数据驱动为核心的发展模式，加快服务外包的转型升级。

进一步稳定和扩大利用外资

当前，我国吸引外资形势复杂严峻。那么 2020 年如何稳定和扩大利用外资？

余淼杰表示：“创造良好的营商环境对于稳外贸、稳外资而言也至关重要。通过进一步的‘放管服’改革，构造良好的法治化、国际化、便利化的贸易环境。进一步推进贸易便利化和投资便利化。”

原载于《中国经济时报》2020 年 1 月 13 日 记者 陈婧

中美将签署贸易协议，紧张关系得以缓解

中美两国将于当地时间 1 月 15 日，在白宫签署第一阶段贸易协议。签署之前，美方宣布取消 2019 年 8 月对中国“汇率操纵国”的认定。第一阶段协议签署后，中美两国关系能否得到缓和，中美贸易战会否走向终结，引发广泛关注。

美国财政部于当地时间 13 日宣布，取消 2019 年 8 月对中国“汇率操纵国”的认定。中国海关总署 14 日以“正确的选择、积极的意义”予以回应。

美方这一举动有何含义？北京大学国家发展研究院余淼杰教授 14 日接受香港中国通讯社采访时分析指：“美方 2019 年 8 月将中国列为汇率操纵国，本就没有经过法定调查程序，也没有站得住脚的理据。美方在此时将这个标签去除，是一件好事，表明美方也意识到这一做法是不符合现实的，释放出与中国相向而行的积极意义。”

对于中美签署第一阶段贸易协议，美国商会执行副会长兼国际事务负责人薄迈伦在北京对媒体表示，协议能为两国关系“止血”，显然让中美双方松了一口气。对此，余淼杰也认为：“第一阶段贸易协议签订后，中美紧张关系可以得到缓解，这是很明确的。中美两国将在 2020 年步入经济贸易关系相对平稳的阶段，不会再像 2019 年那样剑拔弩张。”

不过余淼杰也指出：“这并不意味着中美关系从此将一马平川，因为到目前为止，中美贸易战并未按下停止键，而只是按下了暂停键。因为美国依然保留每年对中国约 3700 亿美元产品加征的关税，如果中美经济贸易要步入健康关系，美方必须取消全部不公平举措，届时中方也自然会取消全部反制关税。”

挑起贸易战的特朗普一直将此次协议宣传为重大胜利，希望为自己争取连任筹码。但有分析指出，虽然特朗普与中国达成第一阶段协议，

但美国不仅为中美历时两年的僵局付出了经济代价，损害了美国制造业和农民的利益；同时美国作为可信、可靠贸易伙伴的国际地位也受到损害，代价可谓十分高昂。

对此，余淼杰指出："是否为‘胜利’，要看怎么解读。如果说中美两国由经济贸易摩擦转为达成经济贸易协议，对双方来说的确是有利的，对美国来说也是一项成果。因为众多研究表明，贸易战也令美国承受很大负面影响，尤其是大部分关税最终转嫁到了美国消费者头上。达成协议有利于美国消费者，对美国来说是一个胜利，但对中国来说并非胜利。"

"对中国而言，达成贸易协议也是一大利好。"余淼杰续指，"人民币汇率过去一段时间的高涨，也再次说明了国际社会对中方在贸易协商中所作努力的肯定，市场用资金投票来表示对中国未来经济发展的看好及支持"。

原载于 香港中国通讯社 2020 年 1 月 14 日 记者 吴为思

欧盟撤销部分对柬埔寨EBA待遇，对企业影响几何

近日，当不少英国民众在欢呼成功“脱欧”时，远在东南亚的柬埔寨却因欧盟宣布的一则重磅消息陷入不安。2020年2月12日，欧盟委员会宣布，出于对人权的担忧，决定撤销部分根据“除武器外一切都免税”（EBA）政策向柬埔寨提供的关税优惠，涉及价值约为10亿欧元的部分服装鞋类，以及全部旅行商品和糖类商品。除非欧洲议会和欧盟理事会反对，否则该法案将于2020年8月12日生效。

欧盟是柬埔寨目前最大的出口市场，约占其全部出口的50%。有研究表明，若欧盟正式取消对柬埔寨EBA待遇，柬埔寨的纺织品服装对欧盟出口的税率将上涨12%，鞋类将上涨17%，这对以制造业为支柱产业的柬埔寨来说无疑是沉重的一击。对此，柬埔寨该如何应对，与其有着密切经济贸易关系的中国又是否会受到影响？其带来的连锁效应让人备受关注。

撤销EBA后带来的多米诺骨牌效应

EBA是指欧盟为柬埔寨特殊提供的“除武器外一切都免税”的优惠贸易待遇，建立于2001年。受惠于该政策，近年来柬埔寨的劳动密集型产业不断得到发展，欧盟也成为其最大的贸易伙伴。据统计，2001～2018年，柬埔寨对欧盟出口由近5亿欧元增加至54亿欧元。其中，柬埔寨成衣和旅行用品行业就占了柬埔寨商业总出口的75%，占对欧盟出口的90%。

如果撤销EBA政策，对柬埔寨的冲击到底有多大呢？据世界银行预测，柬埔寨预计每年将损失5.13亿～6.54亿美元。同时，还将使从事

制造行业的 80 万柬埔寨人的工作面临风险。

北京大学国家发展研究院余淼杰教授在接受本刊记者采访时说:“欧盟对柬埔寨撤销 EBA 待遇后的确会对柬埔寨的经济产生一定的负面影响。因为柬埔寨的经济结构在很大程度上依赖进口，只有农产品和劳动密集型产品等少部分产业可以出口。而在劳动密集型产业中，服装业和制鞋业又是其两大支柱产业，需要大量的劳动力投入。如果欧盟对柬埔寨这些劳动密集型产品加征关税，意味着当地企业出口的利润下降，那么工人的工资可能在一定程度上也会受到影响，特别是对于从事服装行业的工人而言，将会影响到大约 300 万人的家庭收入。”

危机之下如何应对?

尽管 EBA 福利一旦撤销将会给柬埔寨经济带来巨额的损失，但按照欧盟相关规则，撤销程序正式启动后，欧盟将首先对柬埔寨展开为期 6 个月的密切观察和沟通，然后再用 6 个月时间形成相关报告，并做出最终决定。在这期间，柬埔寨政府仍可以采取一系列应对措施，更大程度地降低该动态带来的风险。

余淼杰说:“柬埔寨政府其实是有一年的时间来做预案，进行经济调整。所以哪怕是欧盟确定取消对柬埔寨的 EBA 优惠待遇，柬埔寨 2020 年的经济增速预计还是可以保持在 6.1%这样的水平。而这样的经济增速仍属于高速发展水平，所以说对柬埔寨经济的负面影响是可控的。”

柬埔寨政府发言人帕西潘也表示，撤销 EBA 待遇只是增加了柬埔寨或柬埔寨出口商的税费，但不会失去进入欧盟市场的资格。柬埔寨有合理的计划，EBA 并不是柬埔寨经济增长的基础和关键。

据悉，为应对 2020 年的各种不确定性，柬埔寨政府将动用国家预算的 3%，约 7 亿美元，并采取一系列务实的应对措施，如通过精简海关部门、减少出口企业费用和程序等系列措施，降低出口企业负担；加速推动农业、旅游业、服务业等行业发展，以减轻对制衣业、制鞋业的依赖；大力支持中小企业发展，以吸纳就业人口，更多地满足国内市场需求；积极开拓中国、日本等欧盟之外的其他市场，以实现出口贸易的多样化。

对此，余淼杰也认为，开拓中国等国家的出口市场不失为当下柬埔寨控制风险的重要举措。余淼杰说："柬埔寨没有必要完全依赖欧盟，它还可以开拓不同的出口市场。以中国为例，大米、橡胶、皮制品等产品在中国没有太多的比较优势。换言之，中国也比较乐意从柬埔寨进口这些优势产品，因此可以利用中国-东盟'10+1'的零关税优势扩大进口。"

此外，余淼杰认为，中柬两国在劳动密集型产品上也有着较大的互补需求。他说："柬埔寨的服装、鞋帽等劳动密集型产品也可以进一步扩大到中国，因为随着中国劳动力成本的上升，很多集中在中国沿海地区生产劳动密集型产品的企业正在向海外转移，这些产品在中国已经没有比较优势，而这恰恰是柬埔寨的优势产品。"因此，在中国-东盟自由贸易区，以及大湄公河次区域经济合作等框架下，中柬两国的经济贸易合作有着广阔的前景，而柬埔寨也不会因为失去欧盟赋予的EBA待遇而陷入经济危机。

对中国的影响几何

近年来，随着中柬关系的不断深化及"一带一路"倡议等利好政策，越来越多中资企业赴柬埔寨投资兴业。柬埔寨中央银行公布的数据显示，2019年，柬埔寨吸引外国直接投资为35亿美元，同比增长12%。其中，中国是柬埔寨最大外资来源国，占外国直接投资总额的43%，涉及基础设施、纺织制造、农业种植、房地产等多个领域。而且，这些中资企业所生产的产品大都面向国际市场。如此一来，倘若柬埔寨失去EBA优惠待遇，还将给在柬埔寨的中资企业带来或多或少的影响。

余淼杰说："欧盟撤销对柬埔寨EBA优惠待遇也将会加大中国企业投资柬埔寨的成本，而如果产品的利润受到影响的话，那也势必会减少中国企业对柬埔寨的投资。因此，对于还没有到柬埔寨投资的企业来说，要想到海外投资可以考虑去其他东南亚国家。而对于已经到柬埔寨投资的中国企业而言，也没有必要因为欧盟提升关税就搬走，可以减少出口到欧盟市场的比重，从而进一步拓展多元化的出口市场，特别是美国、金砖五国和新兴的工业国家。"

可以看到，自从政治实现稳定，经济逐渐复苏以来，柬埔寨已经脱掉了最贫困国家的"帽子"，并多年来持续保持经济7%的年增长率。因此，也可以预见，不管 EBA 的未来走向如何，都不会动摇到柬埔寨的经济根基，而对于企业而言，对其带来的影响也是可控的。

原载于《中国-东盟博览》2020 年 2 月 19 日 记者 陈丽冰

中美用双赢思维继续推动经济贸易关系发展

国务院关税税则委员会将自 2020 年 3 月 2 日起，在一定期限内不再加征中国对美国 301 措施反制关税，支持企业基于商业考虑从美国进口商品。国务院关税税则委员会负责人表示，中方希望双方能够遵守协议约定，努力落实好协议内容，增强市场信心，推动双边经济贸易关系发展促进世界经济增长。下一步调整主要取决于中美经济贸易形势发展变化。中方希望与美方一道朝着最终取消全部加征关税的方向努力。

特朗普首席经济顾问库德洛表示，“中国正在削减关税，这意味着我们将迎来潜在的出口繁荣”。接受《中国经济时报》记者采访的人士表示，中美要用双赢、多赢的思维继续推动双边经济贸易关系发展。

减少贸易摩擦对经济的负面影响

中美贸易摩擦已持续了近两年的时间。据中国海关总署数据，2019 年，中国对美国进出口额为 3.73 万亿元，下降了 10.7%，美国成为中国第三大贸易伙伴。

据《纽约时报》报道，美国总统特朗普日前呼吁加强商业联系。这种做法得到了以财政部部长姆努钦为首的“挺贸易派”的支持，这一派主张世界上最大的两个经济体之间保持密切联系。而另一派则是主张两国经济脱钩的“国家安全派”。

作为 GDP 占全世界近 40%的两大经济体，中美合则两利、斗则俱伤，合作比摩擦好，对话比对抗好。2020 年 1 月 15 日，中美签署第一阶段贸易协议，美国商界对此表示欢迎，认为“这有利于缓和经济贸易摩擦，稳定双边关系，为美中贸易带来更多确定性”。

北京大学国家发展研究院余淼杰教授对《中国经济时报》记者表示，2月6日和3月2日以后，国务院关税税则委员会两次主动调低对美国进口商品的关税，这体现了中国用实际行动来推进贸易全球化，切实履行中美经济贸易协议，第一阶段贸易协议内容体现了中国开放的诚意。下调关税对企业和消费者都有直接的好处。对国内企业来讲，可以起到降成本的作用。如果进口更多的是消费品，对于消费者而言可以降低物价，同时提升企业利润和居民幸福的获得感。

切实履行协议，获得双赢和多赢结果

余淼杰表示，中美经济贸易协议中强调双方的义务是对等的，中国要降低关税、扩大进口，美国也应该拿出相应措施，逐步取消对中国出口产品的高关税。下一步，中方愿意扩大进口，一年之内是1000亿美元的产品，两年总共2000亿美元的产品，包括四五百亿美元的农产品，也包括其他非农产品，主要是工业产品。如何使国内企业扩大进口？最重要的是坚持市场化原则。企业如果愿意买的话就去买。但如果企业从自身利润最大化的角度考虑，不愿意购买美国产品，愿意购买其他国家的产品，那也是市场化的行为。

原载于《中国经济时报》2020年2月24日 记者 刘慧

不够“富”，但够“拼”——中国是WTO“优等生”

随着中国人均 GDP 首次突破 1 万美元大关，越来越多的人开始关注中国的发展中国家身份。中国还是不是发展中国家？中国是否承担了与自身相符的国际责任？《经济日报》记者采访了北京大学国家发展研究院教授余淼杰。

记者：请您谈谈，为什么说中国是世界上最大的发展中国家？

余淼杰：WTO 并没有一个严格的界定，或者说并没有官方的界定一个国家是发展中国家还是发达国家的标准，但通常而言有两个约定俗成的标准，这两个标准是世界银行所提倡的标准。

第一个标准，就是看一个国家的人均国民总收入（GNI）是不是超过 12 375 美元，如果是就是发达国家，不是就是发展中国家。从这一个指标来看，中国现在依然在发展中国家的行列。

第二个指标，是看一个国家是不是资本丰富型国家。发达国家一般而言就是资本丰富型的国家，通俗来讲就是这个国家资本比较丰富，比较有钱。资本丰富型国家有一个衡量指标，就是这个国家的 GDP 跟人口的比，即资本劳力比，也就是人均 GDP。但这个指标不是看绝对量，而是看这个国家的人均 GDP 在全球的比重能不能超过 1。比如说中国现在 GDP 有 100 万亿元，占全球 GDP 总量的 16%左右，中国有 14 亿人口，占全球人口的 20%，由此可知我们的资本劳力比还没有到 1。换言之，即资本占比小于人口占比。从这个角度上来讲，中国不是资本丰富型国家。

所以，从这两个指标来界定，中国不是一个发达国家。

记者：中国加入 WTO 以来，是如何积极承担与中国国际地位相符的责任的？履行了哪些义务？

余淼杰：首先是关税的削减。2001 年中国加入 WTO，按照 WTO 的规定，在 2006 年初期对中国进行审议时，中国的关税降到了 10%左右。2006～2019 年，中国的平均进口关税是 7.5%，如果按照加权进口关税计算的话则是 4.4%，这个数值不仅低于绝大多数的发展中国家，甚至比一些发达国家还要低，如韩国的平均关税是 6.9%。但应该注意的是，中国的关税水平远低于 WTO 所规定的水平，就是说我们做得比 WTO 规定的还要好得多。在第八轮乌拉圭回合谈判中已经明确，发达国家的关税必须比较低，发展中国家的关税可以比较高。因为中国是发展中国家，所以中国 4.4%的关税，不但低于许多发展中国家，而且是接近于美欧日这些发达国家 3%左右的水平。中国在这一点做得特别好，值得大书特书。

其次是非关税壁垒的削减。什么叫非关税壁垒？就是除了关税以外的壁垒，比如说进口配额的削减、出口补贴的削减、对所谓的绿色保护的削减，中国在这些方面都做出了大量的贡献。

我国近年来出台的非关税措施（non-tariff measures，NTMs）主要集中在保障食品安全、人类与动物健康、产品质量与安全、环境保护等方面，约占实施非关税措施总量的 90%。

我国积极遵循国际标准化组织（International Organization for Standardization，ISO）、国际电工委员会（International Electrotechnical Commission，IEC）等国际标准，制定相应的国家标准。NTMs 中 1448 项强制性标准中，有 555 项（约占 38%）直接采用 ISO、IEC 和其他国际组织制定的标准。近年来，我国加大力度，以国际通行做法精简国家标准，在标准化进程中积极寻求国际合作，特别是随着新的《中华人民共和国标准化法》的颁布，我国通过减少相关领域的限制，为促进贸易、经济和社会发展提供了更大的可能性。

目前，经中华人民共和国国家市场监督管理总局（简称国家市场监督管理总局）确认的 NTMs 有 2071 项，在这 2071 项非关税壁垒措施中，只有 646 项措施单方面适用于世界各国。其余的 1425 项措施（约占 69%）以双边或多边方式适用于某些国家或地区。国家市场监督管理总局双边或多边实施的措施总数中有 896 项（约占 63%）在 2010 年以后实际实施。这表明，多年来中国与各国的非关税壁垒措施设定关系正日益从单边关系（即从对所有国家采取同样的措施）转为双边关系，中国对其他国家的非关税壁垒处于不断削减的进程中。

除了商品贸易以外，还有服务贸易及知识产权保护。中国不管是在服务贸易还是在知识产权保护方面，表现都是有目共睹，值得表扬的。比如说我们的知识产权保护，就是与贸易有关的知识产权协定（agreement on trade-related aspects of intellectual property rights，TRIPS），尽管在一些规定上还不如美欧日那么严格，但是对发展中国家而言，是做得非常之好的。如果我们动态地看，中国的知识产权保护是许多国家都加以表扬和认可的，中国付给美国的知识产权保护的费用从2011年的34.6亿美元，增加到2017年的72亿美元，占中国对外所有国家所付知识产权的1/4。这就说明了中国在落实TRIPS协议方面是做得很好的。

服务贸易方面，中国也没有要求服务贸易顺差，中国与美国的服务贸易长期处于逆差状态。2018年，中国服务贸易逆差为2900多亿美元，中美服务贸易中国逆差达到了600亿美元以上，占中国的商品贸易顺差的20%，可见中国的服务贸易是有大量的逆差的，但中国人不以追求贸易顺差为目标。

由以上几点可以看出，自加入WTO以来中国履行的义务都是跟自己国际地位相符合的，中国始终以积极与开放的态度，努力推进贸易全球化的全面发展。

原载于《经济日报》2020年3月6日 记者 仇莉娜

美股熔断全球会否再现金融危机？对话北京大学教授余淼杰

进入 3 月，中央多个会议释放积极信号。4 日召开的中共中央政治局常委会会议和 6 日召开的决战决胜脱贫攻坚座谈会，分别就复工复产过程中的扩大内需、扩大对外开放和打赢脱贫攻坚战等做出明确要求。

随着新冠肺炎疫情趋缓，经济社会发展开始与疫情防控统筹推进。人员流动增加、餐馆开门、商户营业、机关单位逐步恢复正常，企业陆续分批分时段复工，中国经济社会秩序逐渐回归。

过去一个月来，几近沉睡的中国经济是否开始复苏？与此同时，疫情在海外蔓延、美联储降息未能救市、美股熔断，会否导致全球再现金融危机？

3 月 9 日，《新京报》记者就上述问题对话北京大学国家发展研究院余淼杰教授。

减税重点向生产端转移　可考虑扩大地方债

《新京报》：2020 年我国要完成全面建成小康社会和“十三五”规划两个关键目标，您如何看待疫情对实现上述目标带来的影响？

余淼杰：如果要实现我们制定的目标，保证“十三五”规划圆满收官，我认为，2020 年我们的经济增速应该保持在 4.5%以上才是比较合理的。

从目前疫情发展的情况来看，要实现 4.5%的经济增长，国家需要出台比较积极的政策来扶持，需要财政政策与货币政策双轮驱动，如货币政策我国已经出台了调低利率、提供低息或者免息贷款等举措。

因此，下一阶段的主要工作在财政政策上。一方面，减税的重点要从收入端向生产端转移，现在已经有了阶段性减免增值税的措施；另一方面，还要考虑扩大地方专项债的规模，考虑发行特别国债。

财政赤字率提至 4% 不会影响经济长期发展

《新京报》：扩大债券规模直接影响赤字率，2020 年的财政赤字会扩大吗？发债过程中如何控制风险？

余淼杰：2020 年的财政赤字率可以适当扩大，提高到 4%也不影响经济长期发展。美国 2019 年的财政赤字率是 4.6%，印度是 6.1%，可见不论是发达国家还是发展中国家，它们的财政赤字率都很大，没有证据显示财政赤字率超过 3%会对一个国家的经济带来负面影响。

如何防风险？如果发行特别国债,那么要坚持特别国债跟着项目走，首先明确特别国债的目标，也就是名称、项目和用途。具体而言，可考虑较少量发行针对疫情的特别国债（最多 1 万亿元），搭配较大量的长期建设国债，鉴于疫情影响短期，而基建是长期的，疫情特别国债应专款专用，计入政府性基金管理，不纳入赤字；长期建设国债可以列入赤字。

此外，还应考虑扩大地方专项债。由于特别国债发行流程较复杂，虽然可走快速通道，但也有一定滞后性，因此目前应以扩大地方专项债为主。2020 年专项债规模仍将控制在 2 万亿元左右，与 2019 年 2.15 万亿元的规模相当。扩大过程中，一定要注意风险，将重点放在对基础设施需求较大的省份。

如期脱贫要加强定点扶持 按人头给予补贴

《新京报》：3 月 6 日中央召开脱贫攻坚战座谈会，要求必须如期实现到 2020 年现行标准下的农村贫困人口全部脱贫。从经济角度看，您觉得疫情对此有多大影响？您有何建议？

余淼杰：2020 年脱贫攻坚的重点是“三州三区”等深度贫困地区，疫情对种养殖业和农民工复工等的影响程度不同。整体来看，农业仍然是受冲击最小的产业。2020 年第一季度，第一产业会跟 2019 年同期持平或略有下降。

其中，种植业受到的负面影响最小，还可以有温和增长。一方面，疫情导致工厂或者工程建设项目停工，农村劳动力大量留在农村参与务农；另一方面，现在没有明显证据表明，春耕种子受到疫情负面影响。

但对养殖畜牧业来讲就不同了，家禽养殖估计 2020 年第一季度会出现负增长，因为现在缺少饲料，大量肉鸡被迫处理，禽蛋供应也受到影响。同理，猪、牛、羊、禽等肉类的总供应也会受到负面影响，我估算第一季度总供应会小于 2000 万吨。

此外，需要对农民工群体重点关注，帮助他们尽快复工。建议方面，我认为要加强定点扶持，首先排查摸清情况，其次由中央政府和地方政府一起给予补助专项补贴，按人头发放。

5 月疫情若受控制 大学生就业影响不会过大

《新京报》：4 日召开的中共中央政治局常委会会议关注到高校应届生的就业问题。2020 年的应届毕业生会遭遇大范围的“就业难”吗？

余淼杰：从目前疫情趋缓的情况看，如果疫情不延续到第二季度，那么就不会对 2020 年的大学生就业产生过大影响。当然，这里面有两个可能的担忧。

一个是企业预期方面，因为无法准确判断疫情的发展，因此很多企业决策对后期的招工或者扩工存有顾虑。因此，2020 年的春招的确会受到影响。但是我们也要看到，如果 5 月疫情得到有效控制，那么企业会加速开展线上招聘和线下面试，最终不会大规模影响到大学生就业。

另一个担忧在公务员招考或者大型国有企业方面，目前受到疫情限制，大规模的面试和招人并没有完全展开，中央机关的公务员招录时间已经推迟了。但可以预计的是，如果疫情在第二季度得到控制，那么包括大中型企业、国家机关等的人员招录也都会加速。

对整个城镇就业来讲，短期内不会直接影响就业率。一方面，城镇就业率通常是以 3 个月的变化来衡量；另一方面，现在出现的失业现象主要是停工停产导致的摩擦性怠工，随着各地推进复工复产，摩擦性的失业会随着疫情受控而逐渐减少或者消失。

但从长期来看，疫情仍然会给我国的就业带来影响，主要取决于中小企业在疫情中受到的影响程度。中小企业吸纳的就业人数占城镇就业人数的 80%，如果中小企业大面积地受到疫情影响，导致停工或者开工不足、关门甚至破产，那么会给 2020 年的就业，特别是蓝领工人的就业带来一定压力。

供给不足导致需求不足 通过线上拉动消费

《新京报》：如何把复工复产与扩大内需结合起来，把被抑制、被冻结的消费释放出来？

余淼杰：目前中国经济的需求不足，一是受到疫情的限制，二是复工复产还没有完全到位，也就是说，是供给不足导致了需求不足。认清这点很重要。如果复工复产到位，产能供给上去，那么被抑制的消费需求就能够释放出来。

第三产业当中，餐饮企业线下需求不足这是肯定的，但是也有一些新型消费出现，线上消费反而有所上升，我们必须通过线上来拉动消费增长，对于催生的新型消费要培育壮大，使实物消费和服务消费得到回补。另外，我们还可以扩大进口具有替代性的产品，来缓解我国因为短时、临时供给不足而产生的问题。

疫情致全球经济放缓 但不足以造成经济危机

《新京报》：疫情在海外蔓延，多国经济受到冲击，美股出现 2008 年金融危机以来首次熔断。那么，疫情会否导致全球再次遭遇金融危机？

余淼杰：我认为，疫情会导致 2020 年全球经济增速放慢，但不足以造成经济危机，有些声音认为会导致全球危机言过其实。

从世界各国对疫情的应对来看，包括中国和欧美各国都采取了降低利率这种宽松的货币政策来拉动经济增长，在这样的货币政策下，疫情对经济的影响会降得更低。

中国是世界第二大经济体，也是全球价值链的中心，因此讨论全球经济危机必然要看中国的表现。

目前来看，尽管第一季度中国经济受到疫情影响，但是现在疫情已经出现可控势头。随着复工复产，中国经济有望在 3 月底或者第二季度进入正常轨道。

作为全球价值链的中心，中国基本上是从东盟、日本、韩国进口原材料核心零部件，经过在中国装配生产，再出口到欧美。

从这个价值链上看，中国的下游——美国在第二季度，也就是4月，刚好会是疫情比较严重的时候，可能导致美国部分停工停产，对中国产品表现出更高的需求。中国的产品可以更多地出口到欧美去，保证了中国经济的增长。

保证中国经济增长也就拉动了上游——东盟的经济发展。从之前两个月的情况来看，中国跟东盟的贸易额并没有受到太多负面影响，东盟甚至取代欧美，成为中国最大的贸易伙伴。

这样来讲，中国采取有力的财政政策和货币政策配合，保证全年经济增速为4.5%～5%，那么作为世界经济增长的“火车头”，中国对全球经济会有明显的带动作用，因此全球经济未必会陷入危机。

至于美股熔断，一个最主要的原因是美国对疫情的预判不足，投资者对疫情的恐慌超过了疫情本身。这跟美国对待疫情的方式有很大关系，目前美国还没有公布疫情的病例数字和具体情况，这会引起投资者的极大恐慌，从而导致股市出现比较过度的反应。

当然，这并不意味着疫情过后美股就会上升，美国经济增速放缓，出现较低的增长率是有可能的，但是并不能据此判断全球经济会陷入像2008年那样的金融危机。

原载于《新京报》2020年3月9日 记者 姜慧梓

稳外贸举措加码 外贸发展有望长期向好

中国海关总署近日公布的最新数据显示，2020 年 1～2 月中国外贸进出口总值为 4.12 万亿元，同比下降 9.6%。其中，出口 2.04 万亿元，下降 15.9%；进口 2.08 万亿元，下降 2.4%；贸易逆差 425.9 亿元，2019 年同期为顺差 2934.8 亿元。

值得注意的是，前 2 个月我国外贸进出口仍有不少新亮点，外贸稳增长的积极因素也在不断集聚。对东盟与“一带一路”沿线国家和地区进出口仍保持增长。民营企业在外贸进出口中相对更具活力。大宗商品和重点民生消费品进口较快增长。

为了减轻疫情对外贸的影响，下一步，我国稳外贸、稳外资应将从哪些方面发力？

北京大学国家发展研究院余淼杰教授对《中国经济时报》记者表示，在疫情防控期间，提高通关效率，大力促进贸易自由化尤为重要。

据了解，中国海关总署近期接连推出一系列稳外贸举措，包括支持综合保税区高质量发展“海关六条”、支持中欧班列发展“海关十条”等。具体到对“一带一路”国家和地区的支持，有支持中欧班列发展的“海关十条”。余淼杰认为，应当加大力度推进相关措施落地，保证贸易便利化自由化。

不论从国家层面还是行业层面，都要做好宣传工作或是信息引导工作，让外资企业认识到中国作为“世界工厂”的核心地位并不会因为疫情而发生变化，中国依然是推动世界经济增长的“火车头”。在谈及如何稳外资时，余淼杰表示，只有让外资企业认识到中国在全球产业链与价值链中处于不可替代的地位，才能提振外商对中国的信心。

一段时间以来，党中央和国务院高度重视稳定外资，提出要加强同经济贸易伙伴的沟通协调，优先保障在全球供应链中有突出影响的龙头企业和关键环节恢复生产供应，维护全球供应链的稳定，并出台了一系列有效措施。

余淼杰认为：“这正体现了分类指导、精准帮扶的原则。”

针对外贸企业目前普遍面临的保订单困难，商务部近期推出了五项服务型举措，主要包括全力恢复交通大动脉、扩大外贸信贷投放、做好企业境外商务法律服务、加强与贸易伙伴沟通、支持企业创新外贸模式等。

下一步，政策应当如何继续发力支持外贸企业渡过难关？

余淼杰认为，外贸企业也应采取行动，积极自救，走出困境。在有序推进复工复产的同时，应该考虑到不同出口目的地对中国出口的不同政策，趁机努力实现出口目的地多元化，从中培育新的出口目的地市场，减少出口产品的品种，不要面面出击，要集中自己的比较优势，做好自己的拳头产品，积极转型升级。

余淼杰建议：“要充分认识到第二季度中国的出口情况将会改善，外国对中国的产品需求会大大提升这一趋势。外贸企业应当在 3 月下半期尽量多生产，认准趋势，未雨绸缪。”

原载于《中国经济时报》2020 年 3 月 11 日 记者 陈婧

阿里巴巴集团全方位数字化支持首届线上广交会

阿里巴巴集团10日表示，积极响应国家稳住外贸基本盘的号召，愿向广交会和海内外参展企业开放全部数字化能力，支持中外客商足不出户下订单、做生意。帮助外贸企业转型升级、线上突围，这也是阿里巴巴集团日前启动的“春雷计划”的重要组成部分。

国务院常务会议日前决定，2020年广交会将于6月中下旬在线上举办，这也是中国最重要的国际贸易盛会 60 多年来首次从线下转移到线上。业内人士普遍认为，线上广交会不仅是特殊情况下稳外贸的创新之举，更是近年来中国数字化发展水到渠成的结果。

北京大学国家发展研究院余淼杰教授表示，线上广交会反映出新冠肺炎疫情发生后，国际贸易形态发生了巨大转变：从之前主要通过客户和厂家面对面签订单的传统贸易模式，逐渐转变为线上签约。

事实上，“网上广交会”已有多年历史，但此前成交额占比相对较低。余淼杰表示，数字货物贸易将会越来越重要，尽管目前比重仍比较低，但未来会成为商品贸易的主要模式。

余淼杰认为，外贸企业要保持竞争力，就必须适应这个转变。对中小企业，特别是较为依赖传统外贸模式的企业来说，非常需要像阿里巴巴集团这样具有平台优势、数字化优势的企业来帮它们打造、拓建电子商务。

阿里巴巴集团7日宣布启动“春雷计划”，其中很重要的一方面就是帮助外贸商实现转型升级、线上突围。为此，阿里巴巴集团将依托全球速卖通、来攒达、天猫海外等跨境电商平台，帮助企业实现海外线上“云拓客”。同时，阿里巴巴集团国际站将帮助线下外贸企业快速搭建面向全球的线上展馆。

受疫情全球扩散影响，传统外贸企业业务遭遇冲击，但阿里巴巴集团跨境电商平台的数据却颇为亮眼，凸显数字化国际营销渠道的价值。2020 年 3 月 2 日，服务中小外贸企业的阿里巴巴集团国际站开启“三月新贸节”，14 万跨境中小企业“云复工”。

从 3 月 2 日到 4 月 1 日的一个月时间内，新贸节交易总额同比增长 167%。不光是呼吸防护商品销量增速快，交易额增幅超过 100%的外销商品还包括耳塞式耳机、按摩产品、太阳能电池板和客厅家具等。

新冠肺炎疫情后，全球外贸形势还出现了一些新趋势：欧美传统市场需求下滑，但其他地区需求增加；以往一个订单吃一年，现在订单分散化、切割化势头明显。对此，余淼杰认为，出口地多元化，以及厂商供应的多元化将会是一个越来越重要的趋势。以前，客户和厂家主要通过一对一或中间人沟通，但疫情后企业能否多元化拓展客户变得非常关键。

对此，阿里巴巴集团拥有庞大海外客户群的跨境电商平台，以及可精准匹配供需关系的数据和运算能力，将提高外贸企业线上“云拓客”效率。余淼杰表示，阿里巴巴集团的优势在于通过网上平台，来帮助生产企业最大化减少存货，以及存货产生的固定成本。通过提供有效信息，来让资源得到更好配置，最终提高企业绩效。

原载于 新华网 2020 年 4 月 10 日

4 月外贸为什么会变好

疫情后我国外贸持续呈现回暖态势。中国海关总署 5 月 7 日公布数据：2020 年前 4 个月，我国货物贸易进出口总值为 9.07 万亿元，比 2019 年同期下降 4.9%，降幅比第一季度收窄 1.5 个百分点。

整体趋势看，4 月进出口贸易延续了 3 月态势，继续回升，当月实现外贸进出口 2.5 万亿元，不过进口受到较大影响，4 月当月下降，前 4 个月进口降幅较第一季度扩大 2.5 个百分点；中国贸易顺差继续扩大；东盟继续成为中国第一大贸易伙伴，欧盟、美国、日本等进出口下降。

外贸持续回暖 4 月进口“由涨转降”

据中国海关总署统计，2020 年前 4 个月，中国贸易进出口总额为 9.07 万亿元，比 2019 年同期下降 4.9%。这一降幅比第一季度下降 6.4%，明显收窄 1.5 个百分点。

数据可见，疫情态势平稳后，中国进出口贸易呈持续回暖态势：3 月，外贸进出口 2.45 万亿元，同比下降 0.8%，降幅较 1～2 月收窄 8.7 个百分点；4 月延续了 3 月的回升态势，实现 2.5 万亿元，同比微降 0.7%，降幅较 3 月继续收窄 0.1 个百分点。

不过，进口出现明显下降。前 4 个月，进口 4.33 万亿元，同比下降 3.2%，降幅较第一季度扩大 2.5 个百分点。记者注意到，3 月，进口还保持 2.4%的同比增长，达到 1.16 万亿元，4 月却“由涨转降”，实现 1.09 万亿元，下降 10.2%。

北京大学国家发展研究院余淼杰对进口的表现并不感到意外，他认为，受疫情影响，国际需求出现变动，将主要体现在进口方面，出口则没有太大问题。

前 4 个月，中国出口实现 4.74 万亿元，下降 6.4%，降幅较第一季度收窄 5 个百分点。余淼杰认为，虽然现在海外订单减少，但这是相对 2019 年比较好的情况而言的。从现阶段情况看，全球经济衰退，各国会更加依赖中国的生产。

余淼杰预计，从第二季度开始，中国的出口会出现一个良性循环，出现更高幅度的增长。

4 月贸易顺差 3181.5 亿元 增 2.6 倍

出口表现较好，进口出现下降，使中国贸易顺差继续扩大。前 4 个月，中国贸易顺差为 4157 亿元，减少 30.4%，相比于第一季度 983.3 亿元的贸易顺差，降幅收窄超过 50%。4 月份贸易顺差为 3181.5 亿元，增加 2.6 倍。

余淼杰分析，2020 年 1 月，中国贸易逆差将近 500 亿元，但整个第一季度实现 983.3 亿元贸易顺差，这说明 3 月中国贸易顺差过千亿，4 月贸易顺差扩大到 3181.5 亿元，增加 2.6 倍。可见，进出口对中国经济的正面拉动作用明显，中国贸易顺差将长期存在。

从贸易结构上看，一般贸易进出口比重提升，前 4 个月实现 5.43 万亿元，占中国外贸总值的 59.8%，比 2019 年同期提升 0.2 个百分点。同期，加工贸易进出口 2.18 万亿元，下降 8.4%。此外，中国以保税物流方式进出口 1.11 万亿元，增长 0.2%，占外贸总值的 12.2%。

对东盟、“一带一路”沿线国家和地区进出口逆势增长

从前 4 个月数据看，目前中国前 4 大贸易伙伴分别为东盟、欧盟、美国和日本。同期，对“一带一路”沿线国家和地区的进出口贸易占比在提高。

其中，中国对东盟、“一带一路”沿线国家和地区进出口逆势增长。此前，东盟已经超过欧盟成为中国第一大贸易伙伴，这一趋势在 4 月延续。

前 4 个月，中国与东盟贸易总值为 1.35 万亿元，增长 5.7%，占中国外贸总值的 14.9%。其中，中国对东盟出口 7409 亿元，增长 3.9%；自东盟进口 6085.1 亿元，增长 8%；对东盟贸易顺差 1323.9 亿元，减少 11.5%。

此外，2020 年 1 月 31 日英国正式“脱欧”，对中国与欧盟的贸易总量形成一定影响，也加速了中国贸易伙伴地位的变化。

同时，中国对欧盟及美国、日本的进出口贸易出现明显下降。前 4 个月，与欧盟贸易总值为 1.23 万亿元，下降 6.5%，占中国外贸总值的 13.6%。中美贸易总值为 9584.6 亿元，下降 12.8%，占外贸总值的 10.6%。中日贸易总值为 6656.8 亿元，下降 2.1%，占外贸总值的 7.3%，且对日存在贸易逆差 599.6 亿元。

原载于《新京报》2020 年 5 月 7 日 记者 姜慧梓

4月出口超预期 外贸逆势突围仍需实招

中国海关总署日前公布的统计数据显示，2020年前4个月，中国货物贸易进出口总值为9.07万亿元，比2019年同期下降4.9%，降幅比第一季度收窄1.5个百分点。在进出口总额稳步回升的同时，中国外贸在结构上呈现诸多亮点。从贸易方式看，一般贸易进出口比重提升。从合作伙伴看，中国对东盟、“一带一路”沿线国家和地区进出口逆势增长。从贸易主体看，民营企业进出口增长、比重提升。

4月外贸喜中有忧

北京大学国家发展研究院余淼杰教授对《中国经济时报》记者表示：“4月我国外贸成绩单亮点增多。”从3月外贸数据看，出口已在复苏，进口也在回暖。4月份外贸数据亮点增多，其中，出口达1.41万亿元，增长8.2%，明显好于预期。

哪些积极因素推动4月出口逆势增长？余淼杰说，随着疫情在全球蔓延，国外对中国资本品中间品的需求下降，但对中国消费品，特别是与医疗卫生、健康产业相关的消费品出口上升，并将在第二季度及之后保持稳健的上升趋势。

在出口超预期增长的同时，进口增长不尽如人意。数据显示，4月进口1.09万亿元，下降10.2%。

余淼杰认为，这与疫情在全球蔓延，一些国家封国封城，尚未充分复工密切相关，这一影响还将持续。因此，中国出口复苏并将持续，进口回暖但短期不可持续。从前4个月数据看，预计2020年中国外贸总额将下降10%左右。由于2020年中国出口受到负面影响不会太大，进口会相对下降，进出口总额下降，全年贸易顺差有望保持在2.5万亿元左右。

外贸新出口订单萎缩

4 月防疫物资出口明显增长是出口由负转正，进而带动外贸降幅明显收窄的重要因素。中国海关总署综合业务司司长金海表示，3 月 1 日到 4 月 25 日，中国共验放出口主要防疫物资价值为 550 亿元。截至 4 月 24 日，中国出口口罩 10.6 亿只，这个数字比 3 月 31 日的 2.24 亿只增长了 370%。

记者在采访中了解到，受疫情在境外蔓延影响，全国多地外贸新出口订单萎缩现象普遍存在，外贸企业日子仍不好过。余淼杰建议，企业自身要向出口市场多元化转变，原来一直对欧美市场，要逐步转移到“一带一路”沿线国家和地区，特别是新兴工业国家，进出口主要比重应当以东盟市场为主。

余淼杰认为：“企业要出口就要做好预期。既要看到 2020 年中国出口规模总体会下降，也要看到危中有机，特别是最终消费品大有可为，不要因为短期订单数量减少而失去信心，目前对外贸的失望情绪太浓是不理性的。”

稳外贸、稳外资须出实招

在支持外贸克服空前困难方面，张立群认为，应当多措并举，包括采取多种措施支持外贸出口企业出口、推动出口市场多元化等。疫情对世界经济、国际贸易的影响不容低估，对困难要有足够的估计，积极扩大内需，尽快释放超大规模国内市场需求潜力，这对外贸企业会提供新的发展空间。

商务部将推出多重举措，从精准帮扶企业、支持出口转内销、稳定畅通国际物流等方面加码稳外贸。余淼杰表示，应再次降低进口关税，特别是美国、欧盟的进口关税。提高通关效率，进一步促进贸易便利化。做到精准帮扶，做好所有出口产品的足额退税。采用再贴现专项再贷款的政策来帮扶企业，特别是中小微出口企业的出口。应发挥数字贸易、数字经济的作用。

余淼杰称：“目前我国已初步认定 12 个国家级数字服务出口基地，应进一步推进国家级数字服务基地工作，增设跨境电子商务综合试验区。在数字贸易方面，2020 年做好线上广交会，使得帮扶的企业特别是中小微企业，逐步适应从线下转为线上的出口。”为更进一步促进“一带一路”贸易，政府应进一步支持中欧专列发展，加快支持加工贸易产业由东部向中西部转移的力度。

对于稳外资而言，余淼杰认为，要大力保障两类外资企业：龙头企业及与龙头企业配套企业的复工复产，进一步推进要素市场化改革，做到对民营企业、外资企业和国有企业一视同仁。此外，出口加工区和各园区要做好亲商工作，真正做到“九通一平”。

原载于《中国经济时报》2020 年 5 月 11 日 记者 陈婧

跨境电商应成为今后稳外贸的一大发力点

2020年《政府工作报告》明确提出，要促进外贸基本稳定，积极利用外资。北京大学国家发展研究院余淼杰教授接受记者采访时认为，跨境电商应成为今后稳外贸的一大发力点。

稳外贸：借力跨境电商

在余淼杰看来，当前中国外贸“已经过了最困难的时刻”。其一，尽管受疫情影响，第一季度中国外贸规模同比下降6.4%，但3月降幅已经收窄到0.8%，与2019年同期基本持平；其二，4月中国出口数据表现更佳，同比大幅增长8.2%，贸易顺差达到600亿美元左右。

他表示，在当前全球贸易受疫情冲击严重背景下，为进一步稳定外贸，今后中国外贸企业应加快实现多元化。第一，出口目的地应该多元化，不应该只集中在欧美，而应拓展到其他国家特别是金砖国家等新兴经济体；第二，从贸易模式来看，应更注重发挥跨境电商等新业态、新模式的作用，从线下贸易主动转移到线上贸易。

余淼杰认为，为进一步鼓励跨境电商，下一步除了增设跨境电商综合试验区外，还可以通过数字贸易与数字服务联合，大力发展跨境服务贸易。

此次2020年《政府工作报告》已明确提出，要加快跨境电商等新业态发展。报告还提出，要积极扩大进口，发展更高水平面向世界的大市场。

在余淼杰看来，所谓“更高水平”的大市场，体现在四处：第一，不仅有贸易模式和形态的创新，还包括参与贸易规则制定、从商品等要素型开放向规则等制度型开放转变；第二，双向开放，既包括“引进来”，也包括“走出去”；第三，立体开放，东西双向联通，陆海双向互动；第四，主动开放，通过“一带一路”建设加强与沿线特别是东盟国家的经济贸易合作。

稳外资：力保龙头企业

当前，一些国家为自身产业链供应链安全考虑，开始促本国公司回流本土。中国对外资还有多少吸引力，备受关注。

余淼杰认为，所谓“外资撤离中国”之说，理论上站不住脚，实践中也无法实现。理由在于撤出中国违背投资国，即发达经济体工商界利润最大化这一核心利益。如果外资企业撤回本土，其国内高昂的劳动力等要素成本将大大削弱其盈利能力。

不过，在全球产业链供应链因疫情出现多处梗阻，全球跨境直接投资受冲击之际，中国更大力度地稳外资仍有必要。2020 年《政府工作报告》专门提出一系列稳外资措施，包括大幅缩减外资准入负面清单等。

余淼杰认为，在削减外资准入负面清单方面，今后应逐步开放服务业，特别是银行保险证券等金融服务，提高对外资的吸引力，进一步稳定外资。但在内外环境风险和不确定性增加之际，扩大开放必须有序推进，在符合国家利益的前提下逐步开放。

他表示，在稳外资方面，中国重点工作之一应是保证龙头外资企业。如果龙头外资企业能够留住，其他企业也就会留在中国。有鉴于此，今后中国应对外资企业进行分类精准扶持，做好配套企业的复工复产。此外，还应大力推进要素市场化改革。不仅在土地、劳动力、资本等方面做到对不同所有制企业一视同仁，更重要的是着眼于数字这个日益重要的要素。同时，做好中西部承接外资产业转移，持续改善营商环境。

原载于 中国新闻网 2020 年 5 月 26 日 记者 李晓喻

后疫情时代 中国稳外贸外资再加码

后疫情时代，中国稳外贸外资力度将进一步加大。

2020 年《政府工作报告》提出要加大信贷投放，扩大出口信用保险覆盖面，支持出口产品转内销，加快跨境电商等新业态发展，提升国际货运能力。在稳外资方面，报告明确要大幅缩减外资准入负面清单，出台跨境服务贸易负面清单；赋予自由贸易试验区更大改革开放自主权，加快海南自由贸易港建设等。

中国加码稳外贸外资，既有必要，也有条件。

受疫情影响，眼下全球贸易投资前景不容乐观。WTO 称，2020 年全球贸易额将下降 13%～32%。另据联合国贸易和发展会议预测，全球跨境直接投资降幅或将高达 40%。

外贸外资对中国经济意义重大。据官方数据，外贸外资对中国税收的贡献超过 25%，直接间接就业超过 2 亿人，其中 8000 多万人为农民工。

中国国际经济交流中心首席研究员张燕生在接受中国新闻社记者采访时称，稳外贸外资既是中国短期内保就业、保民生、保市场主体的需要，也是加快构建开放型经济新体制，推进高质量发展的基础。

北京大学国家发展研究院副院长余淼杰对记者表示，为稳定外贸，今后中国外贸企业应加快实现多元化。第一，出口目的地应该多元化，不应该只集中在欧美，而应拓展到其他国家特别是金砖国家等新兴经济体；第二，从贸易模式来看，应更注重发挥跨境电商等新业态、新模式的作用。

目前，跨境电商对中国外贸的拉动作用已经显现。据官方数据，第一季度通过海关跨境电商管理平台进出口同比增幅高达 34.7%。

余淼杰称，加快跨境电商等新业态发展，将为当前形势下保持外贸基本稳定提供重要支撑。为进一步鼓励跨境电商，今后中国除增设跨境电商综合试验区外，还可以通过数字贸易与数字服务联合，大力发展跨境服务贸易。

他表示，在稳外资方面，中国应对外资企业进行分类精准扶持，重点保证影响力大的龙头外资企业，做好配套企业的复工复产。同时，应大力推进要素市场化改革。除了在土地、劳动力、资本等方面对不同所有制企业一视同仁外，还需着眼于“数字”这个日益重要的要素。扩大开放，改善营商环境也应进一步加快。

值得注意的是，时任商务部部长钟山 25 日已在“部长通道”上明确表示，今后不仅要进一步扩大对外开放，放宽市场准入，缩减负面清单，还要搭建更高水平的对外开放平台，特别是要建设好自由贸易试验区，加快自由贸易港建设，让外国投资者愿意来中国投资。

分析人士认为，随着一系列稳外贸外资措施加快落地，中国外贸外资基本盘稳定可期。

原载于 中国新闻网 2020 年 5 月 26 日 记者 李晓喻

制度集成创新将中国对外开放提至新高度

2020 年 6 月 1 日,《海南自由贸易港建设总体方案》(以下简称《方案》)发布。习近平对海南自由贸易港建设作出重要指示强调,“要把制度集成创新摆在突出位置,高质量高标准建设自由贸易港”[①]。

制度集成创新在海南自由贸易港建设中有何体现?如何理解 2025 年前和 2035 年前两个阶段目标的设置?围绕以上问题,《中国经济时报》记者独家专访了北京大学国家发展研究院余淼杰教授。

制度和规则开放助力打造全面开放新格局

余淼杰表示:“强调制度集成创新是此次《方案》最大的亮点之一。在整个《方案》里体现得淋漓尽致。”简单来讲,它体现的不只是商品,或是服务方面的要素流动的开放,而且强调的是规则制定方面的开放,体现了“以开放促改革,以改革促发展”的良性动态关系。

在制度设计上,《方案》强调,以贸易投资自由化便利化为重点,以各类生产要素跨境自由有序安全便捷流动和现代产业体系为支撑,以特殊的税收制度安排、高效的社会治理体系和完备的法治体系为保障,在明确分工和机制措施、守住不发生系统性风险底线的前提下,构建海南自由贸易港政策制度体系。

余淼杰认为,制度开放首先体现在商品和要素的自由流动。在商品自由流动方面,贸易自由化强调“一线放开、二线管住”,不只是在商品贸易,而且在服务贸易方面,强调破除跨境交付、境外消费、自然人移动等服务贸易模式下存在的壁垒。投资便利化强调严格落实“非禁即入”,

---

① 新华社. 习近平对海南自由贸易港建设作出重要指示[EB/OL]. http://www.gov.cn/xinwen/2020-06/01/content_5516550.htm[2021-01-27].

改审批制为备案制。投资自由便利体现在强调有事必应、无事不扰的过程监管的重点，同时将公开、公正、公平的三公原则融入最终产品市场销售、要素的获取、标准的制定、进驻的许可以及优惠政策的共享等方面，强调公平竞争的制度。

在要素自由流动方面，相较于前不久通过的《关于构建更加完善的要素市场化配置体制机制的意见》所提到的资金、人员、数据要素，《方案》把运输明确作为投入的要素之一，并对船舶和航空运输方面进行部署。这也是其创新的体现。

余淼杰强调，更为重要的是，《方案》设计了规则开放，强调在短期内实现商品和要素的自由流动，以及长期完善规则体制两手抓，而且要相辅相成。规则的开放强调税收管理、社会治理、法治建设、风险管理四个方面。税收管理对照中国香港与新加坡的低税收模式，在社会治理、法治建设方面强调简政放权以及用设立海南自由贸易港的法律来保证方案落地。

他认为，《方案》中的风险管理颇具特色。既强调开放，同时也强调防范风险。相对于之前的贸易、投资、金融、人员方面的开放，在风险防控方面强调贸易反走私、金融防诈骗及预防提供虚假信息等，甚至还提到了要建立公共卫生的风险应对机制，也是受到新冠肺炎疫情的启示。

余淼杰认为：“方方面面的规则开放将中国对外开放提高到一个新高度，也是真正落地党的十九大推进全面开放新格局的关键性和标志性举措。”

创新在规则中贯穿始终

余淼杰认为，创新是融入《方案》方方面面的核心词汇。在贸易方面的创新，虽然“一线放开、二线管住”不是新内容，但是值得注意的是，《方案》在对货物贸易进行零关税的管理措施方面，强调负面清单和正面清单相结合。例如，企业进口用的中间品，实行零关税负面清单；企业进口用于交通运输两头在外的加工贸易，以及岛内居民消费的进境商品，采取正面清单，这是一大创新。此外，“一线放开”强调要制定进口征税目录，“二线管住”强调如果进料产品在港内加工增值超过 30%就可以免税，相当于推动产品附加值提升。

在投资创新方面，余淼杰表示，《方案》指出，取消审批跟许可改成备案，以及强调过程监管制约重点的投资便利制度。在资金方面，由事前审查变成了事后核查，这点是关键。

余淼杰认为，金融方面的创新最多，为了便利地促进资金流动，做了三个方面非常大的改革：一是货物贸易资金由原来的事前审查变成事后核查；二是投资相对于之前的自由贸易港、自由贸易试验区，它不只是负面清单，还要再加上准入前国民待遇；三是融资方面，鼓励企业走出去在外融资，通过发行股票或者债券的方式，把权力下放到海南省发改委，中央不再管控。

人员创新方面,《方案》规定，对一个纳税年度内在海南自由贸易港累计居住满 183 天的个人，其取得来源于海南自由贸易港范围内的综合所得和经营所得，按照 3%、10%、15%三档超额累进税率征收个人所得税；实施外国旅游团乘坐邮轮入境 15 天免签政策。

数据创新方面,《方案》强调开放增值电信业务，取消外资股比的限制。

税收创新方面，余淼杰总结，一是对外国进口的“一线放开、二线管住”零关税；二是在岛内适用低税率，用极简的税制，在中央分税制方面，增加对海南的比重，相当于地方有更大的财力，在此之前加强中央对地方的扶持。

早期收获+全面开放

《方案》提出，分步骤分阶段安排，部署了 2025 年前的重点任务和 2035 年前的重点任务。体现了中央在设计制度时强调步步为营、稳步推进的渐进式改革，这种渐进式改革也是我国改革开放成功的法宝。

余淼杰说：“在 2025 年之前形成早期收获，在 2035 年之前建成全面开放。”

余淼杰认为，在早期收获阶段，更多的是促进具体政策的落地，主要是封关、封港等方面的工作，以及为逐步建立完善新规则打基础。在 2035 年之前，更多的是全面实现贸易自由便利、投资自由便利、跨境资金流动自由便利、人员进出自由便利、运输来往自由便利和数据安全有序流动，推进建设高水平自由贸易港，这一目标的实现。

原载于《中国经济时报》2020 年 6 月 3 日 记者 陈婧

全岛封关、不靠房地产，海南自由贸易港未来如何发展？

2020年6月8日，国务院新闻办公室举行发布会，介绍《海南自由贸易港建设总体方案》(以下简称《方案》)。《方案》全文发布已有一周，正逐步落实中。6月3日，海南自由贸易港11个重点园区挂牌，率先实施相关政策和压力测试，成为自由贸易港政策的主要承接地和先行先试的“孵化器”。

作为中国内地目前唯一的自由贸易港，《方案》实现了多项突破。

北京大学国家发展研究院余淼杰教授认为，贸易强调“一线放开、二线管住”；投资强调“非禁即入”，取消政府审批，都体现了自由便利特点。同时，零关税、低税率、风险管控、强法治等提供了制度保障。

自由贸易港建设离不开产业发展。中国（海南）改革发展研究院院长迟福林认为，产业基础薄弱是海南自由贸易港建设的突出矛盾。在政策“早期安排”上，要把园区和产业发展结合起来，在注重园区发展的同时，尽可能地将相关政策向全省重点产业倾斜。

解读1：全岛封关运行后，意味着什么？

按照《方案》，海南“零关税”将分两个阶段进行。2025年全岛封关运作前，通过“零关税”正负面清单，对部分进口商品免征进口关税、进口环节增值税和消费税。全岛封关运作、简并税制后，对目录以外、允许进口的商品，免征进口关税。此外，海南将离岛免税购物额度由每年每人3万元提升至10万元，扩大免税商品种类。

税制安排是其中最大的亮点：在全岛封关运作前提下，零关税、低税率、简税制、强法治、分阶段，逐步建立与高水平自由贸易港相适应的税收制度。

外界普遍认为，这是海南对标国际最高开放标准的重要举措。

海南省委领导在发布会现场“算账”：进口游艇税收的成本大概能够降低 38%，本来 1000 万元进口一条游艇需要交 380 万元的税，但是如果在海南买一条 1000 万元的进口游艇，就不需要交 380 万元的税，比其他地方省了 380 万元。

“低税率”主要体现在所得税方面。《方案》提出，自 6 月 1 日起，对注册在海南自由贸易港并实质性运营的鼓励类产业企业，减按 15%征收企业所得税。对在海南自由贸易港工作的高端人才和紧缺人才，其个人所得税实际税负超过 15%的部分，予以免征。

对比来看，内地企业所得税率一般为 25%，符合条件的小型微利企业所得税税率一般为 20%。国家重点扶持的高新技术企业所得税税率一般为 15%。个人所得税率按 3%～45%分档征收。

可见，海南自由贸易港的税率处于最优惠水平。为避免海南成为“避税天堂”，《方案》同时提出了“强法治”要求。

从税负上来说，海南自由贸易港与中国香港，以及迪拜、新加坡等看齐，实现了较轻的税负，这也是自由贸易港发展的一个必要条件。

《方案》提出，税收管理部门按实质经济活动所在地和价值创造地原则，对纳税行为进行评估和预警，制定简明易行的实质经营地、所在地居住判定标准，强化对偷漏税风险的识别，防范税基侵蚀和利润转移。

解读 2：“非禁即入”，如何放宽市场准入？

根据方案，到 2025 年以前，短期内要素流动具体包括贸易和投资的自由便利化，同时实现资金、人员、运输、数据 4 项要素的自由流动。在贸易自由便利方面，货物贸易自由主要体现为“零关税”，服务贸易则表现为“既准入又准营”。

北京大学国家发展研究院余淼杰教授认为，从《方案》可以发现，海南自由贸易港在制度建设方面既强调在短期内要做好商品和要素的自由流动，又着眼于长期制度集成创新规则的制定。

针对货物贸易，《方案》提出“一线放开、二线管住”的要求。

“一线”设立在海南自由贸易港与境外其他国家和地区之间。“一线放开”包括除海南自由贸易港规定的禁止、限制进出口的货物和物品，其他货物、物品自由进出；除海南自由贸易港规定的进口征税商品，其他货物免征进口关税。

“二线”设立在海南自由贸易港与境内其他地区（内地）之间。“二线管住”指货物从海南自由贸易港进入内地，原则上按进口规定办理相关手续，照章征收关税和进口环节税。

余淼杰认为，其中，“对含进口料件，但在海南本港加工增值超过30%（含）的货物，经二线进入内地免征进口关税”对海南自由贸易港的发展非常有益。

针对服务贸易，实施跨境服务贸易负面清单制度，破除跨境交付、境外消费、自然人移动等服务贸易模式下存在的各种壁垒，给予境外服务提供者国民待遇。商务部副部长兼国际贸易谈判副代表王受文表示，这是第一张跨境服务贸易清单，值得期待。

余淼杰认为，这大幅放宽了海南自由贸易市场准入，取消审批、健全备案，有事必应，无事不扰。可以说，这是一个以过程监管为重点的投资便利制度，是一个非常重要的突破。

对于《方案》强调的资金、人员、运输和数据4个方面要素的自由流动，余淼杰表示，这是对此前中央首次出台的《要素市场化配置改革意见》的一个落地，除将《要素市场化配置改革意见》中首次提出的数据作为要素纳入，这次又实现一个突破，即把运输也作为一种新的要素纳入改革。

解读3：不靠房地产，自由贸易港将如何发展？

成为自由贸易区以来，海南房地产备受关注。如今，从自由贸易区过渡到自由贸易港，房地产投资会否升温？对此，时任海南省委书记刘赐贵明确表示，海南自由贸易港严格控制房地产。“海南的房地产不是外面想要多少就建多少，成为房地产的加工厂，我们土地是有限的，而且历史上也有过教训。”

2018年6月，海南对房地产采取了全域限购。刘赐贵表示，经历过阵痛，对历史上曾出现的房地产风险，在自由贸易港政策发布后不会再出现。

不靠房地产，海南自由贸易港将依靠什么实现增长?

国家发改委副主任林念修表示，海南将构建现代产业体系，大力发展旅游业、现代服务业和高新技术产业，进一步夯实实体经济的基础，增强经济创新力和竞争力。

余淼杰认为，这是根据海南的比较优势进行的安排，目标是聚焦全球优质的生产要素。

他认为，海南在旅游方面有得天独厚的优势，发展现代服务业则是海南近两年一贯的方向，《方案》也出台了大幅放宽离岛免税购物政策，提高免税购物额度等举措吸引游客。

海南省的这位领导在发布会上也表示，"不仅要让海南成为全国人民的度假天堂，还要成为全国人民的购物天堂"。

在发展高新技术产业方面，余淼杰认为，高新技术是保证中国经济发展的一个核心基础，避免中国在"卡脖子"工程上受制于人。海南自由贸易港作为中国最开放前沿，不仅要吸收资金，更加需要吸收技术，加上本港优越的制度创新作为保障，可以使高新产业得到一个更好的发展。

原载于《新京报》2020年6月8日 记者 姜慧梓

海南自由贸易港蓝图出炉！从“区”到“港”，海南有何新航向？

2020 年 6 月 1 日，《海南自由贸易港建设总体方案》（以下简称《方案》）公布。已筹备酝酿两年有余的海南自由贸易港，自此有了详细“时间表”和“施工图”。

2018 年 9 月，海南自由贸易试验区总体方案印发；2020 年 6 月，海南自由贸易港蓝图出炉。从自由贸易区到自由贸易港，一字之差，意味着什么？

北京大学国家发展研究院余淼杰教授在接受《中国城市报》记者采访时表示，相比目前 18 个自由贸易区，海南自由贸易港拥有更广、更高、更深的开放形态，而这背后最重要的体现就是创新。

一字之差，多个创新涌现

作为中国最南端的省级行政区，海南地理位置相对独立，因此也承担了全域性改革“试验田”的重任。

目前，海南已集多种光环于一身：既是国际旅游岛，又是中国最大的经济特区，现在又要建设自由贸易试验区和中国特色自由贸易港。

《方案》提出 39 条具体政策，并把建设目标分为近期、中期和远期三个阶段：到 2025 年，初步建立以贸易自由便利和投资自由便利为重点的自由贸易港政策制度体系；到 2035 年，成为中国开放型经济新高地；到 21 世纪中叶，全面建成具有较强国际影响力的高水平自由贸易港。

纵观《方案》，建设海南自由贸易港，“开放”和“创新”成为核心关键词。

自由贸易区与自由贸易港具体有何区别，海南又将在未来的中国经济发展格局中扮演怎样的角色？

海南省委全面深化改革委员会办公室、自由贸易试验区（自由贸易港）工作委员会办公室副主任许建鹏对此表示，两者的区别是多方面的：首先，自由贸易区的任务是给贸易自由化探路，自由贸易港是树立中国特色社会主义制度下最高开放形态的标志；其次，虽然两者都承担着自由化和便利化的任务，但自由贸易区更侧重经验的可复制和可推广，而自由贸易港更侧重的是承担对照国际通行规则的责任；此外，相比于自由贸易区，自由贸易港将更加强调“中国特色”的理念。

“从自由贸易区到自由贸易港，一字之差，但有很大的不同。”在余淼杰看来，从推进“一带一路”建设、自由贸易区建设，到海南自由贸易港的建设，都是真正落实党的十九大推进全面开放新格局的关键性举措。

而制度集成的创新，余淼杰认为是《方案》中最大的一个亮点。

余淼杰说：“这不只是简单的自由贸易区的一个升级版，而是真正做到了从原来商品要素自由流动，到制度型开放自由贸易港的设计。”《方案》强调了制度和规则制定方面的全开放。

具体来说，创新亮点包括很多方面，如在商品领域，其中货物贸易强调“一线放开、二线管住”；服务贸易则强调公开、公正、公平地进入市场，强调破除跨境交付、境外消费、自然人移动等壁垒。

创新还包括投资方面，《方案》在以前自由贸易区的负面清单基础上，又加上了准入前享受国民待遇；货物贸易资金方面，由事前审查变成了事后核查；融资方面，鼓励企业走出去在外融资，通过发行股票或者债券的方式，把权力下放到海南省发改委，中央不再管控。

更重要的是，《方案》设计了规则开放，意味着海南将长期打造一个全面开放的自由贸易港，这体现在四大方面：税收管理、社会治理、法治建设和风险管理。

其中，在风险防控方面，《方案》强调贸易反走私、金融防诈骗及预防提供虚假信息等，甚至还提到了要建立公共卫生的风险应对机制，也是受到新冠肺炎疫情的启示。余淼杰认为这也是制度创新里的一个亮点。

放宽户口迁移 或将打破户籍壁垒

《方案》对于户籍制度改革的表述也引起关注，提出进一步放宽户口迁移政策，实行以公民身份号码为唯一标识、全岛统一的居住证制度。

当下，全面开放落户限制在各地有序推进。这是否意味着，海南可能成为全国首个在全域范围内实施户籍改革的示范省？

余淼杰肯定了这种设想。他分析，公民身份号码为唯一标识的这种居住证制度，也将在未来给全国其他省地区的户籍改革提供一个方向和一个有效试点。

余淼杰说:“通过允许并且鼓励人员的自由流动来打破要素流动的地区壁垒，这在推进经济发展的同时，也最大限度地释放每一个劳动者、每个居民的工作潜能及自由能动性，这应该是我国未来户籍改革的一个重要的方向。”目前海南先试先行的这种做法，将是一个很好的典范。

《方案》规定，对在海南自由贸易港实质经营的企业，实行企业所得税优惠税率，减按15%征收企业所得税；对符合条件的个人，实行个人所得税优惠税率，按照3%、10%、15%三档超额累进税率征收，这是全国个税最低的政策。

记者了解到，目前国内最高的个人所得税已达到45%。这也意味着，海南正在用真金白银留下高端人才。

原载于《中国城市报》2020年6月8日 记者 张阿嫱

特朗普政府为何屡次提及终止中美贸易协议?

白宫贸易顾问纳瓦罗 22 日突然宣称，美中第一阶段贸易协议“结束了”，从而引发市场震荡。随后，美国总统特朗普又出面澄清：“与中国的贸易协定完好无损。”美国政府何以无端挑动此一话题？是否有意撕毁中美贸易协议？

纳瓦罗作为白宫对华最强硬的鹰派人物之一，时常语出惊人。当天他在接受电视台访问时说出“协议终结了”。他还表示，转折点是在中国代表团 1 月 15 日在华盛顿签署协议离开后，美国才了解到中国新冠肺炎疫情扩散的情况。

消息一出，引发美国股市期指和亚洲股市早盘下挫，道琼斯指数一度猛跌逾 400 点，离岸人民币汇率也见下挫。

纳瓦罗随即澄清，称自己的评论“被严重地断章取义”，“我只是谈到我们现在对中国缺乏信任”，第一阶段贸易协议仍然存在。其后美国三大期指止跌转升。

特朗普则在当晚发出推特，澄清“与中国的贸易协定完好无损”，并表示“希望他们会继续遵守协议条款”。

纳瓦罗结束中美第一阶段贸易协议的言论，是单纯的口误吗？事实上，特朗普曾于 5 月 8 日接受采访时表示，他对是否结束第一阶段贸易协议感到“非常纠结”。他还表示，若中国未能兑现其购买美国产品的承诺，他将终止贸易协议。

美国可能终止中美贸易协议吗？北京大学国家发展研究院余淼杰教授 23 日在接受香港中国通讯社记者采访时指出，“这不可能”，“因为虽然这一协议不见得会减少中美贸易差额，但的确会扩大中方从美国的进口量，这是美方求之不得的，因而美方绝对没有可能主动终结协议。但他们有可能制造障碍，使协议无法往前推进”。

美国参议院司法委员会主席格拉斯利 5 月 28 日也表示，特朗普不会撕毁与中国达成的第一阶段贸易协议。摩根士丹利经济学家认为，特朗普目前专注于经济，不会想打破第一阶段协议，中美现阶段也不太可能重演贸易战。

为何特朗普和纳瓦罗又屡屡提及“终止协议”？余淼杰指出：“这是出于两个背景：第一，美国传统上认为，美方在中美贸易中吃亏，希望中方能很好地履行协议；第二，因为遇到新冠肺炎疫情，美方担心中方会以不可抗力因素为理由，拒不履行或部分履行协议。因而，美方不停地拿贸易协议说事，挑起争端。”

余淼杰指出：“尽管中方完全可以按照不可抗力因素来延迟部分条款的进行，但中方非但没有这样做，反而全力以赴地扩大进口，并进行许多结构性改革，让外资能更便利地在中国投资。这些努力甚至得到了美国贸易代表莱特希泽的肯定，也是国际上有识之士有目共睹的。”

余淼杰续指：“如果第一阶段贸易协议无法完全落地，尤其是两年增购 777 亿美元制成品这一项，将是因为美国无法提供足够的产品出售。因为如果美方不向中国出口高科技制成品，一般制造品很难达到这个目标，尤其在美方遇到疫情冲击，生产困难的情况下。因而最重要的是中美双方相向而行，为协定全面落地而共同努力。”

原载于 香港中国通讯社 2020 年 6 月 23 日 记者 张婕舒

我国6月份进出口年内首次实现双“转正” 外贸年中考成绩好于预期

7月14日，中国海关总署发布的外贸数据显示，2020年上半年中国货物贸易进出口总值为14.24万亿元，同比下降3.2%，降幅比第一季度明显收窄3.3个百分点，外贸进出口整体好于预期。其中，6月当月进出口同比增长5.1%，出口增长4.3%，进口增长6.2%，进口出口年内首次实现双“转正”。

外贸总体回稳

据中国海关总署统计，2020年上半年中国货物贸易进出口降幅比前5个月收窄1.7个百分点。其中，出口7.71万亿元，下降3%；进口6.53万亿元，下降3.3%。

在分析上半年外贸数据时，中国海关总署新闻发言人、统计分析司司长李魁文表示，上半年外贸进出口整体表现好于预期。从季度看，在经历了第一季度震荡后，第二季度进出口有所回稳；从月度看，自4月起出口连续3个月实现正增长。

北京大学国家发展研究院余淼杰教授在接受国际商报记者采访时说：“从横向比较来看，中国上半年的外贸增长表现一枝独秀。”受国内外疫情影响，中国外贸面临前所未有的巨大挑战，无论从WTO和IMF等机构的预测来看，还是从其他国家的外贸增长来看，中国作为世界第一货物贸易大国，能够实现这样的增长实属难能可贵。

稳外贸不松劲

李魁文说：“中国外贸发展面临的不确定、不稳定因素明显增多，叠加中美经济贸易摩擦的影响，下半年进出口形势依然复杂严峻。”同时也要看到中国外贸发展韧性足、回旋余地大，在以习近平同志为核心的党中央坚强领导下，随着一系列稳外贸政策措施效应的持续释放，中国有信心稳住外贸基本盘，努力实现进出口促稳提质。

IMF 的最新预测显示，2020 年世界经济增速将下降 4.9%，世界银行预测全球经济增速将下降 5.2%，为第二次世界大战以来最严重的经济衰退。WTO 预计 2020 年全球货物贸易将下降 13%～32%，联合国贸易和发展会议预计全球货物贸易将下降 20%。

余淼杰认为，上半年国家出台了大量稳外贸政策，举办了线上广交会等展会，积极开拓东盟等“一带一路”市场，大量政策措施深入实施，为外贸企业下半年的发展奠定了较好的基础。下半年随着海外库存消化，外部消费需求有望进一步回升，有助于出口。同时，国内经济逐步恢复也将为外贸企业创造更大的回旋空间。“下半年稳外贸工作既要抓住机会出口，也要重点做好出口产品转内销。”

原载于《国际商报》2020 年 7 月 15 日 记者 吴力

临港新片区在“双循环”中的关键作用

在“以国内大循环为主体、国内国际双循环”的新发展格局和大坐标下，自由贸易区（港）的角色和使命是否被赋予了新的内涵？《中国（上海）自由贸易试验区临港新片区总体方案》和《海南自由贸易港建设总体方案》相继出台，临港新片区与海南自由贸易港如何既协同配合又实现差异化发展？陆家嘴的在岸金融和临港新片区的离岸金融又如何协同推进上海国际金融中心建设？

在上海自由贸易试验区临港新片区揭牌一周年之际，澎湃新闻（www.thepaper.cn）就此专访北京大学国家发展研究院余淼杰教授，他对建设临港新片区实现更大突破提出了建议。

2020 年 7 月 30 日，中共中央政治局会议释放出“加快形成以国内大循环为主体、国内国际双循环相互促进的新发展格局”的信号。

如何实现“双循环”拉动国内经济增长？

余淼杰认为，第一，要实现我国超大规模的市场优势，在目前碰到百年未有之大变局及新冠肺炎疫情的冲击下，必须通过财政政策和货币政策双轮驱动的国内宏观政策来拉动。

第二，不管是上海自由贸易试验区还是海南自由贸易港的构建，都是为了实施更高标准的贸易自由化，直到我国更深入地融入全球经济一体化格局中去，构建如 RCEP 和 CPTPP 一般的更高层次的“自由贸易区”。

在新冠肺炎疫情的巨大冲击下，经济低迷、保护主义上升、全球市场萎缩等进一步加剧，世界面临的不稳定性和不确定性更加突出。在这一特殊时期，中国正在以自由贸易试验区开放的确定性来应对世界经济形势的不确定性。

余淼杰对澎湃新闻的记者表示，尽管当前全球多边合作的机制受到了很大冲击，甚至出现了一些贸易自由化的回头浪现象，但不代表经济全球化已发生本质性的改变，全球化态势的表现形式也发生了一些新变化，全球多边合作让位于区域经济一体化。

在这种形势之下，以临港新片区为“领头羊”的中国自由贸易试验区的建设，对推进地区贸易协作将起到非常关键的作用。临港新片区的建设必须坚决服从于建立以贸易投资自由化为核心的体制，实施贸易自由化、投资便利化，以及服务于贸易和投资这种实体经济的跨境金融管理制度，同时做好数据有序流动。

《中国（上海）自由贸易试验区临港新片区总体方案》和《海南自由贸易港建设总体方案》一北一南，相互联动，推进我国对外开放，拉升我国对外开放格局，并实行南北协作、立体合作。

两个方案相辅相成，值得一提的差异化之处是，尽管临港新片区总体方案没有明确用到“贸易空港”一词，但已在不同地方强调了自由贸易空港的理念或功能，如明确提出要建设高能级的全球航运枢纽。总部经济也是临港新片区所特有的，海南主要发展服务贸易、旅游贸易。

临港新片区要实施资金便利收付的跨境金融管理制度。余淼杰认为，上海自由贸易区或者说中国自由贸易试验区所面临的最大挑战就在于金融开放。因为金融开放不同于贸易开放，贸易开放可以比较容易地实现“一线放开、二线管住”。而金融像水一般到处流动，具有放大效应。

余淼杰表示：“上海自由贸易区更重要的是金融方面的试点和改革，所以这一块应该说是上海自由贸易区所独有的比较优势和竞争优势，应该继续好好发挥。”陆家嘴的在岸金融和临港新片区的离岸金融将融合纽约、伦敦特色，是尝试人民币自由化的重要途径之一。临港新片区是资本项目可兑换的一个试验田，当然，这并不是一蹴而就的，还需要更多的试点、试验。

以下是澎湃新闻记者与北京大学国家发展研究院余淼杰教授的对话实录。

实现我国超大规模的市场优势，实施更高标准的贸易自由化

澎湃新闻记者：在“以国内大循环为主体、国内国际双循环”的新发展格局和大坐标下，自由贸易区（港）的角色和使命是否被赋予了新的内涵？具体到上海自由贸易区临港新片区，如何在“双循环”中发挥

其特有的重要节点作用？

余淼杰：中共中央政治局常务委员会5月14日召开会议，第一次提到要“充分发挥我国超大规模市场优势和内需潜力，构建国内国际双循环相互促进的新发展格局”①。

7月21日，习近平在主持召开的企业家座谈会上强调，要“逐步形成以国内大循环为主体、国内国际双循环相互促进的新发展格局”②。

7月30日，中共中央政治局会议释放出“加快形成以国内大循环为主体、国内国际双循环相互促进的新发展格局”③的信号。

如何实现“双循环”拉动国内经济增长？

第一，要实现我国超大规模的市场优势，在目前碰到百年未有之大变局以及新冠肺炎疫情的冲击下，必须通过财政政策和货币政策双轮驱动的国内宏观政策来拉动。

当我们在讲国内大循环时，绝对不是不要改革开放、不要对外开放，而是要更好地开放，更好地构建全面开放新格局。换言之，从十九大到现在构建全面开放新格局，最重要的两个内容，一个是继续做好自由贸易试验区的工作，包括2019年8月6日国务院通过的《中国（上海）自由贸易试验区临港新片区总体方案》，以及2020年6月推进的《海南自由贸易港建设总体方案》,这两个方案是我国构建全面开放新格局的关键举措。另一个是要扩大进口。所以做好进口博览会也是全面开放新格局的一项工作。各个自由贸易试验区，特别是作为自由贸易区“领头羊”的上海自由贸易试验区更应该发挥好商品进口的作用。

第二，不管是上海自由贸易试验区还是对海南自由贸易港的构建，都是为了实施更高标准的贸易自由化，直到我国更深入地融入全球经济一体化格局中去，构建更高层次的“自由贸易区”。

请注意，这里的“自由贸易区”跟我们所讲的“自由贸易试验区”不一样，这里所讲的自由贸易区包括RCEP和CPTPP。

换言之，以上海自由贸易区为代表的自由贸易试验区是先行先试，

---

① 新华社．中共中央政治局常务委员会召开会议 习近平主持[EB/OL]. http://cpc.people.com.cn/n1/2020/0514/c64094-31709431.html[2021-01-27].

② 新华社．习近平主持召开企业家座谈会并发表重要讲话[EB/OL]. http://www.gov.cn/xinwen/2020-07/21/content_5528789.htm?gov[2021-01-27].

③ 新华社．习近平主持中共中央政治局会议 决定召开十九届五中全会 分析研究当前经济形势和经济工作[EB/OL]. http://www.gov.cn/xinwen/2020-07/30/content_5531313.htm[2021-01-27].

是我国进一步扩大对外开放的一个窗口，它所负担的核心功能包括：一是贸易便利化、投资自由化；二是负面清单准入前的国民待遇模式；三是简政放权，改善营商环境；四是进行金融试点，推进金融改革。

以这四个方面为核心的自由贸易试验区的工作，也是我国切实推进全面开放新格局、融入经济全球一体化中的重要举措。换言之，以上海自由贸易区临港新片区为代表的自贸园区是我国构建全面开放新格局的一个重要举措，也是我国更好地实现“双循环”的一个关键、实时的抓手。

临港新片区的建设必须坚决地服从于建立以贸易投资自由化为核心的体制

澎湃新闻记者：在新冠肺炎疫情的巨大冲击下，经济低迷、保护主义上升、全球市场萎缩等进一步加剧，世界面临的不稳定性和不确定性更加突出。在这一特殊时期，中国正在以自由贸易试验区开放的确定性来应对世界经济形势的不确定性。上海自由贸易区临港新片区有其与生俱来的特殊使命，在上述背景下，您对临港新片区建设实现更大突破有哪些建议？

余淼杰：目前面临百年未遇之大变局以及百年一遇的新冠肺炎疫情，在这些冲击下全球经济出现衰退。以美国为代表的一些国家推行贸易欺凌主义，实行贸易单边政策，推行本国优先的政策，使得全球多边合作的机制受到了很大的冲击，甚至出现了一些贸易自由化的回头浪现象。

尽管出现这种现象，但不代表经济全球化作为趋势已发生本质性的改变。之所以说没有发生本质性的改变，是因为经济全球化的两个基本特征——生产地区化及贸易全球化，并没有发生本质性的改变。

当然，全球化态势的表现形式也发生了一些新的变化，经济全球化再也不是以多边合作为主要的表现形式。相反，全球多边合作让位于区域经济一体化，这将会是我们未来发展全球化的一个新的态势。

区域经济一体化主要表现为，以美国为首的美墨加三国协议、以德国为核心的欧盟区和以中日等国为主的东盟“10+6”，这三块将“三足鼎立”，明显重新塑造经济全球化的新形态。

在这种形势之下，以上海自由贸易区临港新片区为“领头羊”的中国自由贸易试验区的建设,对推进地区贸易协作将起到非常关键的作用。因为我们在传统出口加工贸易区所升级起来的、赋予更新含义的自由贸易试验区，其贸易主体国家就是东亚国家，就是成为中国最大贸易伙伴的东盟，以及跟中国贸易往来特别紧密的韩国和日本，当然也包括新西兰和澳大利亚。

《中国（上海）自由贸易试验区临港新片区总体方案》与在其基础上提出并发展起来的《海南自由贸易港建设总体方案》，一北一南，相互联动，共同推进我国对外开放，拉升我国对外开放的格局，并实行南北协作、立体合作。所谓“立体”，就是不只要做到海域，同时也要做到空域。

上海自由贸易区临港新片区以后的发展也必须服务于这个目标。国务院的总体方案非常明确地指出，不只是要成为一个高度开放的商品贸易区，同时要实行贸易投资便利、货物进出自由，更重要的是，除了商品以外，还有要素流动的开放，包括资金、人员及一种新的要素——5 月 18 日《中共中央　国务院关于新时代加快完善社会主义市场经济体制的意见》中所强调的数据。

数据作为一种新的要素，尽管在临港新片区总体方案中没有用到这个词，但里面讲得非常清楚，要实现信息快捷联通，其实讲的也是数据的概念。换言之，临港新片区总体方案其实是引领着中国一年多来的对外开放。

临港新片区的建设必须坚决地服从于建立以贸易投资自由化为核心的体制，实施贸易自由化、投资便利化及服务于贸易和投资这种实体经济的跨境金融管理制度，同时做好数据的有序流动。

这是未来临港新片区发展的一个短期目标，长期目标是到 2035 年建成具有较强国际市场影响力和竞争力的特殊经济功能区。

《中国（上海）自由贸易试验区临港新片区总体方案》与《海南自由贸易港建设总体方案》，一北一南，相互联动

澎湃新闻记者：揭牌一年来，上海自由贸易区临港新片区制度和政策创新文件紧锣密鼓出台，创新案例落地。2020 年 6 月，《海南自由贸易港建设总体方案》正式印发。在发展更高层次的开放型经济议题下，临港新片区与海南自由贸易港如何既协同配合又实现差异化发展？

余淼杰：《中国（上海）自由贸易试验区临港新片区总体方案》给海南自由贸易港的设计提供了一个蓝图、版本。我们仔细研读这两个总体方案，可以发现两者相通，都提出分两步走：第一步，在2025年实现早期收获，第二步，到2035年毕其功于一役，完全收官。其实《海南自由贸易港建设总体方案》也是为了跟《中国（上海）自由贸易试验区临港新片区总体方案》同步并进。

在这两个方案中，我们看到了非常多的类似点。例如，终极目标都是要建立一个开放性的制度体系。为了实现这个终极目标，通常分几步走：第一步，涉及商品货物的自由贸易，也就是我们平时所讲的出口至加工区所有的“一线放开、二线管住”。但并不只是简单地对商品货物的流动。第二步，要素的自由流动，包括资金、人员、数据和运输。第三步，在市场准入方面，《海南自由贸易港建设总体方案》借鉴了《中国（上海）自由贸易试验区临港新片区总体方案》并在其的基础上又推进了一步。原则上取消许可和审批，建立健全备案制度，这更加明确地提出政府应更好地发挥服务职能，对企业有事必应，无事不扰。

两者都强调要在税收管理、社会管理、法治建设和风险管控上加以发力，特别是在风险管控上，《中国（上海）自由贸易试验区临港新片区总体方案》应该是第一次比较全面地强调了风险管控。

我们更多的是看到这两者相辅相成、相互联动之处，如跨境金融的管理制度、实施高度开放的国际运输管理、自由便利的人员管理和富有竞争力的国际税收政策。

如果对比税收这两块，两方案都是5年之内减按15%征收企业所得税。海南自由贸易港提出了如果累计居住满183天，按照中国香港的做法，个人所得税不再按内地的最高达到45%这样的累进税，而是通过比较低的税率，最高只按15%的税率来征收。在《中国（上海）自由贸易试验区临港新片区总体方案》中也有类似表述，如研究实施境外人才个人所得税税负差额补贴政策。

值得一提的是，二者还是有差异的，主要表现为《中国（上海）自由贸易试验区临港新片区总体方案》的提法尽管没有明确用到“贸易空港”这个词，但其实已经在不同的地方强调了自由贸易空港这个理念或功能，如它明确提出要建设高能级的全球航运枢纽，这其实就是一个贸易空港。

总部经济也是上海临港新片区所特有的。海南的总部经济概念并不明显，它主要发展的是服务贸易、旅游贸易。当然，上海也提到了服务贸易，如包括各种各样的文化艺术品的展示、拍卖、交易。

临港新片区，借鉴与输出

澎湃新闻记者:《中国(上海)自由贸易试验区临港新片区总体方案》提出，临港新片区要对标国际上公认的竞争力最强的自由贸易园区；建立洋山特殊综合保税区，作为对标国际公认、竞争力最强的自由贸易园区的重要载体。国际上有哪些成功的自由贸易区？它们的建设有哪些是上海临港新片区可以借鉴学习的地方？

余淼杰:洋山特殊综合保税区的确借鉴了国际上很多成熟的自由港，然后在其基础上不断提升。我们对照中国香港和新加坡，洋山特殊综合保税区可以说借鉴了它们的成功经验。

比如中国香港是个自由港，目标定位是国际物流、金融、贸易和旅游中心。功能是要在贸易、国际中转、金融市场实现完全开放。基础设施方面是自由港层次化，然后实现配套服务的齐全。通关方式是涉嫌文件的检验和抽样的获取。

新加坡是一个城市自由港,除了要打造跟中国香港一样的国际物流、贸易、金融、旅游中心外，它多强调了一个企业中心。功能上，除了贸易、国际中转、仓储以外，它还强调了空港联运及货汇的集散，这点也是洋山特殊综合保税区或临港新片区所定位的方向。实现贸易管理的电子化也是新加坡的一个独特之处,中国香港在这方面还要向新加坡学习。

如果对照另外一个欧洲比较成功的版本——成功的城市自由港鹿特丹，它的目标和定位是要实现一个多功能、可持续、高科技、快速安全和清洁整洁的港口。它不仅发挥了集装箱货物集中仓储、运输、销售于一体的作用，还实现了加工业务。

《中国（上海）自由贸易试验区临港新片区总体方案》中也讲到了，特殊综合保税区，更广一点，整个临港新片区并不只具有仓储功能，还具有生产、加工的功能。

在通关上，欧洲的鹿特丹一天 24 小时通关服务，24 乘以 6，周日除外，先存储后报关，以公司账册管理和存货数据来取代海关查检，这也值得我们学习，或者说是洋山特殊综合保税区定的一个方向，因为它要打造成国内最先进的出口加工区及综合保税区。

毫无疑问，“一线放开、二线管住”，这是所有综合保税区的核心特征

澎湃新闻记者：上海自由贸易区临港新片区以“投资自由、贸易自由、资金自由、运输自由、人员从业自由”为重点，推进投资贸易自由化、便利化，实现新片区与境外投资经营便利、货物自由进出、资金流动便利、运输高度开放、人员自由执业、信息快捷联通。那么，如何促进“五个自由”和“一个便利”政策加快落地？临港新片区在哪些方面可以为其他自由贸易区输出经验范本？

余淼杰：货物的自由进出、投资的便利、资金的便利流动、运输的高度开放、人员的自由执业、信息的快捷联通，其实都值得另外 18 个自由贸易试验区学习，因为临港新片区是自由贸易试验区的“领头羊”。真正有可能能够和上海自由贸易试验区差别不大的，就是江苏自由贸易区的苏州片区。

上海自由贸易试验区这几块都已经走在其他自由贸易试验区的前面，特别是在数据的联通方面，包括金融的创新，也走在其他自由贸易区前面。

在岸金融和离岸金融融合纽约、伦敦特色，是中国尝试人民币自由化重要途径之一

澎湃新闻记者：陆家嘴是在岸金融，临港新片区的离岸金融是陆家嘴的升级版，具有鲜明的“跨境”特点。陆家嘴和临港新片区如何协同推进上海国际金融中心建设？

余淼杰：上海自由贸易区或者说中国自由贸易试验区所面临的最大挑战就是在金融方面的开放，因为金融方面的开放不同于贸易方面的开放，贸易方面的开放可以比较容易地实现“一线放开、二线管住”，实现境内关外的管理。

但金融就像水一样，它是到处流动的，因为金融具有放大效应，它

能在 119.5 平方千米的区域试验成功,不代表也能很容易地在全国约 960 万平方千米的区域内一样获得成功。

一是因为地区的差异性，二是因为金融方面的放大效应，大了之后可能出现规模特征，跟小范围出现的不一样，所以这是具有挑战的地方。

陆家嘴的在岸金融及临港新片区的离岸金融，都比较好地融合了国际上不同金融中心的特征，如上海 2019 年作为全球第四大金融中心，地位仅次于纽约、伦敦和东京。

毫无疑问，上海的在岸金融和离岸金融融合了纽约、伦敦的特色，也是中国尝试人民币自由化的一个重要途径，因为这里面强调支持符合条件的金融机构开展跨境证券的投资及跨境保险业务，目标是稳步推进资本项目可兑换。换言之，这个地方是作为我们资本项目可兑换的一个试验田，当然，资本项目可兑换不是一蹴而就的，还需要更多的试点和试验。

陆家嘴也好，临港新片区也罢，我们的终极目标是要实现人民币的国际化，让人民币成为国际上的硬通货。但要实现人民币的国际化，我们需要分两步走：第一步是先实现人民币的地区化，简而言之是在东南亚、东亚地区的贸易中使用。第二步是将人民币逐步推广到全球范围使用，使其成为国际上的主要流通货币。

货币具有三个基本功能，一是交换媒介功能，二是记账功能，三是储值货币功能。人民币地区化在前两个功能上已经得到了很好的实施，在东南亚地区已经没问题。人民币作为一种储值货币，未来是可期的，但是在当前仍有相当长的一段路要走。所以我们应该先实现人民币的地区化，然后再实现人民币的国际化。

但不管怎么讲,上海自由贸易区更重要的是金融方面的试点和改革，所以这一块应该说是上海自由贸易区所独有的比较优势和竞争优势，应该继续好好发挥。

原载于 澎湃新闻 2020 年 8 月 19 日 记者 张静 杨漾

中美将举行贸易会谈，第一阶段协议审议前景乐观

就在美国总统特朗普扬言“不想与中国对话”并“无限期推迟了同中国的谈判”之后，中国商务部新闻发言人20日表示，中美双方已商定将于近日举行通话。中国学者指出，特朗普如果停止中美第一阶段贸易协议，将面临更大风险。相信中美第一阶段贸易协议的审议会顺利进行。

中美两国原定于8月15日，即中美第一阶段贸易协议生效届满6个月当天，通过视频会议的形式，举行中美高级别贸易会谈。但该会谈未能如期举行。

对此，美国总统特朗普8月18日在一次公开活动中承认自己“无限期推迟了同中国的谈判”。他提到，自己没有兴趣与中国开展第二阶段的贸易谈判，也没有兴趣和中国对话。就是否会退出第一阶段协议，特朗普表示，会重新审视。

然而，《华尔街日报》和彭博新闻社19日引述知情人士透露，中美计划重新安排贸易协定谈判，以评估中美贸易协议6个月来的进展。对此，中国商务部发言人高峰20日回应证实，中美双方已商定于近日举行通话。

特朗普为何要放话“无限期推迟与中国的谈判”？北京大学国家发展研究院余淼杰教授20日对香港中国通讯社记者表示，这是特朗普极限施压的一贯的表现，也是为了11月大选的需要。他所谓的“没兴趣与中国开展第二阶段的贸易谈判”，现在也要打一个问号：一方面这需要等两年之后根据国际国内形势再作研判；另一方面也要看特朗普能不能当选。

就第一阶段贸易协议来说，余淼杰指出，根据协议内容，若在不可

抗力因素的情况下，中方或美方都可暂停实施条款。但中方在新冠肺炎疫情严重的情况下，仍然积极履行承诺，尽力推进经济贸易协议的各项措施落地，切实彰显了中方扩大开放的诚意，一诺千金，就连美方主要贸易代表都对中方履行的程度表示认可和赞许。

据了解，第一阶段协议的核心内容是中国承诺在2020年和2021年两年内增加从美国进口2000亿美元的产品。此前一直有声音质疑，中国或许无法兑现承诺；尤其在新冠肺炎疫情暴发后，质疑声越来越大。然而，英国路透社指出，2020年4月，中美双边贸易额较3月增长近43%，达到397亿美元，中国重新超越墨西哥和加拿大，成为美国最大的贸易伙伴。

美国白宫国家经济委员会主任库德洛也于8月13日强调，和中国的第一阶段贸易协议进展很顺利："我们与中国在其他事情上有很大的分歧，但就第一阶段贸易协议来说，我们是契合的。"

因此，在余淼杰看来，第一阶段贸易协议不存在被停止的风险，对第一阶段贸易协议的审议会还是比较乐观的，应该也会开展得比较顺利。他强调，中方的出发点是认为，中美经济贸易合作是防止中美关系进一步滑坡的"刹车器"。哪怕特朗普说要重新审视第一阶段协议也没关系，因为一旦停止第一阶段贸易协议，特朗普面临的风险或许会更大。

余淼杰进一步指出，如果大选前特朗普把第一阶段协议作废，这对美国的农民和农业来说都将是很大的打击，因为他们没有办法扩大出口，所以在农业州的选民将会受到影响，对特朗普的选情将更加不利。从这个角度来看，第一阶段贸易协议也不可能存在被停止的风险。

原载于 香港中国通讯社 2020年8月20日 记者 殷田静子

携手努力、共克时艰——解读习近平在2020年中国国际服务贸易交易会全球服务贸易峰会上的致辞

据中央广播电视总台中国之声《新闻纵横》报道，以“全球服务，互惠共享”为主题，2020年中国国际服务贸易交易会全球服务贸易峰会9月4日在北京开幕。这也是疫情发生以来，我国在线下举办的第一场重大国际经济贸易活动。

习近平在2020年中国国际服务贸易交易会全球服务贸易峰会上致辞，强调各国要“共同营造开放包容的合作环境”“共同激活创新引领的合作动能”“共同开创互利共赢的合作局面”。[①]专家学者表示，习近平在致辞中提出了促进全球服务贸易发展繁荣的“中国方案”，传递了中国同各国携手努力、共克时艰，推动世界经济尽快复苏的积极信号。

这次疫情全球大流行期间，远程医疗、在线教育、共享平台、协同办公、跨境电商等服务广泛应用，对促进各国经济稳定、推动国际抗击疫情合作发挥了重要作用。放眼未来，服务业开放合作正日益成为推动发展的重要力量。习近平在致辞中指出，“中国克服重重困难，举办这样一场重大国际经济贸易活动，就是要同大家携手努力、共克时艰，共同促进全球服务贸易发展繁荣，推动世界经济尽快复苏”[②]。北京大学国家发展研究院余淼杰教授认为：“正如习近平讲话中所讲到的，当今世界正

---

① 新华社．习近平在2020年中国国际服务贸易交易会全球服务贸易峰会上的致辞（全文）[EB/OL]. http://www.gov.cn/xinwen/2020-09/04/content_5540728.htm[2021-01-27].

② 新华社．习近平在2020年中国国际服务贸易交易会全球服务贸易峰会上的致辞（全文）[EB/OL]. http://www.gov.cn/xinwen/2020-09/04/content_5540728.htm[2021-01-27].

在经历百年未有之大变局。我国在这个关键的节点，用实际行动推进贸易的全球化，彰显了中国对外开放的诚意，同时也是真正落地推进国内国际双循环结合、拉动中国经济增长具体的举措。对疫情（影响）的恢复，对促进我国下半年经济的发展都起着至关重要的作用。更为重要的是，给全球低迷的经济打入了一针‘强心剂’，使得各个国家能够在中国对外开放中获利。”

纵观人类社会发展史，世界经济开放则兴、封闭则衰。服务业因其独特的轻资产、软要素等特点，更加需要开放、透明、包容、非歧视的行业发展生态，更加需要各国努力减少制约要素流动的“边境上”和“边境后”壁垒，推动跨境互联互通。习近平在致辞中强调，各国要“共同营造开放包容的合作环境”，“中国将坚定不移地扩大对外开放”，“继续放宽服务业市场准入”。[①]余淼杰分析：“这一点是构建全面开放新格局新阶段的新举措。扩大服务贸易的进口，一方面能够使中国老百姓享受到经济发展所带来的福利的提高、幸福感和获得感的提升；另一方面也减少了国际经济贸易失衡，特别是双边或者多边的经济贸易失衡，有助于消解地区的贸易摩擦。”

习近平同时强调，各国要“共同激活创新引领的合作动能”“共同开创互利共赢的合作局面”，中国将“发展服务贸易新业态新模式”，“支持组建全球服务贸易联盟”。[②]余淼杰认为，习近平为服务贸易的发展指明了重点方向：“在发展服务贸易的同时，要很好地跟数字结合在一起，特别是发展数字服务贸易，这一点是我们未来工作的重点。也就是说，在全球大变局的背景下，我们要构建一个以中国为中心节点的全球价值链，那么（其中）一个关键，就是要发展数字导向、知识密集的产业链。换言之，数字贸易在此扮演着至关重要的角色。”

原载于 央广网 2020年9月5日 记者 潘毅

① 新华社. 习近平在 2020 年中国国际服务贸易交易会全球服务贸易峰会上的致辞（全文）[EB/OL]. http://www.gov.cn/xinwen/2020-09/04/content_5540728.htm[2021-01-27].

② 新华社. 习近平在 2020 年中国国际服务贸易交易会全球服务贸易峰会上的致辞（全文）[EB/OL]. http://www.gov.cn/xinwen/2020-09/04/content_5540728.htm[2021-01-27].

自由贸易区七年六扩容 将为新发展格局积累哪些经验？

我国自由贸易区再“上新”，国务院近日批复北京、湖南、安徽三地自由贸易区总体方案及浙江自由贸易区扩展区域方案，上述方案全文均于9月21日对外公布。自2013年上海自由贸易试验区挂牌至今，我国自由贸易区总数已增至21个。

“加快形成以国内大循环为主体、国内国际双循环相互促进的新发展格局”背景下，我国改革开放再添新的试验田是何用意，有何影响？北京大学国家发展研究院余淼杰教授认为，这说明，尽管外部环境复杂严峻，但中国坚持深化改革、扩大开放的方向和决心没有改变。

从实际出发，这些自由贸易区中一些条件成熟的区域，或将成为我国探索形成新发展格局的试验场，对相关措施开展先行先试和压力测试，为加快形成新发展格局积累经验，并逐步复制推广。

“胡焕庸线”以东仅余4地未设自由贸易区

记者梳理发现，我国21个自由贸易试验区分六批、历时7年获批建设。

2013年9月，上海自由贸易区作为我国首个自由贸易试验区正式挂牌；2015年4月，广东、天津、福建作为第二批自由贸易区获批建设；随后，辽宁、浙江、河南、湖北、重庆、四川、陕西7地自由贸易区于2017年3月获批；2018年9月，海南自由贸易区获批，并于2020年6月正式以自由贸易港身份启动运作；2019年8月，江苏、河北、黑龙江、广西、山东、云南自由贸易区挂牌；2020年9月，我国自由贸易区第六次扩容，北京、安徽、湖南自由贸易区及浙江自由贸易区扩展区域获批。

经过 7 年建设，目前我国自由贸易区分布北至黑龙江，南至海南，东至江浙沪、西至四川陕西，从沿海到内陆，跨东中西区域，分布于全国各地。

余淼杰表示，此次扩容后，“胡焕庸线”（黑龙江黑河—云南腾冲一线）以东地区仅有江西、贵州、山西、吉林四省未设自由贸易区，我国自由贸易区建设已经基本形成由沿海到内陆，由“点”到东部“一条线”再到中西部全面推进的阶段，形成了“1+3+7+1+6+3”的开放新格局。

商务部副部长王受文表示，这样的布局有利于进一步服务国家发展战略。例如，增加北京自由贸易区，加上此前已经设立自由贸易区的天津、河北，将实现京津冀全覆盖，有利于推动京津冀协同发展；增加安徽自由贸易区则实现了长江三角洲全覆盖，推动长江三角洲区域一体化发展；增加湖南自由贸易区有利于进一步服务中部崛起的国家发展战略。

任务各有侧重，北京着力服务业开放、数字经济

此次扩容的 4 个自由贸易区或扩展区域承担着差别化的试点任务。

安徽战略性新兴产业占安徽规上工业产值的比重达 35%。因此，安徽自由贸易区将通过布局一批基础研究、应用研究的前沿研发平台和基地，建设科技创新策源地；湖南自由贸易试验区将发力制造业数字化、智能化转型，支持先进制造业高质量发展；浙江自由贸易区则大力发展物联网、工业互联网、AI 等“新基建”，打造数字经济发展示范区。

北京自由贸易区以科技创新、服务业开放、数字经济为主要特征，涵盖科技创新片区、国际商务服务片区和高端产业片区三大片区。

“北京作为政治文化中心和国际交往中心，聚集了大量的国际和国内头部企业，总部经济发达，将引领全国其他自由贸易区的发展。”余淼杰认为，数字经济未来将成为北京自由贸易区的一张名片，其内涵包括数字的商品贸易（电子商务）、数字的服务贸易及数据贸易，体现为通过云计算等实现国际贸易。

除服务业和数字经济外，切实推进金融改革创新也是北京自由贸易区的重点功能之一。

事实上，差异化探索一直是我国自由贸易区建设秉持的原则，结合

各地地缘、产业等特点，自由贸易区的试点任务各有侧重。

例如，天津自由贸易区与河北自由贸易区都提及京津冀协同发展；福建自由贸易区则突出对台优势，提出把自由贸易试验区建设成为深化两岸经济合作的示范区；黑龙江靠近俄罗斯，自由贸易试验区建设提出打造对俄罗斯及东北亚区域合作的中心枢纽。

均提及“加快转变政府职能”，政府当好“店小二”

记者注意到，四地的方案中均提及“加快转变政府职能”。余淼杰认为，这与上海自由贸易区当年提出的政府“放管服”一脉相承，是上海经验的复制推广，属地政府在自由贸易区建设中的角色关系着自由贸易区的发展。

根据方案，北京在转变政府职能方面主要包括打造国际一流营商环境、提供多元化法治保障、健全开放型经济风险防范体系。其中提到，对新经济模式实施审慎包容监管。开展企业投资项目“区域评估+标准地+告知承诺制+政府配套服务”改革。允许境外知名仲裁及争议解决机构经登记备案，在区内设立业务机构。

在支持数字经济发展方面，北京市副市长杨晋柏介绍，北京将进一步加大政策倾斜和资金支持力度，在特定区域开展技术转让所得税优惠政策试点，适当放宽享受税收优惠的技术转让范围和条件。引导国内外数字经济和数字贸易领域高端团队和原始创新项目在京落地转化和发展等。

湖南提到，推进电力改革试点，进一步降低企业用电成本；安徽将推行“全省一单”权责清单制度；浙江自由贸易区扩展区域将开展要素市场化改革的国家级试点，推动资源要素向自由贸易区倾斜。

自由贸易区发展中，属地政府究竟扮演何种角色？上海市委副书记、市长龚正曾有生动比喻：上海要当好服务企业的“店小二”，让包括金融、贸易、航运在内的各类企业在上海专心创业、放心投资、安心经营，不断发展壮大。

解读——自由贸易区建设将为新发展格局积累哪些经验？

余淼杰认为，自由贸易区作为全国开放水平最高的区域，是在外部环境复杂严峻背景下，中国坚持深化改革、扩大开放的试验田。

这些自由贸易区中一些条件成熟的区域，或将成为我国探索形成新发展格局的试验场，对相关措施开展先行先试和压力测试，为加快形成新发展格局积累经验，并逐步复制推广。

从过往的经验可以发现，由自由贸易区先期试水，形成经验后全国推广已经成为深化改革开放的一种路径。

例如，近些年新设的自由贸易区均聚焦加快转变政府职能、深化投资领域改革、推动贸易转型升级、深化金融领域开放创新等，这正是得益于上海自由贸易区的探索，是其成功经验的复制推广。

余淼杰说："上海自由贸易区早期做了 4 件事情，包括政府放管服、负面清单、贸易便利化和金融开放。对比可以发现，这些正是近些年新设自由贸易区的共性部分，是一脉相承的。"

他还认为，自由贸易区创新最关键的是制度创新，其为全国趟出一条路。

比如负面清单制度，上海自由贸易区 2013 年推出第一张自由贸易区外资负面清单，清单内的外资进入中国要审批，清单外的不用审批，只需备案，后来备案也取消了，只需要外资注册并做一个信息报告即可。有负面清单之前，外资进入中国全部都要审批，增加了准入门槛。再比如，全国的"证照分离"改革也是最先在自由贸易区里实施的。

这些创新和试水产生了带动作用，余淼杰回忆，上海自由贸易区开出第一张负面清单时，限制或禁止外资进入的行业有 190 项，2020 年这个数字已经下降到 30 项，减少的行业大多数已经实现了全国放开。"可以判断，现阶段自由贸易区先行先试的措施最终会形成有益经验，在全国推广，为加快形成新发展格局探索路径。"

据了解，我国自由贸易区挂牌至今 7 年时间，已经形成的可复制可推广的经验达到 260 项，在全国不同区域进行了复制推广，涉及贸易自由化便利化、投资自由化便利化、金融服务实体经济、政府职能转变等诸多方面。

原载于《新京报》2020 年 9 月 22 日 记者 姜慧梓

"双循环"新格局之下，中国企业如何备考答卷？

近段时间以来，面对国际疫情的新变化和错综复杂的国际形势，"双循环"开始成为整个市场新的热点词，中国新的发展大战略也正在逐步形成，即"以国内大循环为主体、国内国际双循环相互促进的新发展格局"。受邀做客本次直播的北京大学国家发展研究院余淼杰教授对"双循环"背景：大变局中的新挑战、中国经济发展"双循环"的优势，以及如何落地实现中国经济"双循环"等相关问题进行了分析。

一、大变局中的新挑战

美国不断加码，全面打压中国

中国和美国是全球两大经济体，中美之间发生经济贸易摩擦，势必对经济全球化产生深刻影响。据不完全统计，从 2018 年至今，美国对中国的制裁或者打压已超过 22 项。从最早的 301 调查、337 调查，到美国 232 调查、"双反一保"的反倾销反补贴，再到中国企业到美国投资会涉及国家安全调查、美国高科技产品对华出口予以管制等经济制裁手段层出不穷。

同时，美国又频繁干涉中国内政，驱逐中方主流媒体，拒绝承认中国南海的主权，撤销中国电信在美国的牌照，推动英国等盟友禁用华为及封禁中国的抖音、微信等。甚至美国国务卿蓬佩奥污蔑中国是帝国主义国家，7 月底又关闭了中国驻休斯敦总领馆，还在尼克松图书馆发表演说，完全否定过去 40 多年来的中美关系，表示对华接触是一次失败的战略。

以上所有事实都指向一个问题：中美关系越来越差。可以说，中美关系不只是经济摩擦，已经开始从经济上升到外交，甚至未来有可能上升到军事方面的冲突。

二、如何应对

用“双循环”开局中国经济下半场

就在中美关系不断恶化，经济全球化受到严峻挑战下，我国政府明确提出通过“双循环”在大变局中开新局，那么，如何理解“双循环”的问题，余淼杰分享了几个关键节点。

首先，2020年5月14日的中共中央政治局常务委员会会议第一次明确指出，中国竞争优势是超大规模的生产优势跟内需潜力，目标是要构建一个国内国际“双循环”相互促进的发展新局面。

其次，在7月21日企业家座谈会上，再次提出“逐步形成以国内大循环为主体、国内国际双循环相互促进的新发展格局”。

到最近的7月30日中共中央政治局会议，再次强调并将“逐步”变成“加快”，一词之差，反映了中美格局不断变化的真实情况。

事实上，“双循环”中的内需外需要相互促进，余淼杰强调，以国内大循环为主体，并不代表中国要闭门造车，促进“双循环”格局也不意味着中国对外开放战略的转向，更不意味着中国发展的内向化，而是要发挥中国超大规模市场的潜力和优势，把发展的立足点更多地放到国内，同时通过畅通国内的大循环来推动国内和国际的“双循环”，更好地联通国内市场和国际市场，推动中国对外开放进入更高水平阶段。

三、如何发展

中国发展“双循环”的优势

中国能不能发展“双循环”，中国发展“双循环”是否有潜在或者明显的优势，余淼杰分四点为我们解析：第一点，规模巨大的市场优势；第二点，中国全产业链的优势；第三点，地区集聚的产业优势；第四点，交易成本的优势。

具体而言，第一，规模巨大的市场优势。中国拥有规模巨大的市场优势，并且深度融入全球价值链。余淼杰说：“中国真正的核心竞争力并不在于劳动力比较便宜，而是因为我们具备一个规模巨大的市场，与此同时，不管是在贸易、企业、资本、人员、数据、技术等都已经深度融入全球的价值链中，这是我们提出双循环的原因之一。”

第二，中国全产业链的优势。目前全产业链的比较优势客观上只有中国拥有。一般来说，一国能生产的产品品种越多，说明其产业链越齐全。如果按照中国海关 8 位码的编码来计算，中国 2019 年有超过 7000 种产品出口，如果按照美国更细的 10 位码编码来计算，中国出口的产品数目则会更多，这些都在说明中国全产业链的比较优势非常明显。

第三，地区集聚的产业优势。中国的产业集聚链是我们的核心竞争力。过去 40 多年的高速发展，中国涌现出了众多具有鲜明特色的产业集群。例如，东莞的电子产业群、汕头的玩具产业群、廊坊的家居群等，几乎每一座城市都有一张产业集群的“名片”，产业集聚有利于专业化的分工，降低交易成本，产业集聚的效应带来的价值也让中国的全产业链具有十分明显的比较优势。

第四，交易成本的优势。中国有巨大的市场规模，14 亿人口中有 4 亿中等收入群体，且这个群体的数量未来会越来越多。以这个为基本前提，外资撤离中国，是不符合企业利润最大化要求的。首先，劳工成本因素。中国的劳动力成本平均为 750 美元/月，折合成人民币大约为 5000 元/月，在美国这个数字是 4200 美元/月，中国约是美国的 1/5。其次，交易成本因素。产品生产出来要销售，如果产地接近市场，运输成本就会下降，交易成本也因此会下降。中国作为最大的市场，产品要卖到中国，肯定在中国生产更好。

所以，尽管全球化的结构与形态发生了重大变化，由此带来了一系列新的挑战，但中国经济长期向好的基本面与趋势并没有发生改变，而这也正是中国发展“双循环”的优势所在。

四、如何做好中国经济“双循环”？

余淼杰表示，过去我们的改革开放是指“对内改革，对外开放”，如今这个阶段，应该可以称之为“对内开放、对外改革”，即搞活中国经济“内循环”，重在对内开放，而要做好中国经济“外循环”，则重在对外改革。

针对中国经济的“内循环”，余淼杰提出了以下六点想法。

第一点，中性竞争原则推进要素的市场化。

2020 年 4 月党中央国务院出台的《进一步完善要素市场化的指导方针》明确了各种要素，既包括我们传统的资本劳力、能源、中间品，也包括新兴的一种要素，如数据等。那么，这种要素要完善市场化，通过中性竞争原则来推进就显得非常有必要了。中性竞争原则意味着公开、公正、公平，同时也意味着国有企业和民营企业一样重要，在市场中发挥各自的优点和特点，实现要素市场化。

第二点，要通过构建全面开放新格局来推进贸易的自由化。

余淼杰解释，截至 2020 年中国有 18 个自由贸易试验区，除了西部部分省份以外，只有吉林、山西、安徽、江西、湖南、贵州、北京这 7 个省份没有成立自由贸易试验区，这意味着 2020 年下半年或者 2021 年，上述 7 个省份中可能至少会有 3 个省份新增自由贸易试验区。北京比较特殊，河北自由贸易区包含大兴机场片区，大兴机场也有一部分在北京，但毕竟不够大。所以，北京也有可能发展一个自由贸易试验区。

我们全面开放新格局的一个新举措，就是 6 月份出台的《海南自由贸易港建设总体方案》。该方案包括两个方面，一是早期收获，二是全面开放，在 2025 年实现早期收获，早期收获主要内容包括两个，一个是商品的自由贸易，另一个是要素的自由流动，包括我们平时所讲标准意义上“一线放开、二线管住”，这是贸易的便利化。

长期中的目标是要建立一个叫作制度集成规则的创新，笔者觉得制度集成规则创新里最重要的一点是税收，通过税收管理推进社会治理、法治建设，当然里面一个新的关注点就是风险管控一定要做好，包括贸易、金融、公共管理、公共卫生等一系列安全，这是海南自由贸易港构建的情况。

第三点，改善营商环境，推进投资的便利化。

余淼杰对国务院办公厅在 8 月 5 号出台的 15 点具体的举措做了说明，同时也总结了三个重点方向，第一个是对外贸企业的融资支持；第二个是加快对加工贸易的梯度转移，从东部转到中西部去；第三个是提升通关的便利化水平及对外资重点项目的扶持。

第四点，以积极的财政政策、稳健的货币政策来提升居民的消费。

“内循环”中有一个很重要的点叫作通过积极的财政政策和稳健的货

币政策来提升居民的消费，那么怎样促进内需，余淼杰认为，财政政策和货币政策会聚焦在三个方向：第一个方向是稳健的货币政策更加灵活适度、导向精准；第二个方向是保持货币供应量和社会融资规模合理增长；第三个方向是确保新增融资重点流向制造业、中小微企业。

上半年，积极的财政政策主要是减税降费，保证可支配收入的上升，扩大消费。稳健的货币政策主要是减租降息，让中小企业能够活下去，它们活下去，就能保住就业，保住就业老百姓就有钱，也就能够促进居民扩大消费。

第五点，以发展“两新一重”，推进工业化、城镇化、信息化三化融合。

所谓“两新”指的是新型基础设施建设和新型城镇化建设，“一重”指的是交通、水利等重大工程建设。国家投资 1.6 万亿元用到“两新一重”的目标，就是通过城镇化来带动投资需求的上升，推动城市化都市圈一体化的发展。

为什么“两新一重”跟“三化融合”有关系？“两新一重”是为了服务城镇化的发展，而发展城镇化一定要工业化和信息化相互融合。具体理解就是，工业化和城镇化是相互依存的，彼此离开都无法持续，那么，当工业化和城镇化有机结合之后，信息化就要通过 AI、5G 等手段更好地融入工业化和城镇化中，所以，三化融合是中国未来发展的重点，也是推进中国经济落地中国经济“内循环”重要的工作。

第六点，通过重点发展都市圈、城市群来推进区域经济的一体化。

中国的城镇化率 2019 年是 60.6%，美英等国家的城镇化率都在 75%以上，有的甚至在 80%以上，由此可见，中国的城镇化率与美英等国家还有一定的差距，提高城镇化率也是中国未来工作重点之一。余淼杰指出，长江三角洲城市群、粤港澳大湾区、京津冀城市群、成渝城市群及长江中游城市群这五大城市群将是中国未来经济发展的重点。

此外，针对中国经济的“外循环”，余淼杰也提出了自己看法。

经济全球化核心是贸易自由化，然而，去全球化、贸易单边主义的时有发生，使得经济全球化面临很多冲击，在这种情形下，余淼杰也给出了自己的判断，即经济全球化没有终结，只不过是呈现了一个新的形态。

为什么这么判断？余淼杰说，一切都源于贸易全球化两个基本特征没有发生根本性的改变，即生产地区化及贸易多边化没有发生改变。

生产地区化是说，每个产品从简单的铅笔到 iPhone 手机，都遵循每一个零部件由一个国家或地区的专业化生产，再经过另一个国家或地区加工装配，卖到全球各个地方去，这一核心特征并没有发生根本性的改变，而 WTO 的举步维艰使得地区经济一体化正在取代多边经济合作，虽然地区经济贸易合作这种多边机制不断加强，正在取代全球多边机制，但贸易多边化的本质却没有发生改变。

基于此，中国如何在这种情况下实现经济“外循环”，余淼杰也提出了两大工作重点。

第一个重点，大力推进“一带一路”倡议切实落地。

中国的“一带一路”分“海上丝绸之路”和“陆上丝绸之路”，现在官方数据有 65 个国家和地区，如果从广义上讲数量会更多。通过我们的“海上丝绸之路”和“陆上丝绸之路”这两条腿走路，“一带一路”的外贸已经占中国外贸的 31%左右。余淼杰重点说明，虽然我们坚持两条腿走路，但从目前情况来讲，“海上丝绸之路”发展前景应该会好于“陆上丝绸之路”。

由于“海上丝绸之路”的重点是我们的东盟“10+1”自由贸易区，且东盟已经成为取代美国和欧盟以外最大的贸易伙伴，所以大力推进“一带一路”倡议，余淼杰建议应优先发展“海上丝绸之路”。

第二个重点，发展区域经济合作伙伴关系。

区域经济合作伙伴关系一共覆盖 16 个国家，包括东盟再加上中国、日本、韩国、澳大利亚、新西兰和印度。自从在 2010 年建立东盟“10+1”自由贸易区之后，东盟已经成为中国最大的贸易伙伴，其也是中国外贸的后花园。余淼杰表示，对外开放要经历改革，如今中美关系紧张，对外改革的意思就是说，不要再一味地依赖美国，因为中美关系不断紧张之后，对美国外贸一定是下降的，那么中国的价值链就有必要通过东盟“10+1”自由贸易区和日韩产品来进行完善和补充，出口到欧盟和其他新兴工业国家，继而继续利用全球化的经济特征，持续做外贸生意，所以，中国未来的一个工作重点，就是积极参与并主推的 RCEP。

RCEP 不仅要求参与国之间实行 90%的货物贸易零关税，实施统一的原产地规则，允许在整个 RCEP 范围内计算产品的附加值，还放宽服务贸易跨国投资准入，增加电子商务便利化的新规则，而电子商务将是国际贸易新的重点，尤其后疫情时代，电子商务新的业态将愈加重要，

RCEP 会继续往前推进。

五、“双循环”下，中国如何巩固全球价值链中心节点的地位？

余淼杰强调，“双循环”不是说只有“内循环”，而不要“外循环”，相反是要加强中国在全球价值链中心节点地位，中国在全球价值链中心节点地位并不会因为我们面临几个大挑战而被取代。

那么，如何重构中国中心节点的全球价值链？第一，提高国内产品的附加值；第二，将发展数字导向和知识密集型的全球价值链作为中国发展的重点。

六、“双循环”下，如何发展数字贸易？

这次疫情中全球贸易下降 11%左右，但是数字贸易却逆势上升，那么，我们该如何发展数字贸易，余淼杰认为有两个重点方向。第一是，要跟“一带一路”特别是与“海上丝绸之路”的发展结合在一起，通过数字的新形态，体现在商品贸易中；第二是，要跟服务贸易结合在一起，通过落地自由贸易试验区来实现。

在余淼杰看来，中国要发展全球价值链，就是以数字贸易为先导，在知识密集、数字密集的方向上实现创新突破，而且从数字角度来讲，中国在 5G、AI 等产品方面与发达国家基本处在同一起跑线上，大力发展数字贸易，我们拥有后发优势，可以实现弯道超车。所以，数字贸易是中国未来国际贸易及发展中国经济的一个重点。

在分享的最后，余淼杰对中美关系再次阐明观点。余淼杰认为，对于中美关系，我们不能做乐观的估计，中美关系中，美国已经把中国作为战略竞争对手进行全面打压。所以，长期竞争，有限合作将是未来十年中美关系的基本定调。

七、“双循环”下，中国企业如何备考答卷？

当然，对于众多的企业而言，接下来如何融入“双循环”新格局之中，并扬长避短地增强竞争力也至关重要。

对此，余淼杰表示，企业首先要做的就是看准大方向、瞄准新方向。

所谓大方向是指对中美关系持续下滑要有一个清醒的认识，而瞄准新方向是指要把目标转向一些新兴工业体及新兴市场，尽管这些市场目前的规模仍然比较小，但中国企业可以通过“敲牛皮糖”方式一块一块地敲下来，由此寻找到更多的商业合作机会。

其次是走得远。无论是传统的劳动密集型产业，还是过去几年兴起的互联网产业，可以把自身的触角延伸得更长远一些，积极发展包括东南亚乃至非洲等市场，通过加大投资，输出中国技术、中国模式，为全球各市场带来更多的经济优化价值。

再次是挖得深。企业要大力提升企业产品附加值，特别是通过技术创新做好新产品的创新，由此增强企业竞争力。此外，从更大的范围来说，发展知识密集、数字密集等全新的数字经济，实现弯道超车也是未来的趋势和重点。

最后是到西部去。目前，国内的经济体系正逐步向中西部梯度转移，国家也出台了很多政策来帮忙实现梯度的转移，因而资本密集型产业和企业应该抓住这个机会向国内的中西部转移，这样不仅能对“西部大开发”起到更大的作用，也能够重塑企业自身的竞争力。

“国际风云与‘双循环’发展新格局 中国企业如何备考答卷”直播 2020 年 9 月 2 日

中美贸易摩擦致美国教育损失巨大 相当于出口降低 10%左右

自 2008 年以来，中国学生赴美留学热潮给美国高等院校带来了巨大的经济收益。《2019 美国门户开放报告》显示，在美国际生人数连续 4 年超过 100 万人，中国是美国第一大生源国，留美人数占所有国际生的 30%以上。不过，2018 年中美贸易摩擦开始后，这一趋势明显放缓。

日前，在“中国城市百人论坛 2020 青年论坛 No.5:《城市、房地产与经济增长》”会议上，北京大学国家发展研究院余淼杰教授指出，中美贸易摩擦导致美国的教育收入损失了 11.5 亿美元，相当于出口降低 10%左右。

这一结论源自余淼杰教授、徐铭志教授等中外学者合作完成的研究，目前已经以论文的形式发表。该研究认为，不能仅从商品贸易的顺差和逆差来考虑中美贸易，因为美国的商品贸易逆差实际上都转变为服务贸易顺差，美国从中国购买商品时流出的资金会随着中国留学生为美国高等教育付费而回流到美国。因此，美国指责中国损害其制造业是不合理的。

服务贸易的替代作用

2001 年加入 WTO 后，中国得到了永久性最惠国待遇，关税从 35%降至 3%。数据显示，加入 WTO 后中国出口迅速上升，2009 年中国取代德国成为第一大出口国，现在出口占全球的 13%～14%。与此同时，中国加入 WTO 后，尤其是 2004 年、2005 年之后，赴美留学的国际学生数量呈现指数化上升，当前的数量较 21 世纪初已经翻了 4～5 倍。

由于不同城市的产业结构和水平不同，其贸易自由化的水平也不同。研究结果显示，中国赴美留学人数增长强劲的城市正是贸易快速增长的城市。越是贸易自由化的城市，出口扩张就越迅速，同时城市中赴美留学的学生数量就越多。由此可见，中国贸易扩张是决定中国赴美留学生人数增长的关键因素。

余淼杰表示，尽管美方在货物贸易上有逆差，但中国的贸易顺差又导致更多的学生跑去美国留学，增加了美国对中国的教育服务出口。实际上，美方的服务贸易顺差，特别是教育、留学方面的服务贸易顺差，对货物贸易有替代作用。因此，美国单纯从贸易逆差的角度来指责中国的说法是片面的。

贸易摩擦致美国教育损失巨大

然而，2018年年初美国挑起贸易争端以来，留学生增长势头开始趋缓。据研究测算，中美贸易摩擦导致美国教育服务出口减少了大约3%，收入损失了11.5亿美元，相当于出口降低10%左右。

其中，这一政策对自费的学生比对有奖学金的学生影响更大，对本科生的影响也大于研究生和博士生，原因是研究生和博士生都会不同程度地得到学校的财政支持。专业方面，相对于传统的STEM（科学、技术、工程、数学），政策对人文、自然科学的影响更大。

数据也证实了这一结果。据《2018美国门户开放报告》，2018年留美国际生增长放缓，增长率由2017年的3.4%减少为1.5%，2019年则下降0.9%。其中中国学生人数在2018～2019年增加了1.7%，研究生入学人数增加了2%，本科生入学人数仅增加了0.2%。

这一趋势也将对美国大学和科研机构的财政预算产生重要影响。根据美国商务部的数据，2018年国际留学生为美国经济贡献了447亿美元，并为美国提供了超过45万个就业机会。

新冠肺炎疫情暴发后，美国进一步收紧了对海外留学生的签证政策。当地时间7月7日，美国移民与海关执法局表示，秋季学期课程完全是线上学习的留学生将不会获得签证。对此，包括哈佛大学、麻省理工学院等高校对美国国土安全部和美国移民与海关执法局提起了诉讼，在此案开庭前，美国政府终于同意撤销此前发布的留学生签证新规。

原载于《华夏时报》2020年9月3日 记者 刘诗萌

浙江要在构建新发展格局中当好“领头羊”

当前，国内外形势发生了深刻复杂的变化，新发展格局是重塑我国国际合作和竞争新优势的战略抉择。在忠实践行“八八战略”、奋力打造“重要窗口”的进程中，浙江如何完善和畅通国内国际“双循环”，加快构筑现代化经济体系？记者采访了北京大学国家发展研究院余淼杰教授。

扩大内需，打造国内大循环战略节点

自2020年5月14日以来，习近平多次在公开场合强调要构建以国内大循环为主体、国内国际“双循环”相互促进的新发展格局。浙江如何率先畅通国内大循环，在构建新发展格局上先行一步？

余淼杰认为，习近平在浙江工作期间擘画的“八八战略”，充满辩证法和整体观，既强调要不断完善社会主义市场经济体制，又强调要不断提高对内对外开放水平。忠实践行“八八战略”，就能适应国内外形势的变化，打造国内大循环的战略节点，成为新时代全面展示中国特色社会主义制度优越性的重要窗口。

当前，以扩大内需为战略基点，可以考虑推进4项工作：第一，继续发挥民营经济的优势，提升群众的消费能力；第二，以发展都市圈城市群为重点推进区域经济一体化；第三，以发展“两新一重”产业推进工业化、城镇化、信息化的“三化融合”；第四，以公开、公正、公平的原则，推进要素的市场化配置。

这4项工作实际上也是“八八战略”的传承与发展

发挥浙江的体制机制优势，应继续立足于本地民营企业高度发达，中小微企业众多、绩效良好的态势，大力推动以公有制为主体的多种所有制经济共同发展，发挥民营企业经济优势。民营企业经济贡献了80%的就业率，有就业就有收入，有收入就会有消费，老百姓的消费能力才会提升。

在发挥浙江的区位优势，主动接轨上海、积极参与长江三角洲地区交流与合作的基础上，建议以发展都市圈城市群为重点来推进区域经济一体化。浙江跟长江三角洲区域其他省市的合作非常紧密，浙江的城市可以和上海打造类似于日本东京跟横滨一样的无缝城市群。

从发挥浙江的块状特色产业优势，加快先进制造业基地建设，走新型工业化道路这个角度来说，要通过“两新一重”来推进工业化、城镇化、信息化的“三化融合”，从而更好地发挥5G、AI的作用。浙江以阿里巴巴集团为代表的一些头部企业，在推进数字贸易、数字金融和数字经济上起到了明显的引领作用，也对发展新型工业化产生了积极影响。

另外，还要发挥浙江的人文优势，积极推进科教兴省、人才强省，同时，完善管理和数据等新兴要素的市场化配置。

开好顶风船，打造“双循环”战略枢纽

在国际经济贸易格局发生深刻演变的背景下，作为经济外向型程度较高的省份，浙江如何打造国内国际“双循环”的战略枢纽？

余淼杰认为，对于国内国际“双循环”，首先要准确把握两者之间的辩证统一关系。国内经济的发展有助于促进国际大循环。因为国内经济的发展，特别是我国出口部门出口的增加，通过加工贸易及其他形式贸易，将更好地融入全球经济一体化中去。

反过来，我们要扩大进口，通过中国国际进口博览会、服贸会等形式扩大进口，提升老百姓的幸福感、获得感，这不仅可以推进国际大循环，同时还能服务于国内经济发展，促进国内经济大循环。

余淼杰建议，可以考虑采取一些开放措施稳住外贸外资。对浙江已出台的一系列稳外贸、稳外资政策，要进一步推进落实。

同时，推进RCEP建设。目前全球化已经发生了深刻变化，要做好

RCEP及“一带一路”建设，从发展的顺序来看，可以考虑优先发展21世纪“海上丝绸之路”沿线国家和地区，因为它们跟中国经济贸易联系紧密。

另外，以发展自由贸易试验区和自由贸易空港推进立体开放。浙江作为沿海开放省份，可以借鉴兄弟省市的先进经验，在继续推进自由贸易区工作的同时，积极争取建设自由贸易空港。

忠实践行“八八战略”、奋力打造“重要窗口”，在畅通“双循环”中发挥“领头羊”作用，浙江如何进行探索和创新，为全国加快形成新发展格局做出更多贡献？

余淼杰认为浙江的很多工作走在全国前列，在新的形势下，建议可以考虑通过全面立体双向开放推动新发展格局的构建。

对内开放方面，一是进一步改善营商环境推进投资便利化。例如，可以加大亲商力度，积极构建亲清新型政商关系；加大负面清单的推进力度，进一步缩短负面清单，让更多的投资主体进入有前景的市场领域。

二是创新数字金融服务。可以尝试以蚂蚁集团及其他数字金融方式进一步推动新经济的发展。

三是开展自由贸易区合作。可以探索与上海自由贸易区及江苏自由贸易区南京片区打成一片，更好地推进区域经济一体化发展，大胆试、自主改，统筹兼顾、取长避短。

四是加强沿海地区合作。浙江沿海地区可以争取同上海进行深度合作。例如，尝试与上海一起打造一个类似于自由贸易试验港的实体。

对外开放方面，可以积极主动地拓展外贸多元化，不断推进贸易自由化。外贸的多元化体现为两点：一是贸易形态的多元化，不只是实体贸易，也包括数字贸易、服务贸易；二是做好出口目的地的多元化，鼓励企业积极开拓多个对外出口市场，不局限于某些国家。

在全面开放新格局中，发挥浙江作用，从而为新发展格局构建做出更大贡献。

原载于 浙江在线 2020年9月17日 记者 潘如龙

（三）对内深化改革

取消股比限制 外资入场更便利

自 2020 年 4 月 1 日起，中国将取消证券公司外资股比限制，符合条件的境外投资者可以在中国申请设立证券公司或变更公司实际控制人。这是中国加快金融领域开放、进一步推动服务业扩大开放的重大举措。

当前，新冠肺炎疫情在全球持续恶化导致金融市场震荡不稳，但中国抗击疫情坚持“两手抓”，坚定迈出了金融业开放的既定步伐，发出了扩大开放的明确信号。目前，谋求控股的外资金融企业已开始行动。开放将给中国金融业带来哪些挑战和机遇？

按步骤推进开放

3 月 20 日，中国证监会公开了一份反馈意见，内容是关于星展证券（中国）有限公司设立，该公司由外资企业星展银行（中国）有限公司和中国多家金融企业共同创设。这是外资金融企业进入中国市场的最新一例。

实际上，随着中国证券业开放的加速，进入中国市场的外资证券公司数量在快速增加，且申请变更股权和控股的公司数量也在增加。最新的开放政策是中国证监会在 3 月 13 日发布的，该政策明确自 4 月 1 日起取消证券公司外资股比限制。

对此，北京大学国家发展研究院余淼杰教授在接受《国际商报》记者采访时表示，推动金融业开放是中国既定的步伐，以开放促改革促发展在当前更加有必要，可以为中国经济发展注入更加强劲的动力。与此同时，取消股比限制也是中美第一阶段经济贸易协议中约定的内容，中国在当前全球疫情流行、金融市场不稳定的时期如约取消证券公司外资股比限制，展现了中国守信诺负责任的形象。

金融业开放是中国服务业对外开放的重要内容。中国于 2018 年宣布将合资证券、基金管理和期货公司的外商投资比例放宽至 51%，3 年后不再设限。2019 年 7 月再提速，国务院金融稳定发展委员会办公室将取消证券、基金、期货公司外资股比限制的时点提前至 2020 年。

如何应对“狼来了”？

2020 年 1 月 23 日，高盛集团增资扩股及变更实际控制人申请文件获得中国证监会反馈意见，这是外资银行谋求控股的最新一个案例。高盛集团是美国一家全世界历史最悠久及规模最大的投资银行之一。进入中国 20 多年来，该集团及时跟进中国金融业开放政策，实现了从进入到控股，成为金融业开放进程中的受益者。

1994 年高盛集团在北京和上海设立代表处以来，就雄心勃勃地将中国内地视为其全球业务发展的重点地区。2004 年，高盛（亚洲）有限公司折合出资 2.64 亿元，占股 33%，与北京高华证券有限责任公司合资成立高盛高华证券有限责任公司。高盛集团此次向中国证监会申请，拟将持股比例提高至 51%，成为高盛高华证券有限责任公司的实际控制人。

享受开放红利的外资金融企业还有很多。伴随金融业开放的步伐加快，涌入中国市场的外资金融机构数量正在快速增加。据记者不完全统计，目前中国已有 15 家外资持股券商，且截至 2 月 23 日还有 18 家合资券商正在排队申请设立。在已设立的证券公司中，有 3 家由境外股东控股，有多家外资持股比例接近 50%。随着证券公司外资股比限制的全面放开，争夺中国金融市场蛋糕的外资企业将进一步增多，这是否意味着“狼来了”？

余淼杰强调，面对挑战，中国证券公司需要更好地发挥自身本土优势，如加深对中国市场、投资者和经济的了解，同时以开放的心态加快吸收国外先进理念，更加重视金融人才，提升自身创新能力，增强国际竞争力。

原载于《国际商报》2020 年 3 月 25 日 记者 吴力

中央发文完善要素市场化，将给我国经济带来哪些影响？

2020 年 4 月 9 日，中共中央、国务院发布完善要素市场化配置意见。根据意见，包括土地、劳动力、资本、技术等在内的生产要素将进一步市场化，同时生产要素的价格、政府定价机制、要素运行机制也将发生变化。这将给我国经济带来哪些影响？

北京大学国家发展研究院教授余淼杰认为，中共中央、国务院出台《关于构建更加完善的要素市场化配置体制机制的意见》（以下简称《意见》），说明我国深化改革已经进入全新阶段，由过去产品价格市场化建设进入到了生产要素价格市场化建设的新阶段，待二者全部真正实现市场化定价后，一个有序且统一、开放的国内市场就会形成。

解读 1：中国进入生产要素价格市场化建设的新阶段

《意见》涉及土地、劳动力、资本、技术、数据等多项生产要素。余淼杰介绍，在生产中，包含最基本的要素有四个，即土地、劳动力、资本、能源和中间品投入，现在还包括技术使用，技术使用中有一项重要内涵包括数字资源。

从覆盖范围看，余淼杰认为，“可以说，这份要素价格市场化意见实现了全覆盖，是一个全方位的改革，也是深化改革的一项内容”。

《意见》出台的时机方面，余淼杰认为主要基于两点考虑。一方面，我国产品价格市场化建设已经取得成效，要素价格改革的条件已经成熟；另一方面，为了应对新冠肺炎疫情影响，以及逆全球化所带来的经济下行压力不断增加，“此时出台《意见》，能够通过实现产品价格以及要素价格的市场化来提升全要素生产力，促进结构改革”。

从改革进程来看，余淼杰介绍，在生产资料的定价中，除了产品市场就是要素市场，“在20世纪八九十年代，我国社会主义市场经济建设的努力主要是在产品市场化方面，不同的产品由市场决定价格，现在我们要推进到生产要素价格市场化建设的新阶段了，这是一个里程碑式的推进”。

他表示，如果产品市场和要素市场全部真正实现了市场化定价，那么换言之，一个有序且统一、开放的国内市场就会形成，这有利于我国实现规模经济递增，有利于我国释放更多的规模经济活力。

解读2：利于“有为政府”与“有效市场”更好配合

除明确土地、劳动力等多项生产要素的市场化改革措施外，《意见》还提出生产要素的价格和运行机制进一步市场化。

余淼杰介绍，目前我国的生产要素还没有实现完全的市场定价，要素价格在不同的所有制主体中是没有打通的。“可能虽然是同一块土地，但不同企业所付的价格是不一样的。”

余淼杰认为，扁平化地由市场来定价能够最大限度地减少要素定价偏差和要素定价摩擦及其导致的生产力损失，将最大限度地提升全要素生产力。

记者注意到，生产要素的政府定价机制也有了新变化。《意见》提出，引导市场主体依法合理行使要素定价自主权，推动政府定价机制由制定具体价格水平向制定定价规则转变。

余淼杰认为，这意味着政府的功能不再是直接制定要素价格，而是制定一个公平的规则，相当于由参与者和运动员变成了裁判员。

这样的调整有利于实现“有为政府”和“有效市场”的更好组合与匹配，更好地挖掘各类要素的潜力，从而提升企业绩效，提升中国经济活力，促进经济更好地发展。

原载于《新京报》2020年4月9日 记者 姜慧梓

中央明确增加“一线”劳动者劳动报酬，哪些人群将受益？

2020年4月9日，中共中央、国务院发布《关于构建更加完善的要素市场化配置体制机制的意见》（以下简称《意见》），强调健全生产要素由市场评价贡献、按贡献决定报酬，“一线”劳动者和知识价值被着重强调。这一调整会让哪些人群受益？如何兼顾效率与公平？

增加劳动者特别是“一线”劳动者劳动报酬

《意见》强调，健全生产要素由市场评价贡献、按贡献决定报酬。具体包括增加劳动者特别是“一线”劳动者劳动报酬，提高劳动报酬在初次分配中的比重；增加知识价值为导向的收入分配，充分尊重科研、技术、管理人才，充分体现技术、知识、管理、数据等要素的价值。

北京大学国家发展研究院余淼杰认为，按贡献决定报酬，即按照劳动力对产品的边际贡献来一一匹配，对“一线”劳动者和知识价值着重强调。这意味着，高知识产量的要素投入，也就是白领工人将会得到更大益处，白领阶层的收入或将明显提升。

“初次分配兼顾效率与公平，二次分配则要更加注重公平”，余淼杰表示，政府在做好初次分配，直接扩大白领阶层和其他相关阶层收入的同时，也要做好二次分配。通过扶贫或者是转移支付这种政策来保证二次分配中公平的实现，真正兼顾效率与公平。

他还表示，强调增加知识价值报酬，也使得整个社会更加尊重知识积累，有利于提升我国的教育质量和国民整体教育水平。

除个别超大城市外，可试行以经常居住地登记户口制度

记者还注意到，除定价外，在劳动力要素市场化方面，《意见》提出，深化户籍制度改革。推动超大、特大城市调整完善积分落户政策，探索推动在长江三角洲、珠江三角洲等城市群率先实现户籍准入年限同城化累计互认。放开放宽除个别超大城市外的城市落户限制，试行以经常居住地登记户口制度。

同日，国家发改委也发文，督促城区常住人口 300 万人以下城市全面取消落户限制。督促Ⅱ型大城市和中小城市全面取消落户限制。对城区常住人口 300 万人以上城市，推动其基本取消重点人群落户限制。

余淼杰认为，打破户籍壁垒，推动劳动力按照市场来配置，有利于实现高水平人才、高技术人才和高学历人才的跨地区的流动，从而使得全要素生产力提高。

原载于《新京报》2020 年 4 月 9 日 记者 姜慧梓

首份要素市场化配置文件 释放出哪些信号？

近日，中共中央、国务院发布《关于构建更加完善的要素市场化配置体制机制的意见》（以下简称《意见》）。《意见》共32条，提出包括土地、劳动力、资本、技术和数据等在内的生产要素将进一步市场化，并指出加快要素价格市场化改革、健全要素市场运行机制。

首份要素市场化配置文件意义重大

改革开放40多年来，商品和服务市场化进展迅猛，已有97%的商品和服务由市场定价，但要素市场发育明显滞后，要素市场化配置范围相对有限。

北京大学国家发展研究院余淼杰教授对《中国经济时报》记者表示，尽管国家早就出台了“新36条”，旨在打破旋转门、玻璃门，但一个不争的事实是，不同地区的民营企业和国有企业在要素使用上存在不同价格的问题。例如，民营企业尤其是小微企业融资难题一直存在。此外，在土地融资方面，尽管主要是通过土地招拍挂制度来实现土地的有偿流转，但是在不同的地区及不同的所有制企业中，还是存在一定差异。

余淼杰表示，如果产品市场和要素市场全部真正实现了市场化定价，一个有序且统一、开放的国内市场就会形成，这有利于我国实现规模经济递增，有利于我国释放更多的规模经济活力。

余淼杰表示：“此次《意见》是高度认识要素市场的里程碑式的重要文件。其发布及相关政策的落地标志着社会主义市场经济建设走向成熟，并且正迈向新的建设进程。”余淼杰认为，推动要素市场化配置，有利于有效降低各类企业的融资成本，从而提高企业绩效，提升企业的全要素生产率，进而提升产品质量，促进我国产品在国际竞争中再上一个台阶。而且有利于进一步推动我国第二产业，特别是制造业发展，使得制造业迸发新的活力，进而在世界继续保持并扩大中国作为“世界工厂”的份额。

余淼杰说：“《意见》的发布及后续相关政策的落地将有利于进一步提高实体经济在中国经济中的地位。真正做到‘实’大于‘虚’，‘实’主‘虚’从，进一步发展实体经济。”

不同要素领域改革重点不同

由于不同要素的市场化程度差异较大，面临的问题和困难也各不相同。因此，针对不同要素领域，《意见》分类提出了深化要素市场化配置的改革方向，并且明确了完善要素市场化配置的具体举措。

余淼杰表示：“在资本要素市场化方面，我们相对走得比较快，资本市场与国际的接轨程度较高，所以资本要素市场化配置推进起来相对顺畅。”

随着 4 月 1 日中美第一阶段经济贸易协议金融开放条款的落地，美资企业将以独资形式进入中国市场，中国也将逐渐推出银行、证券、保险业的开放。余淼杰认为，此时进一步推进要素市场化的落地有利于提升我国内资企业的竞争水平，“这也是用开放促改革，以改革带发展的具体体现”。

在劳动力要素市场化配置方面，余淼杰认为，应当注意打破城乡失衡，加快废除户籍束缚。保证优秀人才能够配置到最重要的位置上去，实现按劳分配、按才分配。

值得一提的是，除了土地、劳动力、资本、技术等要素市场的改革外，《意见》还明确要“加快培育数据要素市场”。

余淼杰认为，在当前严防新冠肺炎疫情蔓延背景下，此举充分说明目前国家认识到数据经济、数据贸易的重要性。当然数据要素市场的培育，需要合理的定价。在保证符合产权、符合法律法规的前提下进行交易需要一个长期的、不断培育的过程，这也是未来努力的方向。

原载于《中国经济时报》2020 年 4 月 13 日 记者 陈婧

金融领域改革，口径宽强度深

《海南自由贸易港建设总体方案》(以下简称《方案》)特别提出了在跨境直接投资交易环节，按照准入前国民待遇加负面清单模式简化管理，提高兑换环节登记和兑换的便利性。“在金融领域的改革，体现了宽口径和强度深的特点。”北京大学国家发展研究院余淼杰教授对香港《文汇报》指出，对比此前的上海自由贸易区试验区改革推出的“负面清单”，海南自由贸易港的改革还加入了准入前国民待遇，开放力度更大也更到位。

《方案》提出，跨境资金流动自由便利，即坚持金融服务实体经济，重点围绕贸易投资自由化便利化，分阶段开放资本项目，有序推进海南自由贸易港与境外资金自由便利流动。

自由贸易账户体系有利于资金流动

余淼杰指出，这一次《方案》的出台是中国对外开放历史中具有划时代的设计，也是十九大扩大全面开放新格局的一个关键举措。在跨境自由便利上，从投资和融资两方面推进。在投资方面，出台了包括构建多功能自由贸易账户体系、提升外债资金汇兑便利化水平、简化汇兑管理等多举措，有利于中国企业更好地走出去。

商务部研究院国际市场研究所副所长白明指出，构建多功能自由贸易账户体系是很大的亮点，这让在海南投资的企业可以在自由贸易账户下开发出更多的产品。原来自由贸易账户的规模会受到很多资产限制、虽然贸易自由，但是结汇不自由，但改革后就可以“一手交钱，一手交货”。

外资企业准入前享受国民待遇

在余淼杰看来,《方案》的最大亮点是促进海外企业来华投资，增加了准入前享受国民待遇，体现了宽口径的特点。在其中，“实现银行真实性审核从事前审查转为事后核查是巨大的突破”,可以大大减少企业贸易时间，降低成本。

余淼杰称，与国际自由贸易港对比，海南这次设计方案，应该说各方面都跟现在最先进的国际自由贸易港非常接近。税收方面已经达到了中国香港和新加坡的水平。与上海试验区对比，不只强调了“一线放开、二线管住”,最大亮点在于金融的对外开放,围绕贸易投资自由化便利化，分阶段开放资本项目。之前的上海自由贸易区只是在很小的范围内实行自由贸易账户的开放，现在是全岛的开放，是当前中国对外开放的里程碑之作。

原载于 香港《文汇报》2020年6月2日 记者 周琳

新时期经济特区应该“特”在哪？

2020年8月26日，中国经济特区迎来“不惑之年”。作为改革开放的“开拓者”和“试验田”，特区应当如何因应新形势下的新要求？又该“特”在哪里？

北京大学国家发展研究院余淼杰教授近日接受中国新闻网记者采访时表示，为应对内外挑战，经济特区今后应注重打造独特竞争优势，可考虑实施“两步走”发展策略。

内外挑战考验特区

1980年中国设置经济特区的初衷，是划出一块地方实施特殊政策和灵活措施，发挥对全国改革开放和经济建设的重要窗口和示范作用。40多年来，以深圳为代表的经济特区一直走在开放前沿。引进港澳资本、打破“铁饭碗”等一系列创举均从这里起步并推向全国。

如今40多年过去，相比设立之初，今天经济特区发展所处的内外环境都发生了变化。

余淼杰认为，经济特区眼下面临两大挑战。从外部看，受世界经济衰退，单边主义、保护主义抬头等因素影响，经济全球化遭遇“回头浪”，全球多边经济合作日益式微，甚至某种程度上被区域经济合作取代，中国对外经济贸易合作也将受到一定限制。

在此情况下，从诞生之日起就携带着“开放基因”，也因开放而兴的经济特区如何继续发挥好“领头羊”“排头兵”作用，与东亚和东盟加强合作需要有新策略。

从内部看，1980～1992年，中国逐渐形成了点—线—面、逐步推进、立体拓展的开放格局，其中经济特区发挥了重要的引领作用。但近年来，自由贸易试验区、自由贸易港等各种新形态的经济功能区如雨后春笋，经济特区如何与其求同存异，在保持自身特色的同时实现差异化发展也是一大挑战。

他表示，为应对这些挑战，今后经济特区应当在以下几个方面重点发力：继续实施好准入前国民待遇和负面清单管理制度；更大力度地推进贸易投资自由化便利化；切实改善营商环境，提高治理水平；在融资方面进行更深入探索，做好资本市场的改革开放。

特区发展可考虑“两步走”

在余淼杰看来，经济特区下一步发展可以考虑“两步走”，如 2025 年左右形成一批早期收获成果，打造更高水平开放平台，增强区域竞争力和创造力；2035 年左右和上海自由贸易区等其他功能区形成统一制度集成，不只在贸易投资，还要在管理、规则制定、法制、税收、风险防控等方面进行更深入拓展。

不少经济特区已经开始行动。

眼下，围绕要素市场化、营商环境优化等重点领域，深圳正加快推进综合授权改革、行政法规调整、先行先试政策等一批清单落地。此外，深圳还在加快建设国际一流营商环境改革创新实验区，深入推进区域性国资国企综合改革试验，积极开展国际人才管理综合改革。

海南自由贸易港也开始“施工”。一系列有国际竞争力的税收制度已经落地，包括注册在海南自由贸易港实质性运营的鼓励类产业企业减按 15%征收所得税；对在自由贸易港工作的高端和紧缺人才，个人所得税实际税负超过 15%的部分予以免征；离岛免税购物额度也从此前的每人每年 3 万元放宽到 10 万元。

珠海日前公布《2020 年国民经济和社会发展计划》，准备充分发挥横琴先进智能计算中心等创新平台作用，吸引集聚一批科创项目和人才团队。同时，珠海还将探索在贸易等领域深化改革扩大开放，打造与国际规则高度衔接的营商环境。

余淼杰认为，新形势下经济特区应充分结合本地区的比较优势，打造不同于出口加工区、自由贸易试验区、自由贸易港等其他功能区的独特竞争优势。

例如，深圳创新指数已达4.1%，不仅远超过全国2.1%的平均水平，也超过经济合作与发展组织国家2.6%的水平，今后应致力于打造国际创新型、智慧型大都市；珠海应主动承接粤港澳大湾区“东风”，发挥地区优势，在旅游等服务贸易方面发力；厦门应进一步发挥毗邻台湾的区位优势，设计更优惠、更有吸引力的引资政策，吸引台胞投资；汕头需更好对接中国香港和澳门及东盟，更大力度地吸引外资。

余淼杰说：“考虑到历经多年发展，经济特区已有良好产业基础和人才储备，开放理念也深入人心，未来继续引领中国新一轮对外开放，推进中国尽快构建全面开放新格局值得期待。”

原载于 中国新闻网 2020年8月26日 记者 李晓瑜

（四）全球价值链重构

疫情凸显中国全球价值链发动机地位

2020 年 1～2 月，我国外贸进出口总额为 4.12 万亿元，下降了 9.6%。其中，2 月的出口呈现了两位数的降幅。

谈到疫情对我国外贸进出口的主要影响，北京大学国家发展研究院余淼杰教授在接受《中国经济时报》记者采访时说："从国际看，疫情在全球蔓延，全球经济下行压力显著增大。从国内看，需求不足也将加大进口压力。"2020 年前两个月数据显示中国进出口总额比 2019 年同期下降了 15.9%，出现了贸易逆差 400 多亿元。主要是受到新冠肺炎疫情的影响。具体可以从四个方面来看。

第一，从结构来看，1～2 月进口受到的负面影响较低，基本上只是温和下降，而出口受到的冲击较大。相对其他国家而言，中国疫情暴发较早，其他国家对中国的出口产品进行了一定的限制，导致中国出口有所下降。此外，尽管目前企业已复工复产，但是 2 月中国大部分企业停工停产对出口造成较大影响。

第二，从一般贸易和加工贸易来看，加工贸易由于在疫情暴发之前已经签了订单，受疫情影响较小，相反，一般贸易并没有提前的订单，因此会受到较大的负面影响。

第三，从中国出口目的地来看，1 月的显著特征是，东盟超过欧盟和美国，首次位居中国贸易伙伴第一位。这主要是由于中国与东盟"10+1"的自由贸易协议对推进中国与东南亚国家联盟的贸易具有明显提升作用。而欧盟和美国因疫情对中国出口产品有一定限制。此外，在 1 月之前，受到中美贸易摩擦的影响，尽管贸易协议的第一阶段已经签订，但需要一定时间来恢复。

第四，中美贸易尽管第一季度受到相对较大的负面影响，但全年应能够完成同美国在 2017 年的基础上，扩大进口 300 亿美元左右。不过，中国扩大从美国的进口不改变中美贸易结构的本质，中国 2020 年依然会对美国保持较大的贸易顺差。

疫情对全球价值链重构会产生怎样的影响？余淼杰分析，尽管国内外形势极其复杂严峻，但中国“世界工厂”的地位不会被动摇，反而会不断地得到加强。此外，疫情不仅不会导致中国产业链外移，反而可看到全球对中国的依赖会更为明显。这也体现了中国的制度优势，经过此次中国高效有力地应对疫情的负面影响，经济得以快速恢复。这是其他发展中国家无法做到的。中国的制度优势降低了贸易的不确定性，因此吸引了各个国家来中国投资，从而起到了稳外资的作用。

此外，在全球产业链中，中国的工业体系门类齐全、种类完整，这是其他工业国家所无法比拟的。因此，中国在国际贸易中的地位或是在全球价值链的发动机作用在疫情中更加彰显出来。目前欧美特别是美国股价熔断，并且出现股票及黄金市场“双跌”，说明由于对未来不确定性的增加，它们减少了对产品的需求。本国因为疫情停工停产，或将导致物价下降，引起通货紧缩，进而陷入经济萧条。欧美国家为了快速走出经济低谷，唯一有效的办法就是依赖国际市场，通过融入以中国为主导的全球产业链价值链中以提振经济。

余淼杰预计，3 月中国进口与 2019 年同期基本持平或者温和下降，第二季度如果疫情能得到很好的控制，中国外贸会出现反弹式增长。

一方面，中国企业已经全面复工复产，开始释放出巨大的产能；另一方面，美国、欧盟等其他国家或地区疫情的影响逐渐扩大，对其生产也会造成负面影响，对中国产品的需求急剧上升，导致中国的出口情况大大改善。余淼杰表示，总体而言，2020 年中国外贸进出口预计会保持向好向上趋势，全年贸易顺差或达到 2 万亿元左右。

原载于《中国经济时报》2020 年 3 月 17 日 记者 陈婧

中国是全球制造业回流的首选

“当前，我国拥有巨大市场规模的优势，还有庞大的高质量劳动力人口优势，都会成为美国等国家企业投资的首选地方，所以制造业回流欧美不是一个长期现象。”日前，在网易财经——全球连线直播课程上，北京大学国家发展研究院余淼杰教授认为，制造业没有办法从中国或其他发展中国家回流到欧美等发达国家。余淼杰表示：“之所以没有办法回流，核心原因是美国等国家的企业也不会同意，因为这不符合制造企业利润最大化的核心诉求。”

余淼杰认为，当前，全球疫情仍在蔓延，疫情是否会导致逆全球化的进一步推进，应该从两个方面来看：第一，疫情过后发达国家可能会更加以邻为壑，采取更高的关税及非关税壁垒，并且鼓励部分制造业回流，这是发达国家政府可能会做的事情，有逆全球化的态势。第二，全球化趋势并不会因为发达国家采取的措施落地而发生根本变化，如美国提出给企业“搬家费”，但是制造业是没有办法回流的。

目前，美国、日本等国家国内的生产成本、物流成本都非常高，所以制造业哪怕暂时可以回流，但长期来看，制造业没有办法继续在美国等国家经济结构中生存下去，最后依然还得回到发展中国家，而中国必然是首选。

余淼杰表示，对于疫情过后全球产业链问题，中国没有办法做太多。虽然中国有比较完整的产业链，因为其他国家受到疫情影响，目前没有办法提供上游的产品。但中国可以出口转内销，依靠国内的市场，对一些核心零部件或者是中间品，如果没有办法从国外进口，那么就应该促进国内产业尽快地接手这一块的生产。

余淼杰强调，企业的复工并不代表企业的复产，目前仍有一些企业复工但不能复产，主要三个原因：第一，企业没有那么多订单，所以复工不能够赶上2019年同比的复产；第二，全球价值链和供应链受到疫情冲击，如果上游产品没有得到很好的供应，那么企业的复工是没有办法真正实现百分百的复产；第三，疫情期间企业照付工资并不等于复产，我国防疫工作取得了比较积极的成效之后,相关负面影响也在逐渐消除。

原载于 中国工业新闻网 2020年5月6日 记者 孟凡君

直面疫情后全球产业链的潜在重构大趋势

今日，中国宏观经济论坛宏观经济热点问题研讨会（第 5 期）在线上举行。百度财经科技直播、新浪财经、网易财经、搜狐财经、万得资讯等多家媒体同步线上直播，在线观看人数逾百万。本期论坛由中国人民大学一级教授、经济研究所联席所长、中国宏观经济论坛联席主席杨瑞龙主持，聚焦“因时制宜 VS.刻舟求剑：直面疫情后全球产业链的潜在重构大趋势”，并邀请知名经济学家刘元春、黄群慧、刘志彪、余淼杰、沈建光、刘青联袂探讨。

论坛第一单元，中国人民大学国家发展与战略研究院教授、国际经济与金融研究中心主任、中国宏观经济论坛主要成员刘青代表中国宏观经济论坛发布宏观经济热点问题研究成果。

刘青的报告指出，全球产业链的形成是企业生产优化的边界扩大到全球的过程，在形成过程中有以下特点。

一是产业链上通常都有规模非常大的“超级明星企业”，这些企业才有能力推动全球产业链的形成和构建。全球产业链的这些“超级明星企业”对经济各个方面产生非常广泛的影响。二是越是高端产业越有需求利用全球产业链，它们往往产品比较复杂、生产的纵向环节分工很多，每个中间产品生产的成本差异都很大、需要投入的要素差别也都很大，所以需要在不同地方生产。三是有可行性才能形成全球产业链，可行性取决于交易成本，有完善的全球性市场制度才能形成比较低的交易成本；此外，技术进步对交易成本会产生重要的影响。

当我们说全球产业链重构的时候，我们不是在说什么？一是我们讨论的不是简单地说中国会变好或变坏，我们分析的结论是危、机并存；关键在于怎么应对。二是我们讨论的不是短期的事件，而是中长期趋势。因为全球产业链的形成和重构都不是一朝一夕的，现代的全球产业链都经历了数十年的过程才形成现在的状态。三是我们讨论的不是静态的状态，而是动态的变化，即相对于现在状态或者发展趋势，未来若干年的趋势会不会改变。

关于全球产业链重构的简单分析框架有两个层面，一个是企业层面，一个是国家层面。企业层面面临的是成本和风险的权衡对比，即生产效率和产业链安全之间取舍。一方面，通过全球产业链可以在全球范围内优化资源配置，有利于降低企业成本；另一方面，全球产业链链条越长，卷入越深，参与全球产业链面临的风险就越大。国家层面面临的问题是国际经济竞争与国际政治竞争/国家经济安全之间的权衡。越利用全球产业链越有利于增强经济竞争力。另外，国际政治竞争越来越激烈，卷入越深，对别人的依赖越高，这些都意味着是风险。如果国家在这之间进行权衡就会影响到企业外部环境，这是重要的影响因素，可以纳入到企业层面分析框架来分析。

企业生产成本取决于三个因素：第一，投入的中间品的价格，中间品的价格又取决于生产的选址或者供应商的选址；第二，生产函数，即所需要的中间产品的投入结构，而投入结构又取决于技术进步；第三，交易成本，尤其是全球产业链的跨国交易，主要涉及关税和非关税壁垒。

企业在全球产业链上的风险取决于两个因素：一是生产环节的数量，如果全球产业链链条越长，假设每个环节之间的交易风险是给定的话，那么环节就会越多，产业链总体风险就会越高。二是环节之间的交易风险。如果给定一个产业链生产环节的数量，每个环节之间的交易风险越高，整个产业链的总体风险也会越高。

为何过去 40 多年全球产业链会蓬勃发展？一是经济自由化大潮席卷全球，尤其相关的有这几个重大事件：中国改革开放、冷战结束、中国加入 WTO，一下子给全世界经济体注入了上十亿的廉价劳动力，巨大劳动力供给一下子改变了全球要素结构。当时发达国家、发展中国家劳动力成本差异非常大，自由化大潮注入了低成本的劳动力，导致大家有动力利用低成本劳动力。二是全球治理规则逐步完善，一方面，1995 年 WTO 取代关税及贸易总协定，正式成为国际性的官方组织；另一方面，全球多边贸易谈判的覆盖范围扩张，在工业品贸易谈判的基础上，WTO 进一步将谈判议题扩展至纺织品贸易、服务贸易、知识产权保护等领域，为全球产业链的形成和完善打下良好的基础，大大促进了产业转移和国际分工。同时，WTO 重要的方面是完善了争端解决机制，大大降低了国际交易里的风险。进一步讲，WTO 使关税全球性下降。三是技术进步催生新产业、专业化生产导致传统产业/任务加速转移；同时使得交易成本降低。四是全球产业链的起点低，风险低。过去 40 多年这几个方面都意味着成本因素的考虑会占优风险的考虑，全球产业链就是这样由于成本因素推动导致蓬勃发展。

当前全球产业链面临怎样的权衡？一是劳动力成本的差异虽然仍然存在，但是劳动力成本并没有发生与之前类似的大的突变。二是技术进步，以 AI、智能制造为代表的第四次工业革命，大大改变了生产成本的构成。一方面，新技术可以用来改造传统产业；另一方面，新技术会催生新产业。改造传统产业的结果是常规劳动力的重要性会显著下降，这会改变生产的成本结构。三是经济全球化、自由化的思潮的低落，导致全球交易风险大幅度上升。民粹主义高涨、经济全球化、自由化思潮的低落必然会带来一系列的经济后果，即现在国际投资、贸易领域一系列的匪夷所思的反自由化、反市场化精神的行为。四是全球治理规则显著弱化，一个是 WTO 的争端解决机制已经瘫痪。另一个是全球关税/非关税措施迅速上升。五是全球产业链已经处于历史高位，就意味着其中已经积累了很高的风险。

从以上几方面可以看到，相比于以前，现在天平都在向风险倾斜，当然成本也有变化，但是成本的变化也是在朝着不利于全球分工的方向发展，因为劳动力重要性下降了，交易成本上升了，所以这个必然意味着全球产业链会有潜在的重构。

风险对全球产业链的影响：为什么这一次不一样？其实风险一直存在，过去发生的风险事件并未显著地阻止全球产业链的发展，这是因为风险是小概率事件，可能三五年才发生一次。同时，企业在全球产业链上处于竞争的囚徒困境，导致企业不得不锁定在产业链中。但是，这次不一样。现在政府有组织地干预市场，可能会打破企业面临的囚徒困境，发挥协调者效应。此外，疫情加剧了这个局面，一方面加强了企业的风险意识，导致大家会更多地考虑全球产业链的风险；另一方面降低了企业在这个时候进行产业链转移的机会成本。此外，疫情加强了政府的干预。疫情必然会加剧未来国际政治思潮对立的成分，这也会增加国际经济风险。这种风险会引导企业的预期，最终必然会改变企业的产业链组织行为，导致全球产业链的重构。

全球产业链会如何变化？这次变化主要由于风险的考虑触发，但是仍然会兼顾风险和成本。一个是会有区域维度的变化，全球产业链会更紧密地在市场需求所在的地方集聚，但是全球产业链绝对不会大规模地回归到发达国家，主要是因为比较优势的力量仍会起作用，会形成发达市场+周边发展中国家的模式。中国在亚洲产业链的中心地位会加强，但是与北美、欧洲的产业链通过贸易的联系可能会减弱。另一个是会有行业维度的变化，契约密集型行业（技术密集型行业）的产业链受到的影响最大；关系国计民生的行业产业链会调整，如公共卫生、国家安全；可自动化程度高的行业和集中度高的行业会更高程度受到影响。中国有巨大市场需求，强大和完备的产业体系，中国仍然将是产业链重构之后的一极。服务中国和亚洲市场的产业链会加速向亚洲或者中国集聚，但是服务其他区域，尤其是服务美国市场的产业链可能会加速转移，这个转移会同时包括高端产业和低端产业。

我们怎么应对全球产业链的重构大趋势？第一，理性看待重构，要因时制宜，不是刻舟求剑。第二，要坚持开放，这是我们的根本，十八大、十九大反复强调要建设高水平开放型经济，关键是要落实。第三，坚持市场化改革，提高市场制度的质量，产业链越高端越依赖于制度。降低国内成本和各种风险，包括社会风险、经济风险，同时整合国内市场，扩大国内市场规模优势。第四，改变通过出口参与全球产业链的单一方式，加强投资，通过投资到其他产业链中心实现资本收益，这可以缓解国内环境资源压力，也可以实现包容性增长。第五，加强创新，我们要直面科技创新活动中行政主导的癌症，科研决策中坚持科学至上。第六，重视美国对华为的打压，华为就是“超级明星企业”，它将影响到整条产业链。

美国目前的做法是双管齐下。一方面，美国产业链去中国化，以追求自身产业安全；另一方面，中国产业链去美国化，通过自身技术优势打压来自中国的竞争。

论坛第二单元，与会嘉宾围绕两大议题发表精彩观点及讨论。

未来全球产业链、供应链重构当中是否会发生去中国化进程？会对中国产业链和供应链产生什么样的影响？

北京大学国家发展研究院余淼杰教授认为，疫情会使全球贸易总额受到比较大的冲击，但是从全球范围来看，全球化基本方向和趋势没有改变，只是形式发生了变化。具体来看，虽然全球多边经济贸易协商机制被弱化，但是诸边合作得以加强。后疫情时代，中国全球价值链的中心节点地位没有得到削弱，相反会更加牢固。一是中国具有全产业链的比较优势；二是中国内部出现了产业集聚分工和产业专业化生产；三是中国市场的规模经济对外资有明显的吸引力。“外商撤资论”不符合外资企业利润最大化的根本要求。

如何保持中国在全球价值链、供应链当中的地位？如何实现中央提出的保供应链、产业链的目标？

余淼杰认为，在确保资本密集型产业价值链中心节点的背景下，应该优先发展数字导向、知识密集、资本密集型的全球价值链。数字导向、知识密集、资本密集型的全球价值链是中国全球价值链发展的重点。进口高质量的中间品是实现产业附加值上升的重要途径。未来的发展应该是重构以中国为中心的全球价值链。因此，要坚定不移地推动中国制造2025；稳外资方面，要抓好龙头企业；推进多种市场化改革，确保公开、公平、公正，一视同仁地在市场上竞争。

整理自余淼杰中国宏观经济论坛宏观经济热点问题研讨会（第 5 期）演讲 2020 年 5 月 28 日

中国4亿中等收入群体消费潜力巨大，可巩固其在全球产业链的中心地位

2020年5月28日，第5期中国宏观经济论坛宏观经济热点问题研讨会在线上召开，由搜狐财经直播。北京大学国家发展研究院余淼杰教授在会中表示，中国在全球产业链的地位不会受到冲击的影响，虽危中有机，但是机遇更多。

余淼杰说："疫情使全球贸易总额受到比较大的冲击，但是全球化基本方向与趋势没有改变，只是形势发生变化。"

余淼杰指出，我们现在面临的挑战非常明显：全球贸易额下降，中国外贸总体规模估计会下降11%～15%。

"但是，后疫情时代，中国全球价值链的中心节点地位不仅没有被削弱，反而得到了巩固。"余淼杰认为，中国全球产业链地位不会受到疫情冲击的影响，虽危中有机，但是机遇更多。

余淼杰表示，中国全产业链的比较优势，统一编码8000多种产品，中国每种产品都有出口。"中国各地也出现了产业的集聚，有利于专业化生产。这既可以减少成本，也有正向的溢出。"

余淼杰说："中国市场的规模经济对外资有明显的吸引力，我们有14亿人口，4亿中等收入群体，消费额度和潜力是非常大的。因此，外资的撤资论，不符合外资企业利润最大化的要求。"

如何提升中国在全球价值链中的位置？余淼杰表示，从中国加入WTO以后，以中国为中心的亚洲工厂占全球总产值的比重大于以美国为中心的美洲工厂的比重。以信息产业为例，2/3信息产业中间品来自亚洲。

"我国在传统贸易及简单的全球价值链中所占的比重不断增长，但是

复合型的全球价值链还是美德占优势，中国依然处于微笑曲线中低端。”余淼杰表示，如果看附加值我们会发现，其他国家都是直线下降，但中国是倒 U 形，先上升，后下降。

“面对这样的情况，我的观点是应该优先发展数字导向、知识密集的全球价值链。”余淼杰指出，数字导向的全球价值链依然是中国发展的重点。

余淼杰表示，在疫情中，很多产业受到严重创伤，但是以天猫为代表的电子商务跟线上交易逆势增长，销售额同比大幅上升。不只是中国，欧美国家也越来越重视电商+快递结合的方式。

“我们要坚定不移地推动中国制造 2025，推动工业化、信息化、城镇化的融合。在大力推进贸易自由化、投资便利化之外，还应做好数字园区的工作。” 而在稳外资方面，余淼杰认为，应该抓好龙头企业。推进多种市场化改革，确保公开、公平、公正，一视同仁地在市场上竞争。

原载于 搜狐智库 2020 年 5 月 29 日

美国“净网”行动会将全球互联网变成“分裂网”吗?

美国商务部当地时间 17 日宣布进一步收紧对中国电信企业华为的禁令，将其 38 家附属公司列入制裁“实体清单”。此外，美方声称此前发布的“清洁网络”全球倡议已获多国响应。未来全球互联网会否因美国的“净网”而变成“分裂网”？专家指“很有可能”，美国希望回到冷战时两阵营壁垒分明的状态，借此进一步扩大对华领先优势。

美方新增的 38 个与华为有关联的“实体”分布于亚洲、非洲、欧洲、中东和拉美地区的 21 个国家，除了华为技术的海外分部外，还涉及华为云、华为“开放实验室”、华为收购的以色列网络公司 Toga 等。至此，美国针对华为的实体清单上的机构数量已增至 152 家。

美国商务部部长罗斯 17 日声称，这是为了阻止华为及其附属机构通过第三方合作，利用美国技术破坏美国的国家安全和外交政策利益。美国国务卿蓬佩奥当日也表示，这些公司的活动威胁到美国国家安全和国际稳定，并敦促美国的盟友伙伴和美国站在一起。

这一举动对华为伤害几何？北京大学国家发展研究院余淼杰教授 18 日在接受香港中国通讯社记者采访时指出：“美国对华为的打压属于贸易霸凌主义，违反公平合理的国际贸易规则。这无疑会给华为带来较大挑战，但也不见得会打垮华为。相反，华为若能通过内部努力研发，与兄弟产业形成独立产业链，也能在恶劣竞争环境中生存、发展下去。”

此外，美国 8 月初宣布扩大“干净网络”全球倡议，涵盖干净运营商、干净商店、干净应用、干净云存储及干净电缆 5 个领域，已有不少国家加入。德国墨卡托中国研究中心统计显示，西班牙、奥地利、匈牙利、瑞士等国不考虑禁用华为。英国、法国、斯洛文尼亚决定封杀华为；

波兰、捷克、丹麦、荷兰、挪威、葡萄牙等国决定排除一部分华为设备。而德国、意大利、比利时等国还没有做出决定。美方高官为此警告德国政府，不要特立独行。

余淼杰指出：“不排除到最后会变成‘一个星球、两个网络’。目前，由于美国不断采取贸易保护和贸易霸凌主义行径，全球发展态势实际上已从多边合作转变为区域经济协作，相信未来会逐步形成以北美为中心、以欧盟为中心、以亚太为中心的三大经济体系。”

原载于 香港中国通讯社 2020 年 8 月 18 日 记者 张婕舒

美国欲建立“同价值观供应链”，可能吗？

自新冠肺炎疫情暴发以来一直推动全球供应链“去中国化”的美国政府，近日与日本、欧盟及中国台湾地区共同举办论坛，希望推动价值观接近的区域共同构建新供应链，撤离中国大陆。

美国在台协会 9 月 4 日在台北与台湾地区外事主管部门、经济主管部门、欧洲经济贸易办事处、日本台湾交流协会共同举办“重组供应链：促进理念相近伙伴间之韧性论坛”，希望在后疫情时代，寻找“志同道合”的民主国家加入全球供应链转移行动中，鼓励将供应链布局撤离中国大陆。论坛声明称，这一计划目标是建立能应对危机的供应链网络，确保供应链的安全不受政治的胁迫。

论坛声明提到的理念相近优先区域包括印度、东盟和捷克、匈牙利、波兰及斯洛伐克等维谢格拉德集团国家。

对于美方重整全球供应链的提议，台湾地区领导人蔡英文 9 月 8 日在一个论坛上再次强调，理念相近国家必须整合供应链及其他安全作为，以利确保开放、自由、繁荣的印太区域，并据此打造后疫情时代的繁荣契机。

美国这一计划可行吗？北京大学国家发展研究院余淼杰教授 9 日在接受香港中国通讯社记者采访时指出：“这一计划不具备可行性。中国作为‘世界工厂’，在全球价值链中有着重要地位，特别是在亚太地区发挥着中心节点作用，不能够被取代和挑战。”

余淼杰接着说：“相反，美国如果离开了中国这个制造大国，哪怕建立所谓的‘全球价值链地区联盟’，也无法构建完整的价值链和产业链。”

原载于 香港中国通讯社 2020 年 9 月 9 日 记者 张婕舒

全球供应链不可能“去中国化”，后疫情时代经济发展应把握数字导向和知识密集

新冠肺炎疫情自2020年初肆虐全球，对全球化供应链打击颇深，在对疫后经济复苏的研讨中，中国在全球供应链中的地位，以及中国企业如何构建供应链备受关注。

9月17日下午，对外经济贸易大学全球价值链研究院发布《后疫情时代的全球供应链革命——迈向智能、韧性的转型之路》研究报告（以下简称《报告》）并发起研讨会。《报告》认为，当今全球供应链“三中心”格局正在形成，分别是美国、德国和中国。

来自北京大学国家发展研究院、对外经济贸易大学等单位的多位学者反驳了全球供应链“去中国化”的论调。北京大学国家发展研究院余淼杰教授向包括《每日经济新闻》在内的媒体表示：“中国具备中心节点地位的潜力……在后疫情时代，中国发展有两个关键词，即数字导向和知识密集。”此外，对外经济贸易大学发展规划处处长戚依南指出，后疫情时代演变的趋势就是向平台化转变，以核心企业构成生态圈是企业转型的目标模式。

中国成为全球供应链区域中心

《报告》进行了系统性分析，称全球供应链不可能“去中国化”，但也指出疫情的确暴露了全球供应链面临的两大问题——贸易强度和人口红利下降，前者不意味着全球化的结束，但后者将对低收入国家参与全球供应链产生重要影响。

余淼杰在研讨会中表示，全球化供应链有两个关键词，即生产的地区化和贸易的多边化。余淼杰表示：“地区的经济贸易合作逐渐取代了以

WTO 为代表的多边经济贸易合作。这有点类似于我们的微信群，比如你有 5000 个微信好友，但是你只会在群里发言。所以‘三大中心’在未来会起到越来越重要的作用，而且作用越来越明显。”

优秀企业应“抱团”搭建生态链

余淼杰认为，在后疫情时代，中国发展有两个关键词，分别为数字导向和知识密集。其中，数字导向不是技术导向，“如果看 2019 年报告的信息与通信技术产品，在技术方面中国跟美国或者德国相比，并没有明显的比较优势”，中国应当更加注重与欧美差距较小的数字导向，才有可能实现弯道超车。

原载于《每日经济新闻》2020 年 9 月 18 日 记者 李少婷